민주주의자 김근태 평전

민주주의자 김근태 평전

'희망'을 남기고 간 한 아름다운 투사의 생애

초판 1쇄 발행 2012년 12월 3일

지은이 | 김삼웅
펴낸이 | 조미현

편집주간 | 김수한
책임편집 | 최진규
교정교열 | 김정선
디자인 | 나윤영

출력 | 문형사
인쇄 | 영프린팅
제책 | 쌍용제책사

펴낸곳 | (주)현암사
등록 | 1951년 12월 24일 · 제10-126호
주소 | 121-839 서울시 마포구 서교동 481-12
전화 | 365-5051 · 팩스 | 313-2729
전자우편 | editor@hyeonamsa.com
홈페이지 | www.hyeonamsa.com

ⓒ 김삼웅 2012
ISBN 978-89-323-1641-3 03340

민주주의자
김근태
평전

'희망'을 남기고 간 한 아름다운 투사의 생애

김삼웅 지음

ᄒ현암사

저항할 수 있어야 꿈꿀 수 있었기 때문에
우리는 아주 작은 일들을 위해 많은 것을 걸었던 것이다.

- 김근태, 1997년

2

1　　　김근태 선생의 어린 시절. 어머니와 누나의 모습이 보인다.
2　　　어린 시절 사진.

3

4

3　　　1962년에 찍은 중학교 졸업 기념 사진(앞줄 가운데가 김근태).

4　　　경기고교 재학 시절(가운데 앉은 이가 김근태).

5

6

5   경기고교 시절의 증명사진.
6   경기고교 졸업 기념 사진(왼쪽에서 두 번째가 김근태).

7   청년 시절 사진(왼쪽에서 두 번째가 김근태).

8   서울대 상대 시절(모자 쓴 이 왼쪽이 김근태).

9

10

9   대학교 가을축제 때 찍은 사진(엉거주춤 서 있는 이가 김근태).

10   젊은 시절 친구들과 함께(오른쪽에서 세 번째가 김근태).

11

12

11   1988년 6월 30일, 김천교도소 옥문을 나와 인재근 여사를 안고 출소의 기쁨을 나누는 모습.
12   1988년 민청련 구속자 석방환영회에서 석방인사를 하는 모습.

13

14

13   1993년, 로버트 케네디 인권상 재정 10주년 기념식장에서 참석자들과 이야기 나누는 모습.
14   2007년 3월 27일, 한미 FTA 협상 중단을 촉구하며 단식농성을 시작하는 자리에서.

15   김근태 선생과 인재근 여사의 결혼식 사진. 동숭동 흥사단에서 식을 올렸다.

16   1992년 8월 홍성교도소 출소 직후에 자녀와 함께 찍은 사진.

17   김근태 선생과 인재근 여사.

18

우리들의 다시만남을 기뻐하며…
1992년 8월 12일

19

20

---

18   1992년 8월, 홍성교도소에서 출소하여 가족 및 친지들과 재회의 기쁨을 나누는 모습.

19   자녀들과 함께. '우리들의 다시 만남을 기뻐하며'라고 적혀 있다.

20   딸의 졸업식에서 가족과 함께.

21

22

23

---

21   한 손가락만 편 채 익살스런 거수경례를 하는 모습.

22   2008년 미국산 쇠고기 수입 반대 촛불시위에 참가해 시민들 사이에서 촛불을 들고 있는 모습.

23   주말이면 조기축구단에서 뛰고 공식석상에서의 연설 때도 축구 얘기를 자주 할 만큼 김근태 선생은
         축구 사랑이 유별났다.

차례

진술 거부할 거야?" | 온몸에 전류가 흐르고 | '최후의 만찬'

'인간의 존엄'을 추구한 의인의 생애

오래전부터 김근태 선생을 지켜봤다. 처절한 고난을 겪으면서도 끈질기게 일어서고, 역경 속에서도 정도(正道)를 당당하게 걷는 모습이 남달랐다. 때로는 불안하기도 하고 위태롭게 생각되기도 했다. 독립운동가의 후손이나 4·19혁명, 6월항쟁의 주도자 중에서도 독재권력과 야합하는 인사들이 적지 않은 세태 속에서 그 사람이라고 언제까지 독야청청하리라는 보장이 없기 때문이다. 그래서 더욱 김근태가 가는 길을 주시했다. 하지만 그는 숱한 유혹과 갈등에도 불구하고 끝내 흔들리지 않았고 정도를 택했다. 그리고 3선 의원, 장관이 되고서도 그의 길은 조금도 삿됨이 없었다. 청렴하고 공정하고 양심적이었다. 그리고 겸손했다. 권력주의자가 아니었기 때문에 가능했다.

　망나니들에게 끌려 죽음의 문턱까지 갔다 온 사람답지 않게 그는 항상 표정이 밝았다. "그의 얼굴에 늘 보이는 미소는 그가 독재정권에서 당했던 고문의 흔적을 가렸다"《뉴욕타임스》. 수심이 깊은 바다가 항상 맑듯이, 깊은 속내가 있었기에 가능했다. '깊은 속내'는 이 민족을 사랑하고, 민중을 아끼고, 정도를 걷고자 하는 결기가 만든 것이었다. 그렇다고 그가 매양 미소만 지은 선량은 아니다. 천 길 높이의 절벽처럼 우뚝한 기상과 오연한 기개가 그의 속내를 가득 채웠다. 속에는 독을 품으면서 미소 짓는 권력주의자나, 대본에 따라 바뀌는 배우의 억지 미소와는 달랐다. 그의 온화한 얼굴과 따뜻한 미소는 품성대로 순수성이 배어 있었다.

『민주주의자 김근태 평전』을 쓰면서, 그의 고난에 찬 생애를 상징하는 키워드라면 '인간의 존엄'이 아닐까 생각했다. 그는 이 가치를 지키고자 포악한 군사독재에 맞서고 야당에 뛰어들었다. 인권·자유·평등·진보 등이 추구하는 궁극적인 가치는 '인간의 존엄'이다. 그가 타계했을 때 '민주주의자 김근태'라 불리고, 같은 명칭의 사회장이 치러진 것도, 따지고 보면 오직 진정한 민주주의 체제에서만 인간의 존엄을 지킬 수 있다는 우리 모두의 자각 때문이다.

그는 인간의 존엄을 위해 민주주의를 지키고, 정치권에서는 사회적 약자와 소수자를 위해 싸웠다. 아무리 제도적으로 민주주의가 보장된다고 해도 친일·군사독재 잔재의 지배구조, 극심한 빈부격차와 차별 대우, 전쟁 위기 속에서는 인간다운 삶을 누릴 수 없고, 인간의 존엄을 지키기 어렵다.

김근태 선생은 2011년 12월 30일 홀연히 이 세상을 떠났다. 삿된 세력이 자행한 모진 정신적·육체적 고문의 후유증이 할 일 많은 그의 수명을 너무 빨리 앗아갔다.

우리는 지금 국내적으로는 '99 대 1'의 불평등구조, '민간인 사찰'로 상징되는 민주주의 퇴보, '도덕적으로 완벽한 정권'이라는 집권세력의 부패와 타락, '유신망령'의 부활, '한국전쟁 이후 가장 위태로운' 남북관계, 연애·결혼·출산을 포기한다는 '3포시대' 청춘들의 아픔이 넘치는 위기를 맞고 있다.

국제적으로는 미국 오바마 대통령의 제2기 체제 출범, 중국 시진핑 총서기의 등장, 러시아 푸틴의 롤백, 북한 김정은의 3대 세습, 거기다가 연말 일본의 총선거를 앞두고 있다. 남북한을 비롯해, 한반도 주변 4강이 거의 동시적으로 권력교체가 이루어지는 초유의 사태를 맞고 있는 것이다. 그만큼 우리를 둘러싼 내외 정세는 한 치 앞도 내다보기 어려운 안개 속 상황인 것이다.

이럴 때 김근태 선생의 지혜와 역할이 아쉽지만 그는 이미 우리 곁을 떠났다. 대신 그는 역사의 정도를 걷는 당당한 의인의 생애와 "2012년을 점령하라"는 유지를 남겼다. 생전에 그가 그토록 믿고 기대했던 '남은 자'들이 선생의 1주기에 '정도'가 승리하는 역사의 힘을, 그 결실을 고인에게 기쁜 마음으로 알렸으면 하는 마음 간절하다.

김근태 선생이 걸었던 형극의 길, 그의 넓고 깊은 신념과 철학을 다 담지 못한 평전을 내놓다 보니 많이 모자란 느낌이 들지만, 어려운 숙제를 풀었다는 안도감에서인지 글을 마무리한 뒤 며칠 끙끙 앓았다. 읽는 분들의 질정을 바라면서, 삼가 이 책을 김근태 선생의 영전에 바치고자 한다.

2012년 초겨울

김삼웅

'민주주의자' 김근태의 삶과 죽음

김근태는 흔히 '민주화 운동의 대부'로 불린다. 2011년 말 그가 운명했을 때, 사람들은 그를 '민주주의자'로 기억했고, 장례 또한 '민주주의자 김근태 사회장'으로 치렀다. 민주공화국에서 '민주주의자'란 모든 성원에게 주어지는 보통명사일 텐데도 유독 김근태를 부르는 고유명사처럼 되었다. 그만큼 한국의 민주주의가 파행을 일삼는 불구 상태임을 말해 준다.

김근태를 민주주의자로 만든 군부독재 30년은 역설적이게도 민주주의가 처절하게 유린되고 반이성, 야만이 지배하는 몰상식의 시대였다. 그 시대에 김근태는 결코 관념적인 민주주의자가 아니었다. 민주주의의 파수꾼이자 수호자였다. 혹독한 고문을 당했고, 그로 인해 긴 세월을 병마에 시달리다가 갑자기 떠났다.

그는 불의에 저항하고 압제와 싸웠다. 청년들을 조직하고 동지들과 연대하면서 바빌론의 철옹성에 불을 질렀다. 그는 용기 있었고 담력 또한 남달랐다. 무인(武人)의 기질을 갖춰서가 아니라 민주주의에 대한 신념 때문이었다.

짧다고도 길다고도 하기 어려운 64년의 생애, 특히 청년기와 중년 시절은 민주주의를 지키고 발전시키기 위해 모든 것을 희생한 기간이었다. 동시대를 산 인물 중에서 그만큼 치열하게 싸우고, 처절하게 육신이 망가진 '민주 인사'도 흔치 않았다.

김근태는 박정희의 5·16 쿠데타와 유신 변란이 아니었으면 유능한 대학교수가 되었을 것이다. 젊은 날에 그는 교수를 꿈꾸었다. 전두환·노태우의 헌정 유린과 폭압 체제만 없었으면 온순한 시민운동가가 되었을지도 모른다. '여의도의 햄릿'이라는 별명처럼, 젊은 날의 그는 행동인이기보다 사색인이었다. 하지만 그는 유신과 5공 체제에서 가장 강력하게 투쟁하고, 가장 심한 고문과 탄압을 받았다. 폭압과 반이성의 시대가 햄릿을 민주주의 투사로 만든 것이다.

박정희가 짓밟은 헌정을 다시 짓밟고 광주학살을 통해 권력을 찬탈한 전두환 5공 정권의 독기가 시퍼렇던 1983년 김근태는 공개적으로 군부 정권에 도전장을 보냈다. 민주화운동청년연합, 즉 민청련을 조직한 것이다. 민청련은 5공 체제 등장 이후 최초의 공개적인 반정부 청년 조직이었다. 그는 동지들과의 오랜 토의 끝에 민청련의 상징으로 두꺼비를 내걸었다. 독성이 강한 두꺼비는 뱀에게 잡아먹혀 죽어가면서도 자신의 독성으로 뱀을 죽이고, 뱃속의 새끼들이 그 뱀을 자양분으로 삼아 자라게 한다.

실제로 민청련은 전두환 정권에 치명타가 되었다. 그 대신 독사의 뱃속에 들어간 김근태는 남영동 지옥에서 오랜 '짐승의 시간'을 보내야 했다. 그가 겪은 고통은 이루 말할 수 없는 것이었고 시련의 세월은 너무 길었다. 체포 26회, 구류 7회, 5년 6개월에 걸친 두 차례의 투옥과 숱한 가택연금이 그의 반생을 채웠고, 나머지 반생 또한 좀처럼 아물지 않는 고문 후유증으로 고통 받아야 했다. 결국 고문 후유증으로 파킨슨병을 앓다가 2011년 12월 30일 그는 눈을 감았다. 민주화운동과 통일운동의 지도자 문익환 목사는 1980년대 중반 이렇게 말했다.

김근태 동지는 마흔을 갓 넘었지만 이미 우리가 깊이 알지 않으면 안 될 사람이 되었다. 왜냐하면 그는 80년대 민족사를 이해하는 데, 나아가 90년대 민족사를 구상하고 전망하는 데 빼놓고 생각할 수 없는 사람이 되었기 때문이다. 빼놓고 생각할 수 없는 사람에 그치지 않고 이미 그는 민족사의 핵심에 서 있고, 앞으로도 그는 그 핵심에서 더 큰 비중을 차지할 것이라는 게 확실하기 때문이다. (……) 그러나 그를 알아야 하는 이유는 지난날의 투쟁 때문만이 아니다. 지난날의 투쟁을 미루어 앞으로 전개될 민족사에 그가 담당할 몫을 생각하면서 나는 우리가 알아야 할 미래의 인물 가운데 그를 첫손에 꼽지 않을 수 없다.[1]

김근태는 서민 출신으로 서민과 함께 살았다. 정계에 투신한 뒤에도 정치적으로 민주화를 다지는 데 큰 역할을 했을 뿐만 아니라, 참여정부 때는 보건복지부장관으로서 노인요양보험을 법제정하고 암환자 진료의 본인부담률을 10퍼센트로 낮추는 등 서민들의 복지에도 남다른 관심과 애정을 보였다.

김근태는 대단히 겸손하고 성실한 품성의 소유자였으며, 깨끗하고 정직한 정치인이었다. 지극히 가정적이고 서민적인 인물이었다. 장관까지 지내면서도 재산을 모을 줄 몰라 가족은 항상 생활에 쪼들리고, 18대 국회의원선거에서 낙선한 뒤에는 그 흔한 자동차 한 대 굴리지 못하고 대중교통을 이용했다.

그는 민주주의의 원칙을 지키면서 의회주의의 가치를 소중하게 여기는 민주주의자였다. 이승만에서 군부독재 그리고 민간독재에 이르기까지 신줏단지처럼 모셔온 국가보안법 등 악법을 폐기하는 데 앞장서고, 새로운 한반도의 미래를 구상한, 우리 정계에서 흔치 않은 경륜과 진정성을 갖춘 정치인이었다. 그러던 그가 "2012년을 점령하라"는 말을 유언처럼 남기고 홀연히 우리 곁을 떠났다.

1부

—

'투사'의 탄생,
1947-1982

거짓은 거짓을 낳을 뿐이지만, 정직은 미래를 낳는다.

1장

비극의
가족,

모범생의
소년기

'고향 없는 소년'

김근태는 1947년 2월 14일 경기도 소사(지금의 부천)에서 아버지 김진
용과 어머니 이한정의 6남매 중 막내로 태어났다. 아버지는 초등학교
교장선생이었고 어머니는 평범한 주부였다. 김근태의 부모는 없는 살
림에도 자식을 일본 유학까지 보낼 정도로 교육열이 높았다.

김근태는 아버지가 전근을 자주 하는 바람에 초등학교를 네 차례나
옮겨 다녀야 했다. 평택군에서는 청북초등학교와 진위초등학교를, 양
평군에서는 원덕초등학교와 양수초등학교를 다녔다. 어린 시절부터 잦
은 이사와 전학으로 김근태에게 '고향'에 대한 인식은 별로 없었다. 초
등학교 3학년 때 이승만 대통령을 찬양하는 교내 웅변대회에 나가 열

변을 토했으나 3등밖에 못해 어린 마음에 좌절을 겪기도 했다.

상처받은 어린 시절이었고, 상처받은 고향이었다. 경기도 평택과 양평은 나에게 그렇게 기록되어 있다. 그런데 그런 상처받은 고향조차 사라져버리고 없다. '그리운 양평'은 모두 유원지로 전락되었고, 평택은 공업지역으로 바뀌어버려 고향을 박탈당한 느낌을 지울 수가 없다. 도시화되고 산업화되는 시대적 추세 속에서 나의 고향 또한 잠겨버린 듯하다.[1]

어린 시절의 잦은 이사와 전학은 김근태가 아니라도 소년의 정서에 심리적 부담을 안겨주기 마련이다. 소년은 뒷날 다음과 같이 회고한다.

자주 전학 다니는 것은 나에게 크나큰 고문이었다. 새로 친구를 사귀면서는 텃세를 부리는 본토 애들과 싸우기도 하고 알랑방귀도 뀌어야 했다. 어느 정도 안정된 관계가 이루어질 즈음해서는 어김없이 떠나야 하는 그 상황을 도저히 받아들일 수가 없었다. 그것은 나에게 혹독한 처벌이었다. 몸살을 앓는 듯한 기분을 떨칠 수가 없었다. 다행히 아버지께서 초등학교 교장선생님이었기 때문에 일종의 권력자로 방패막이 역할을 해주어서, 그나마 견뎌낼 수 있지 않았나 싶다.[2]

해방 직후에 아버지가 초등학교 교장선생이면 당시로서는 비교적 안정된 가정이다. 다만 거주지를 자주 옮겨야 하는 건 감수성이 예민한 자식들에게는 여간 감내하기 어려운 고통이 아니었을 것이다. "아버지는 매우 따뜻한 분이었고, 어머니는 대단히 열정적이었다. 아니 극성맞다고 해야 옳을지 모르겠다. 하지만 자식을 공부시키는 데는 두 분 다 물러서는 일이 없었다"고 김근태는 회고한다.

《민족지평》편집위원 이재화는 1991년 봄 김근태가 홍성교도소에서 수감생활을 하고 있을 때 직접 접견하고 부인 인재근 씨를 비롯한 지인들을 만난 뒤 「김근태의 삶과 사상」을 썼다. 이재화는 그 글에서 김근태가 초등학교 시절 아버지를 따라 네 차례나 전학한 것과 관련해 "어린 김근태의 눈에 비친 아버지는 '위대하거나 호방한 분이 아니라 작고 소심하여 두려움에 떠는 가슴을 가진 분이었다.' 그는 '이 때문에 아버지를 존경한 적이 없었다'고 한다." "그는 아버지와 대립하고 갈등하면서 10대를 보냈다. 자연히 성격도 아버지를 닮지 않으려는 노력 속에 형성된 구석이 많았다."[3]라고 소개했다.

아버지에 대한 반항심은 다른 곳에서도 찾아볼 수 있다.

그가 초등학교 다니던 시절 아버지로부터 3·1운동에 대한 이야기를 들은 적이 있다. 아버지 나이 열아홉 살 때였다. 아버지는 읍내 시장에는 나가지 못하고 뒷동산에 혼자 올라가서 실컷 만세를 불렀다고 말했다. 이 이야기를 들으면서 그는 안도의 한숨을 쉬었지만, "에이 왜 좀 더 대담하지 못했을까" 하며 투덜거린 적이 있다고 한다. 어린 그에게 아버지가 교과서에 나오는 유관순 누나같이 당당하지 못한 것이 창피했다는 것이다. 아버지처럼 소심하고 무능력한 사람이 되지 않겠다는 자존심을 가진 그는 어려서부터 누구에게도 지기 싫어했고 모든 면에서 항상 최고여야 만족하는 성격이 형성되었다.[4]

소년 김근태의 반항심은 성장하면서 반독재 저항운동을 전개하는 적극적인 성격으로 발산되었다. "마음씨는 좋지만 무능하여" 늘 지방으로 옮겨 다니는 아버지로 인해, 토박이 아이들 속에서 막 뿌리를 내릴 때쯤이면 다시 전학을 가야 하는 '뿌리 뽑히'는 고통은, 어린 김근태의 가슴에 '약함'에 대한 강한 거부감을 불러일으켰다. 그는 "서울에 올 '빽도 없고' 돈을 모을 '능력도 없는' 아버지가 원망스러웠다."5

김근태가 태어난 1947년은 해방 2년 차로 미군정 시절이다. 해방은 되었지만 분단에 이어 신탁통치를 둘러싸고 격렬한 찬반 투쟁이 전개되었다. 1947년 2월 5일 남조선과도정부가 수립되고, 5월 21일 제2차 미소 공동위원회가 개최되었다. 7월 19일 여운형이 암살되고 12월 2일에는 장덕수가 피살되었다. 1948년 4월 3일 제주 4·3항쟁의 소용돌이 속에서 5월 10일 남한 단독 선거가 실시되고, 8월 15일 대한민국 정부가 수립되었다. 9월 9일에는 북한에 인민공화국이 수립되면서 한반도는 남북에 상이한 두 개의 정권이 들어서게 되었다. 해방 3년 만의 결과였다.

김근태는 동시대의 아이들처럼 한국전쟁의 혼란 속에서 성장했다. 아버지가 교직에 있어서 혼란 시기에서도 생계는 크게 어렵지 않았다. 하지만 전란기에 가족사에 불행이 겹쳤다. 김근태가 민주주의와 함께 민족주의에 남다른 관심을 갖게 된 것은 이때의 가족사 때문이라고 할 수 있다.

세 형의 실종

김근태의 형들은 부모의 남다른 교육열로 일제 말기 일본으로 유학을
갔다가 해방과 함께 귀국해 '민족 문제'에 뛰어들었다. 당시 지식 청년
들의 일반적인 경향이었다.

> 6남매 중 큰형 김홍태, 둘째형 김성태 그리고 셋째형 김영태 씨 등 위로
> 세 명의 형들이 한국전쟁 전후로 민족운동을 하다 행방불명이 되었고 외
> 갓집의 삼촌들도 마찬가지였다.
> 큰형 김홍태는 일본 와세다 대학을 졸업, 해방이 되자 귀국해 진보적 운
> 동을 했다. 그는 경기고보에 수석 입학한 '수재'로서 해방 당시 '탁월한
> 이론가'로 정평이 나 있었다고 당시 우익운동을 했던 계훈제 씨는 말했
> 다. 둘째형 김성태는 맏형 김홍태와 함께 원효로 적산가옥에서 자취를 하
> 면서 서울대 문리대를 졸업, 역시 민족운동을 했다. 셋째형 김영태는 양
> 정국교 5학년 때 의용군에 입대했다.
> 한국전쟁이 날 무렵 김근태는 불과 세 살이어서 형들에 대한 기억은 없
> 다. 그저 독립운동을 하고 있는 줄로만 알았다.[6]

한국전쟁 시기에 이념적으로 갈리거나 피난 중에 이산이 된 가족이
수없이 많았지만, 김근태 가족의 아픔도 컸다. 수재 소리를 듣던 아들
셋이 동족상쟁의 와중에 실종된 것이다.

한국전쟁 이후 형 세 명은 집안과 관계가 끊어졌다. 1985년 10월 김근태

가 민청련 사건(당국은 민추위 배후인물로 그를 엮으려 했다)으로 구속되면서 검찰은 "위 3명의 형들이 월북했다"며 언론 플레이를 해, 모든 언론매체에 대서특필된 적이 있다. 그러나 형 국태 씨는 "큰형이 9·28수복 이후 수원 교도소에 갇혀 있었다" "둘째형은 1·4후퇴 때 서울에서 봤다"는 풍문만 떠돌았을 뿐 확인할 길이 없다고 했다.

어쨌든 한국전쟁 이후 김근태 씨의 집안은 쑥밭이 되어버렸다. 그의 집에는 연일 형사들이 진을 쳤고, 부모들은 소식이 두절된 아들들의 얼굴을 생전에 한 번이라도 봤으면 하고 울먹이곤 했다.[7]

어린 김근태에게 형들 특히 맏형 김홍태는 선망의 대상이었다. 그가 그토록 경기고에 들어가고자 했던 것도 맏형에 대한 막연한 선망 때문이었다.

김근태는 1958년 서울의 사대부중과 경복중학교에 지원했다가 떨어졌다. 충격이 컸다. 형들의 뒤를 따르고자 아버지에게 1년 동안 서울에 있는 초등학교에 다니며 재수하겠노라고 했으나 가정형편상 그러기는 어려웠다. 아버지가 시험이나 한번 보라고 권유한 광신중학교에 마지못해 지원했다가 수석으로 합격했다. 이런 인연으로 광신중학교에 다니면서 장학금을 받고 줄곧 수석을 차지했다. 게다가 광신중학 3학년 때 학원 장학회에서 실시하는 장학금 수혜자 시험에 응시하여, 고등학교는 물론 대학 과정까지 장학금 혜택을 받게 되었다.

김근태의 꿈은 경기고등학교에 들어가는 것이었다. 큰형이 다닌 학교라는 의미도 있었지만 당시 우수한 중학생들의 일반적인 소망이기도 했다. 그리고 억척같이 공부하여 마침내 꿈을 이루었다.

이를 악물고 공부하여 경기고등학교에 비교적 괜찮은 성적으로 입학했다. 내 평생 제일 악바리처럼 공부를 열심히 한 것은 이때가 아닌가 싶다. 잠 안 오는 약을 먹고 그럼에도 졸면서 공부를 했다. 불 좀 끄고 잠자라는 부모님들의 성화에 부대끼면서도 늦게까지 공부를 했던 것 같다.[8]

김근태가 광신중학교 3학년 때 5·16 쿠데타가 일어났다. 이 군사반란은 김근태의 가정에도 다시 한 번 큰 파장을 일으켰다. 세대교체론의 열풍이 전개되고 별안간 정년이 60세로 낮아지면서 아버지가 학교에서 쫓겨난 것이다. 정년을 4년 앞둔 시점이었다. 대학에 다니는 형과 여고생 누나 그리고 중학생인 김근태까지 학생이 셋이나 되어 그렇잖아도 쪼들리는 살림에 아버지의 갑작스런 실직은 경제적으로 큰 타격이었다. 그 충격으로 아버지는 심장판막증을 앓게 되고 5년 뒤에 그만 세상을 뜨고 만다.

경기고 시절 내 생활은 그리 행복하지 못했다. 타교생이라는 설움도 1년 정도는 받아야 했고, 학교 공부도 낯설고 또한 치열해서 2학년이 되어서야 비로소 반에서 1, 2등 정도를 할 수 있게 되었다. 하지만 문제는 그런 것이 아니었다. 아버지의 퇴직금은 얼마 가지 않아 다 떨어졌고 수입이라곤 형이 가정교사를 해서 가져오는 것이 전부였다. 참다못해 아버지께서 나서 여자 스타킹과 양말을 동대문시장에서 받아다가 각 학교로 다니면서 팔기 시작하셨다. 초등학교 교장이었던 분이 심장병으로 편찮으신 가운데 비닐가방을 들고 이 학교 저 학교 다니시던 모습은 지금도 내 가슴에 아픔으로 남아 있다.[9]

경기고 '범생이'의 저항의식

김근태의 저항의식은 이즈음부터 가슴 한켠에서 모락모락 움트기 시작했다. 그러나 그는 박정희 정권을 비판하거나 증오하지 않았다. 아버지를 쫓아낸 것은 가슴 아픈 일이었으나, 그것을 박정희 정권과 연계시키기에는 아직 나이가 어렸다.

> 5·16 군사 쿠데타로 아버지께서 별안간 강제로 정년퇴직하게 되고, 그 이후 우리의 가정 경제는 어려워졌지만 나는 박정희 권력을 지지하는 쪽에 서 있었다. 고교 시절 내내 그랬다. 한일회담 반대 데모 대열에 전교생이 참여했을 때도 나는 두어 명을 꼬드겨서 교실에 외롭게 남아 있었고, 그 전해 그러니까 1963년에 있었던 대통령선거에서도 나는 경제개발 5개년계획을 주장하는 박정희 쪽이었다.[10]

김근태의 중고등학교 시절은 정치사회적으로 격동기였다. 4·19혁명으로 잠시 민주주의의 꽃이 피는 듯하다가 1년여 만에 박정희의 군사 쿠데타가 일어나면서 세상은 군인들의 천지가 되었다. 김근태는 가정적으로 큰 타격을 입으면서도 사회 문제에는 관심을 보이지 않고 공부에만 열중했다. 고등학교 때까지 이른바 '범생이'였다. 경기고 시절에는 아르바이트를 두 군데나 다니면서 학비와 생활비를 벌어야 했다. 일하면서 공부하느라 사회 문제에 눈을 돌릴 여유가 없었다. 영어회화 클럽에도 참여하는 등 김근태는 열심히 공부하는 모범생이었다.

비록 중학교 3학년 때 아버지의 강제퇴직을 계기로 사회가 불합리하다고 생각은 했지만 형체를 가진 사회의식은 아니었다. 그의 표현에 따르면 한마디로 '친정부적 학생'에 머물고 있었다. 박정희 당시 대통령의 경제개발계획을 이 나라의 산업발전과 아울러 국민경제를 활성화시키는 쾌거로 인식했던 것이다. 그는 박 전 대통령의 말이 대단히 합리적인 것으로 인식되었다고 한다. 그의 말대로 '형식논리'에 속은 것이다. 그의 고교 동창생들의 기억에도 김근태는 영어회화 클럽에 참석하고 열심히 공부하는 '평범한 학생' 그 이상은 결코 아니었다.[11]

비록 학교에서는 모범생이었지만, 김근태는 여전히 아버지에 대한 반항심과 소년기에 형성된 콤플렉스를 떨쳐내지 못했다.

미아리고개에서 살 때였는데 집 근처에 복덕방이 있었다. 내가 집으로 돌아올 때면 아버지께서는 복덕방에서 장기를 두다가 나오시면서 반색을 하시곤 했다. 복덕방 노인들이 빼다 박은 듯 똑같다고 하며 웃으실 때 나도 그냥 따라 웃었지만 그것은 동의의 표시가 아니라, "아니에요, 나는 아버지하고 달라요" 하는 부정의 웃음이었다. 이런 건방진 내가 마음의 빚으로부터 벗어난 것은 세월이 많이 흐른 다음이었다.[12]

2장

노동운동과
수배,

고통의
청춘

대학 신입생, 굴욕 회담을 반대하다

경기고등학교를 졸업한 김근태는 1965년 봄 서울대학교 상과대학에
입학했다. 상대를 택한 이유는 아마도 가난에서 벗어나고 싶어서가 아
니었을까 짐작된다. 그가 대학에 진학한 1965년은 박정희 정권의 굴욕
적인 한일회담 추진으로 정국이 크게 요동칠 때였다. 전국의 대학에서
는 굴욕 회담을 반대하는 학생들의 시위가 계속되었고, 서울의 경우 시
위대가 시내 중심부까지 진출하기도 했다.

  박정희는 경제개발 5개년계획을 추진하면서 일본의 지원으로 부족
한 재원을 메우기 위해 쿠데타 직후부터 극비리에 한일회담을 진행했
다. 물론 아시아의 반공기지 연대를 통해 소련의 팽창을 저지하려는 미

국의 압력도 크게 작용했다.

1961년 6월 미국 대통령 케네디와 일본 수상 이케다의 회담에 이어, 11월의 박정희-케네디 회담을 통해 한일국교정상화 문제가 한·미·일 3국 간에 은밀히 논의되었다. 대일 협상 진행 과정을 비밀에 부쳤던 박정희 정권은 1964년 3월에서야 한일회담이 조기 타결되었음을 밝혔다.

이때까지만 해도 김근태는 시국 문제에 별다른 관심을 보이지 않았다. 학내의 '순수서클'이라는 기독교 서클에 가입해 활동했을 뿐이다.

하지만 야당과 시민, 학생 들의 거센 반대에도 아랑곳하지 않고 대일 굴욕 회담을 강행하면서 오히려 반대 측을 폭력적으로 진압하는 박정희 정권의 야만성은 김근태 같은 학구파 대학생마저 시위대열에 참여하게 만들었다. 굴욕 회담 반대 시위는 야당 및 각계 대표 2백여 명이 '대일 굴욕외교 반대 범국민투쟁위원회'를 결성하고, 대정부 경고문을 발표하면서 대학가로 번졌다.

1964년 3월 24일 고교생을 포함한 대규모 대학생 시위로 점화된 시위의 물결은 4월 17일의 시위, 5월 20일의 '민족적민주주의장례식' 및 5월 25일의 '난국타개 학생총궐기대회'로 이어졌다. 6월 2일에는 서울 시내 대학생 6천여 명이 박정희 대통령 하야를 요구하며 광화문까지 진출한 데 이어 3일에는 수만 명이 박정권 타도, 매판자본 몰수 등을 외치며 전국적인 규모의 시위를 벌였다. 정부는 이날 저녁 비상계엄령을 선포하고 각급 학교에 휴교령을 내렸다. 박정희는 국민의 정당한 요구를 물리력으로 제압한 것이다.

이 과정에서 김근태는 학내 사회과학 서클에 가입하고 학생운동에 적극 참여하기 시작했다. 그리고 굴욕 외교에 반대하는 시위에 나섰다.

일제의 침략과 식민지배에 대한 사죄 한마디 받지 못하고, 돈 몇 푼에 덜컥 국교정상회의 길을 튼 박정희의 처사를 도저히 용납할 수 없었던 것이다.

"학생운동 하는 동료들의 밝은 분위기가 좋았다"는 것이 운동에 뛰어든 그의 변이다. 물론 그가 운동을 하게 된 배경에는 그의 성장 과정에 결정적 영향을 미친 아버지의 강제퇴직, 그로 인한 가난과 소외감 그리고 행방불명된 세 명의 형들의 민족주의적 영향 등이 잠재적으로 작용한 것이었다.

그와 작고한 조영래 씨와 함께 당시 서울대 운동권에서 '경기고 출신 65학번 트로이카'로 불린 손학규 씨는 "김근태가 학생운동에 참여한다는 소식을 듣고 믿기지 않았을 정도"라고 말했다. 아주 얌전하고 데모할 사람처럼 보이지 않았다는 것이다.[13]

박정희는 국민의 거센 반대에도 아랑곳하지 않고 1965년 6월 22일 한일회담을 타결하고 한일기본조약을 체결했다. 양국 관계정상화의 전제조건인 일제강점기의 죄악상에 대한 일본의 공식 사과조차 받지 못한 채, 독립 축하금 명목으로 무상 3억 달러, 재정차관 2억 달러를 받는 것으로 매듭 짓고 말았다. 액수도 문제지만 동남아 국가들이 전승국으로서의 배상을 받은 것과는 큰 차이가 있었다. 또 이 협정으로 40해리 전관수역을 주장해온 한국의 입장이 철회되고 일본의 주장대로 12해리 전관수역이 설정되었다. 이로써 일본의 저인망 어선이 우리 인근 해역으로 몰려와 남획을 일삼게 되면서 우리 바다의 어족 자원은 씨가 마르게 되었다.

김근태는 굴욕 회담 반대 시위에는 참가했으나 아직 리더 그룹은 아니어서 계엄 사태에서도 구속되지는 않았다. 그 대신 상대 안에 구성된 경우회와 경제복지회 등 서클에 가입해 본격적으로 사회과학 공부에 매달렸다. 이 시기에 그는 각종 인문사회과학 분야의 책을 읽으면서 점차 사회의식의 깊이와 지평을 넓혀 나갔다.

당시 문리대의 경우 행동을 중시한 반면 상대는 이론을 중시하는 분위기였다. 상대 내에는 이른바 '지하서클'이 다른 대학에 비해 많았고, 사회과학 공부도 훨씬 많이 했다. 그때 공부한 서적은 주로 폴 배런, 폴 스위지, 모리스 돕 등이 쓴 정치경제학 저서들이었다. 1학년 때는 주로 위와 같은 책들을 영어 원서로 공부하고 가끔은 청계천 고서방을 통해 어렵게 입수한 『세계사 교정』(소련 과학아카데미 발행), 『조선사회경제사』(백남운 저) 등 이른바 '마분지 서적' 등을 읽었고, 2학년이 되면서는 일어를 배워 진보적인 일어 서적을 탐독했다.[14]

김근태는 지식욕이 왕성했다. 진보적인 사회과학 서적을 구해 읽으면서 점차 역사와 한국 현실에 대해 문제의식을 갖게 되었다. 아르바이트를 해서 용돈이 생기면 청계천 헌책방을 순회하면서 일제가 남기고 간 교양서적과, 미군 PX를 통해 흘러들어온 양서를 구입했다. 국내외의 문학 서적도 많이 구해 읽었다. 서클에서는 읽은 책을 주제로 활발한 토론을 벌였다. 당시 상대 조교였던 안병직은 김근태가 2학년 때 그를 처음 만났다. 안병직의 증언이다.

김근태는 몇 년 만에 나올까 말까 한 비상한 인물이었다. 뛰어난 판단력, 과학적인 사고를 가진 '천재'였다. 2학년 초엔 대부분 운동을 계속할 것인가 등 삶의 방향에 대한 고민을 주로 이야기하는데 그와 수차례 이야기 했지만 그런 이야기는 한 적이 없는 것으로 미뤄 보아 그때 당시부터 운동에 대한 확고한 신념이 있었던 것 같다.[15]

제적과 강제 징집

박정희는 1967년 5월 3일 실시된 제6대 대통령선거에서 야당의 윤보선 후보를 제치고 재선되었다. 그런데 문제는 이 해 6월 8일 실시된 제7대 국회의원선거였다. 박정희는 이때 이미 3선개헌을 구상하면서 6·8 총선거를 관권 부정선거로 치렀다. 공개·대리투표 등 3·15 부정선거를 방불케 하는 부정 타락 선거였다. 야당은 선거 무효를 선언하고, 학생들은 연일 부정선거 규탄시위를 벌였다.

이때 김근태는 3학년이었다. 상대 대의회의장에 선출될 만큼 동료들의 신임을 받았다. 민주주의의 기초인 선거의 부패 타락상을 지켜보면서 침묵할 수가 없었다. 6월 10일 김근태는 상대생들을 이끌고 부정선거 규탄시위를 벌였다. 6월 15일에는 전국 21개 고교와 5개 대학이 단식투쟁에 들어갔다. 21일에는 서울대·연세대·성균관대·건국대 등 학생 대표들이 모여 '부정부패 일소 전국학생투쟁위원회'를 결성하고 부정선거 규탄 성토대회를 열었다. 이후에도 6월 내내 서울시내 대학생들은 '학원주권 수호'와 '부정선거 규탄'을 내걸고 시위를 벌였다.

정부는 6월 15일 서울대 등 서울의 주요 대학에 휴교령을 내리고 강압적으로 학원시위를 봉쇄하려 했지만, 시위는 줄어들지 않았다. 김근태는 연일 학생들을 이끌고 시위에 앞장섰다. 학생운동에서 리더십을 발휘한 것이다.

보복이 따랐다. 학교 당국은 시위를 주동했다는 이유로 김근태를 권고처분에 이어 제적이라는 '극형'에 처했다. 그리고 한 달 뒤 김근태는 신체검사도 받지 않은 채 강제로 군에 끌려갔다. 박정희 정권은 이때부터 시위학생들을 강제로 군에 입대시키는 이른바 '강제 징집'을 자행했다. 정부는 교련을 거부한 35개 대학 1만 3천505명의 학생들에게 병무신고를 하게 하고 그중 5천 명에게 집병영장을 발부했다. 우선 데모 주동으로 제적된 학생 중 71명에게 1차로 영장을 발부하고 이들을 징집 열차에 태웠다.

박정희 정권은 국방의 의무를 반정부 학생들을 처벌하는 형벌로 악용한 것이다. 김근태는 그 첫 희생자가 되었다. 1967년 10월의 일이다. 3학년 2학기가 시작되기도 전에 제적을 당하고 논산훈련소로 끌려갔다. 한 언론인은 징집 학생들이 강제 징집되는 과정을 다음과 같이 기록했다.

제적 학생들이 첫 번째로 입영하던 10월 26일, 이미 동대문경찰서에 신병이 확보된 서울대 대의원회의장 김재홍(문리대 정치학과 3년)과 최대철(법대 행정과 3년) 등 10명의 학생들은 경찰서 앞마당에서 경찰에 인솔되어 용산역으로 나가기 전 배웅 나온 서울 법대 박병호 학생과장과 김치선 교무과장을 보자 눈물을 글썽였다.

오후 4시경부터 용산역 앞 광장에는 입영 학생들의 학우와 교수 및 가족 등 5백여 명이 모여 교가, 응원가, 이별의 노래를 부르며 이들을 전송했다. 이날 입영한 학생은 서울대 9명(법대·문리대·상대 각 3명), 고대 5명, 연대 5명, 성대 3명, 서강대 2명, 건대 2명, 서울시립농대 2명, 강원대 1명, 명지대 1명 등 모두 30명이었다.[16]

이 기사의 '서울대 9명' 중에는 김근태도 끼어 있었다. '강제 징집'된 학생들은 훈련 과정이나 부대 배치에서도 여러 가지 불이익을 당했다. 운동권 학생들에 대한 군의 처사는 대단히 적대적이어서 훈련 중 심한 구타는 일상적이었고 대부분 최전방 부대로 배치되었다. 김근태도 다르지 않았다. 소속 부대는 물론 방첩대의 감시로 책 한 권, 편지 한 통 마음 놓고 보고 쓰기 어려웠다.

그렇게 힘겨운 시간을 보내고 3년여 만에 육군 병장으로 제대한 김근태는 1970년 가을 대학으로 돌아왔다. 김근태가 군에 복무하는 동안 국내 정세는 날로 격화되고 있었다. 1968년 1월 21일 김신조를 비롯한 북한 무장공비가 청와대를 습격하려 한 사건을 계기로 4월 1일 향토예비군을 창설한 데 이어, 8월 24일 중앙정보부가 이른바 통일혁명당 사건을 발표했고, 12월 5일에는 국민교육헌장을 선포했으며, 다음 해인 1969년 9월 14일에는 공화당이 3선개헌안을 날치기로 통과시킨 뒤에 10월 17일 개헌안을 국민투표에 부쳤다. 국가안보를 빙자한 박정희의 장기집권 책략이 착착 진행되고 있었던 것이다. 물론 3선개헌에 반대하는 학생들의 시위 또한 연일 계속되고 있었다.

박정희는 3선개헌을 강행하면서 이미 장기집권의 '건널 수 없는 강'

을 건너고 말았다. 이 과정에서 국가안보 문제를 적절히 활용하고, 공화당 내의 개헌 반대 세력을 제거하면서 1인 독재의 길을 열었다.

야당인 신민당은 1970년 9월 전당대회에서 40대 후보들의 치열한 대결 끝에 비주류의 김대중이 주류의 지원을 받은 김영삼을 제치고 대통령 후보에 선출되었다. 11월 13일에는 서울 동대문 평화시장의 노동자 전태일이 근로조건 개선을 요구하며 분신자살하여, 1970년대 노동운동의 상징이 되었다.

박정희 정권은 제7대 대통령선거를 앞두고 1969년부터 학생들을 통제하기 위해 모든 대학에서 군사교련을 실시하도록 강제했다. 향토예비군이 제대를 한 청장년들을 상대로 한 것이라면 교련은 재학생들을 한 묶음으로 엮는 준군사조직이었다. 국가안보를 내세워 대학생들을 통제하고자 한 것이다.

> 1969년부터는 교련이 대학의 정규과목의 하나로 채택되었다. 교련은 대학이 자신의 임무로 생각하는 지식의 생산과 토론이라는 교육 본래의 의미와는 전혀 동떨어진 과목이었다. 교련 교육이 정규과목으로 채택되는 과정에서 대학의 교양교육 및 학사운영 전반이 큰 영향을 받게 되었음에도 불구하고 이에 대한 대학 내에서의 토론이나 의사수렴은 전혀 불가능하였다. 교련은 형식상 대학의 교과과정에 들어 있는 것이면서도 그것은 대학의 학문적인 공동체 바깥에 놓여 있는 것이었고 교수들의 영역과는 무관하게 군의 직접적인 지휘를 받는 것이었다.[17]

박정희 정권이 전국의 대학에서 교련을 실시하게 한 것은 대학의 병영화를 통해 학생들을 통제하기 위해서였다. 정부의 의도를 꿰뚫은 학생들은 교련 철폐 투쟁을 전개했다. 김근태가 참여한 서울대 총학생회가 1971년 '교련 철폐 투쟁 선언'을 발표한 데 이어 다음날 서울대 사회학과생들이 '교련 문제에 대한 우리의 입장'이라는 제목의 성명서를 통해 교련 철폐를 주장했다. 이것이 대학가 '교련 철폐 투쟁'의 신호탄이 되었다.

1971년 4월 27일 실시된 제7대 대통령선거에서 박정희는 전체 국가 예산의 6분의 1에 해당하는 천문학적인 자금과 관권을 총동원하고서도 어렵게 승리했다. 김대중 후보와의 표차는 95만여 표에 달했으나 서울을 비롯한 수도권과 대도시에서는 사실상 패배했다. 박정희는 3선에 만족하지 않고 영구집권을 획책하면서 가장 저항이 심한 김대중과 대학을 더욱 심하게 탄압했다.

김근태가 속한 서울대 상과대 교수들은 1971년 8월 21일 '대학자치 선언'을 발표하면서 정부의 대학 간섭을 비판했다. "오늘날 우리 대학은 내외로 제구실을 다하지 못하는 심각한 위기에 처해 있다. 그 위기의 근본요인은 대학 운영의 비자치성에 연유한다. 형식적 자유와 실질적 자유가 망라됨으로써 본래의 사명을 다할 수 있는 대학의 본질에 비추어 대학의 운영이 상부기관의 자의에 좌우되는 현실적 제도하에서 대학의 대학다운 발전은 기대하기 어렵다"[18]고 완곡하게나마 정부의 처사를 비판한 것이다.

이때까지만 해도 대학은 어느 정도의 자율성을 확보하면서 정부와 일정한 거리를 두고 있었다. 하지만 1972년 10월 박정희가 유신 쿠데타로 완벽하게 1인 전제 체제를 구축하면서, 대학은 자율성을 잃게 되었다. 교수 중에는 어용 교수도 많았지만, 학자적 양심을 지키면서 반독재 투쟁에 나선 학생들을 음으로 양으로 보호해주는 교수도 적지 않았다.

첫 지명수배

대학가에서는 4·27 대통령선거의 부정·불법에 항거하여 대규모 규탄 시위가 벌어졌다. 1971년 5월 27일 서울대 공대·문리대·상대·약대·의대·치대생 등 9백여 명과 서강대생 2백여 명이 구속 학생 석방, 학원 자유 수호, 교련 반대 등을 외치며 교내 시위에 이어 가두로 진출했다. 김근태는 이 시위에 앞장섰다.

정부는 이날 서울대 문리대·법대·상대·사대에 휴교령을 내리고 교문을 폐쇄했다. 9월 30일에는 수도경비사 장교들이 고려대학교에 난입하는 폭거가 자행되기도 했다. 김근태는 1971년 11월, 마지막 학기를 남겨놓고 '내란음모 사건'에 연루되어 수배자 신세가 되었다. 사건의 개요는 이렇다.

1971년 11월 12일 중앙정보부는 "서울대생 4명과 사법연수원생 1명이 모의해 대한민국을 전복하려 했다"면서, '민주수호전국청년학생연맹' 위원장 심재권(서울대 상대 3년), 《자유의 종》 발행인 이신범(서울대 법대 4년), 장기표(서울대 법대 3년), 조영래(사법연수원생), 김근태(서울대 상대 4년) 등을 구속했다. 이들은 10월 15일 위수령이 발동되면서 대학에서 제적되었으

며, 이들에게 주어진 혐의는 '민주수호전국청년학생연맹'을 중심으로 반
정부 시위, 폭력을 이용한 주요 관공서 파괴·점령과 박정희 대통령 강제
하야, 혁명위원회 구성과 헌법 기능 정지 후 정부 전복 기도를 계획했다
는 것이었다.[19]

정부가 학생운동 지도자들을 '내란음모'라는 어마어마한 사건을 꾸며
구속한 것은 날로 격화되어가는 학생 시위를 저지하려는 정치적 책략에
서였다. 특히 4·27 대통령선거의 부정을 규탄하기 위해 학생들이 조직
한 '민주수호전국청년학생연맹'(이하 '학생연맹')을 겨냥한 처사였다.

'학생연맹'은 1971년 4월 13개 대학 학생 대표로 구성되어 4·27 대
통령선거 참관을 실시하는 한편 소속 대학의 시위를 주도하는 등 반정
부 학생운동의 핵심 서클이었다. 정부는 이에 대한 보복으로 집중 타격
을 가한 것이다.

김근태는 동료들이 구속될 때 용케 피신해 체포를 면할 수 있었다. 검
찰은 이들을 구속기소하면서 김근태를 '공소외'로 표기했는데, '공소외'
는 나중에 그의 별명 중 하나가 되기도 했다. 김근태가 정보부 요원과 형
사들의 추적을 따돌리면서 피신 중일 때 심재권·이신범·장기표·조영
래 등은 수사기관에서 가혹한 구타를 당했다. 검찰은 9월 5일 항소심 결
심 공판에서 이들에게 징역 10년씩을 구형하고, 재판부는 9월 11일 징
역 10년 6월과 2년, 집행유예 3년 등을 각각 선고했다.

재판 과정에서 검찰 공소 사실의 허구성이 폭로되고 수사기관의 가
혹 행위가 드러나 크게 사회 문제가 되기도 한 이 사건은, 선고 공판에
서 반국가단체 구성과 예비음모 부분은 무죄, 기타 부분은 유죄가 인정

되었다. 당초 검찰이 발표한 '서울대생 내란음모 사건'의 허구가 밝혀진 것이다. 김근태는 이때부터 길고 긴 피신 생활을 하면서, 경찰과 정보부 요원들의 끈질긴 추격을 따돌리고 숨어 사는 요령을 터득하게 되었다.

김근태는 변형윤 교수 등의 배려로 수배 중에 시험 대신 우편으로 리포트를 제출하여, 1972년 2월 가까스로 서울 상대를 졸업할 수 있었다. 학생운동 지도자들은 피신 생활 중에 가명으로 취업하는 길을 택하기도 했다. 정부는 이들을 '위장취업자'라 하여 회사와 공장을 샅샅이 뒤져 찾아낸 뒤 처벌했다. 노동자들을 '의식화'한다는 이유였다.

이때부터 그는 길고 긴 수배생활에 들어갔다. 물론 그 기간 동안 간간이 수배로부터 '사실상 해제'된 상태도 없지 않았으나 그 기간은 매우 짧았다. 피신을 하던 그는 피신 생활에서 자연스럽게 빠져나오는 한 방편으로 일신산업(일신제강의 전신)에 취직했다. 그곳에서 그는 수출 업무를 맡아 약 11개월 동안 근무했다. 그의 45년 생애(인터뷰 시점-인용자)에 넥타이를 매고 월급봉투를 만져본 유일한 기간이었다.[20]

김근태가 일신산업에서 월급쟁이 노릇을 하고 있을 때는 '학생연맹'의 친구들이 옥살이를 하고, 박정희가 1971년 12월 6일 국가비상사태 선언에 이어 12월 27일 대통령에게 비상대권을 부여하는 국가보위법을 변칙적으로 통과시키면서 영구집권의 길목으로 치닫던 시점이었다. 박정희는 1972년 10월 17일 마침내 군부대를 동원하여 국회를 해산하고 비상계엄령을 선포하면서 유신 쿠데타를 감행했다.

그야말로 국체변혁의 내란행위였다. 김근태는 긴 고민에 빠져들었

다. 유신 쿠데타로 양심적인 야당 정치인, 재야인사, 학생, 노동운동
가 들이 속속 구속되거나 직장에서 쫓겨나는 등 한국 사회는 11년 전
5·16 쿠데타 당시의 상황으로 돌아가고 있었다.

김근태는 이런 상황에서 남들처럼 넥타이 매고 출퇴근하는 평범한
직장생활을 계속 할 것인가, 민주주의가 짓밟히고 인권이 유린되는 유
신체제에 도전하는 사회운동을 할 것인가, 아니면 대학원에 들어가 공
부를 계속할 것인가를 두고 고민을 거듭했다. 성격상 '햄릿형'이어서
그의 고민은 깊어갔다.

> 회사생활을 시작한 지 몇 개월 후 그는 회사생활이 자신을 충족시켜주지
> 못한다고 판단, 사회운동으로 전환할 것인가 아니면 대학원에 들어갈 것
> 인가 고민하던 중 대학원 진학의 길로 마음을 정하고 시험 준비에 돌입했
> 다.[21]

이 길이냐 저 길이냐

하지만 운명의 여신은 이 학구파 청년에게 이번에도 역시 학문 연마의
길을 열어주지 않았다. 박정희가 기획·각본·연출한 유신체제는 김근
태에게 고난의 길을 강요했다. 운명의 갈림길은 극적이었다.

> 사회운동으로 진출하려니 막막했고 사회과학적 이론을 더 쌓고 싶은 욕
> 구도 있었다. 그리고 내심 수배가 아니기를 확인해보고 싶은 복합적인 생

각을 갖고 있었다.[22]

김근태는 홍성교도소에 갇혀 있으면서 면회 온 이재화에게 당시의 심경을 이렇게 털어놓았다. 서릿발 치는 유신 초기에 사회운동에 진출한다는 것은 누구에게도 쉽지 않은 선택이었다. 하여 대안으로 택한 것이 대학원에 진학해 공부를 하면서 사태를 지켜보자는 것이었다.

그는 형 국태 씨에게 전화를 해 서울대 경제학과 대학원에 입학원서를 내게 했고, 입학시험 당일 다시 형에게 전화를 해 "수험표를 갖고 시험장에 나와달라. 혹시 시험장에 수사기관원이 나와 있을지 모르니 잘 살펴보라"고 했다. 형 국태 씨는 동생이 부탁한 대로 시험장에 수험표를 갖고 나갔다. 아니나 다를까 수사관이 쫙 깔려 있었고, 시험이 시작되었는데도 김근태 씨의 모습은 끝끝내 보이질 않았다. 형 국태 씨는 동생이 나타나지 않자 동숭동 소재 사무실로 되돌아갔다. 곧 동생으로부터 전화가 왔다. "먼발치에서 형을 보고 있었다. 수사기관원들이 나와 있어서 나가지 않았다"는 내용의 전화였다. 이렇게 해서 그의 운명을 바꿔놓을 수도 있었던 대학원 진학은 좌절되고 말았다.[23]

보통 사람들의 운명은 보이지 않는 절대자의 손에 결정되는지 몰라도, 한 시대 지도자들의 운명은 시대 상황에 따라 좌우되는 경우가 적지 않다. 김근태가 당시 무사히 대학원에 진학했다면 그는 학자의 길을 걸으면서 학문적인 업적을 남겼을지 모른다.

하지만 김근태는 그 평탄한 길을 접고, 저항의 길에 들어섰다. 운명적인 측면도 있지만, 실종된 세 형들을 비롯한 가족사의 영향도 작용했을 것이다. 또한 동지들의 고난과 박정희 체제의 광폭성 등 젊은 지성으로 하여금 광야로 나서게 한 당시의 '시대정신'도 한몫했을 터였다.

박정희의 권력 욕구는 자제력이 보이지 않았다. 민주주의 국가의 필수적인 야당, 언론, 사법부 등이 그에게는 거추장스러운 존재로 여겨졌다. 유신 쿠데타를 자행하면서부터 그는 모든 비판을 불허하는 신적인 존재처럼 행세했다. 1973년 8월 8일 일본에서 반유신 활동을 하는 김대중을 납치해오고, 1974년 1월 8일에는 긴급조치 1호를 선포, 유신헌법에 대한 반대와 개헌 논의를 일절 금지시키면서 위반자들을 처벌하기 위해 군법회의를 설치했다. 민간인들을 군사법정에 세우는 야만성을 드러낸 것이다. 그리고 비판적인 언론을 수단과 방법을 가리지 않고 짓밟았다.

하지만 유신체제에 대한 도전도 만만치 않았다. 1973년 3월 30일 전남대에서 《함성》·《고발》 등 유신 반대 유인물이 살포되었고, 5월 20일에는 기독교인들이 유신과 박정희를 반대하는 내용의 '신앙선언문'을 발표했으며, 9월 6일에는 서울 제1교회 박형규 목사를 중심으로 한 남산부활절 예배 사건이 벌어지는 등 반유신·반박정희의 저항운동이 전개되었다.

유신 선포 이후 대학가 최초의 반유신운동은 1973년 10월 2일 서울대 문리대 비상학생총회 소속 250여 명이 자유민주체제 회복을 요구하는 내용의 선언문을 낭독하고 시위를 벌인 것이었다. 반유신의 횃불은 4일의 법대생 시위에 이어 5일에는 상대생 3백여 명이 김대중 납치 사건의 진상 규명과 대일예속 청산, 자립경제 확립, 중앙정보부 해체, 학원자유 보장 등을 촉구하는 선언문을 낭독하고 시한부 농성에 들어가는 것으로 확대되었다. 유신 선포 1년 만에 박정희는 다시 대학생들의 거센 도전에 직면하게 된 것이다. 서울대생의 시위를 시작으로 전국의 대학가에서는 다시 반정부 투쟁의 열기가 뜨겁게 달아올랐다.

정치적 위기에 봉착한 박정희는 1974년 4월 3일 긴급조치 제4호를 선포했다. 전국민주청년학생총연맹 사건(민청학련 사건)을 조작하여 학생들의 반독재 투쟁에 좌경의 족쇄를 채우기 위해서였다. 3월 들어 각 대학에서 유신 철폐 시위가 빈발하자, 전국 대학의 반독재 연합시위 계획에 대한 정보를 입수한 정부가 이들이 국가변란을 목적으로 폭력혁명을 시도한다고 날조하면서 긴급조치를 선포한 뒤 민청학련 주모자라는 명분으로 253명을 구속한 것이다.

구속자 중에는 윤보선·지학순·박형규·김찬국·김지하를 비롯하여, 이른바 인혁당 재건 관련자 21명, 일본인 2명이 포함되었다. 김근태의 동료 중에서도 여러 명이 구속되었다.

1975년 3월 28일 수원의 서울대 농대 학생총회는 제1차 대학선언과 제2차 시국선언문을 발표하고, 학원자유 보장과 구속학생 석방을 요구한 데 이어 4월 2일에는 박정희에게 학원과 사회 제반 사태를 타개할 일대 결단을 촉구하는 내용의 선언문을 발표했다. 그리고 4월 4일에는 민주화를 요구하는 격렬한 시위을 벌였다. 이때 한국 학생운동에 커다란 전기가 된 사건이 일어났다. 11일 학내에서 벌어진 자유성토대회에서 연사로 나선 김상진이 민주주의를 위해 투쟁할 것을 독려하는 내용의 양심선언문을 발표하고 할복한 것이다. 김상진은 곧바로 병원으로 실려갔으나 다음날 사망했다.

김상진의 할복 자결 소식이 알려지자 그를 추모하는 집회가 곳곳에서 열렸다. 학생운동에도 커다란 영향을 미쳤다. 서울대생 4천여 명은 5월 22일 김상진 열사 추도식을 거행한 뒤 대규모 시위를 벌였다. 긴급조치 9호가 선포된 이후 일어난 최초의 시위였다. 80여 명이 연행되고, 29명이 유죄선고를 받았다. 김근태는 서울대생 시위와 명동성당에서 거행된 김상진 열사 장례식을 주도했다 하여 수배가 더 강화되었다.

하지만 김근태는 이번에도 잡히지 않았다. 이 사건을 담당한 검사는 그의 친구들을 기소하면서 김근태는 또다시 '공소외'로 기재할 수밖에 없었다. 당국은 김근태를 체포하는 데 혈안이 되었으나 김근태는 매번 포위망을 피했다.

그는 수배 중, 대학원에서 공부하고자 했던 사회과학 공부를 한시도 게을리 하지 않았으며 동시에 운동가가 가져야 할 규율을 철저하게 몸에 익혔다. 수배 중 그가 얼마나 철저하게 생활했는지는 1974년 민청학련 사건으로 수배 중이었던 손학규 교수의 증언을 통해서도 확인할 수 있다.

민청학련 관련으로 수배 중인 나와 장기표·김승균·심재권·신동수 등과 5·22 사건으로 수배된 김근태는 수배 중에도 가끔씩 만나곤 했다. 우리들 대부분은 수배 중에 있었던 주변 이야기를 하거나 동료들의 근황을 물어보곤 했는데, 유독 김근태만은 자신의 근황에 대해서는 말할 것도 없고 다른 사람에 대해서도 결코 묻지 않았다. 심지어 그의 다음 행선지에 대해 다른 사람이 전혀 눈치 채지 못하게끔 철저하게 방비하는 것이 습관화 되어 있었다.[24]

'위장취업'과 동지 인재근

김근태는 피신 중에 건축공사장 인부, 기술학원 강사, 소규모 공장 직원 등을 전전하며 은신 생활을 했다. 한 곳에 오래 머물지 않고 자주 옮겨 다니면서 추적자들을 따돌렸다. 쉬는 날이면 청계천 헌책방을 찾아 책을 구해 읽었다. 그가 다방면에서 박식한 것은 뒷날 긴 감옥 생활과 이 무렵의 독서에서 얻은 지식의 힘이 컸다. 피신 중에 행운도 따랐다. 평생의 반려이자 동지인 인재근을 만난 것이다. 그리고 이 기간에 열관리기능사 등 여러 개의 자격증도 땄다.

> 1977년 8월경 현재 부인 인재근 씨와 만나게 됐다. 상대 1년 후배인 장명국 씨의 부인인 최영희 씨의 소개로 만나게 된 것이다. 당시 인재근 씨는 이화여대를 졸업하고 1975년부터 인천에서 노동운동을 해왔었다. 인씨는 1978년 2월부터 인천 도시산업선교회(산선)에서 실무 간사로 활동, 동일방직 사건에 관여하기도 했다.[25]

도피 중에 인재근을 만나게 된 것은 김근태에게 큰 행운이었다. 무엇보다 '산업선교회'에서 일했던 만큼 시대정신을 공유하고 노동운동에 뜻을 같이할 수 있었던 데다, 안전한 은신처를 얻을 수 있었기 때문이다.

감옥에 들어갔다가 나온 친구들은 1974년 민청학련 사건으로 모두 수배를 받고 피신했으며, 그 1년 후 김상진 서울 농대생의 유신체제에 대한 항의 자결에 자극을 받아 긴급조치 9호 아래에서 서울대 5·22 사건과 명동성당 장례식 사건의 배후로 연루되어, 박정희 씨가 저격당해 죽기까지 피신을 해야 했다. 그동안 먹고살기 위해 공장에 들어가 일하기도 했고, 기술학원 강사 생활도 했다. 이 기간에 집사람인 인재근을 만나 함께 활동하다가 결혼을 하게 되었고, 아들 병준이도 낳았다. 아득하고 괴로운 세월이었지만 우리에게 행복할 수 있는 틈도 없지 않았다.[26]

박정희의 패악은 날이 갈수록 심해졌다. 독립운동가 출신으로 민권투쟁을 벌이며 박정희와 대결해온 장준하가 1975년 8월 17일 등산길에 의문사를 당한 데 이어, 1976년 3월에는 윤보선·김대중·함석헌 등이 정부 전복 선동 혐의로 구속·입건되었다. 3·1절 55주년을 맞아 '민주구국선언'을 발표한 것을 문제 삼은 것이다. 그리고 1978년 12월 27일 박정희는 체육관 선거를 통해 제9대 대통령이 되었다.

이보다 앞서 실시한 제10대 국회의원선거에서는 공포 분위기 속에서도 야당인 신민당이 32.8퍼센트, 공화당이 31.7퍼센트를 얻었다. 야당이 1.1퍼센트를 더 득표하는 '이변'이 일어난 것이다. 폭압통치를 거듭하는 박정희 정권에게 국민은 분명하게 레드카드를 던졌다. 이처럼 민심의 이반현상이 드러났는데도 박정희는 반성하려 들지 않고 날로 광포해져만 갔다.

1979년 8월 11일 경찰이 마포 신민당사에서 농성을 하던 YH무역 여성 근로자들을 강제해산하는 과정에서 폭력을 휘둘러 1명이 사망하는 사건이 벌어지자, 공화당은 신민당 김영삼 총재의 의원직을 박탈하는 등 반이성적인 야만성을 드러냈다. 마침내 10월 16~17일 부마항쟁이 벌어지고, 부산에 계엄령이 선포되는가 하면, 서울 등지에서는 대학생 시위가 격화되는 와중에 박정희는 10월 26일 중앙정보부장 김재규에 의해 살해되고 만다. 18년 5개월 동안 1인 전제를 자행하다가 부하의 총탄에 살해된 것이다.

박정희의 암살 소식은 민주화운동가들에게는 희망의 메시지였다. 수년 동안 도피 생활을 해온 김근태에게도 마찬가지였다. 하지만 행운의 여신은 그에게 쉽게 찾아오지 않았다. 가정적으로도 불행이 닥쳤다. 그동안 막내아들 때문에 하루도 마음 편할 날이 없었던 어머니가 눈을 감은 것이다.

어머니께서는 아들 병준이를 낳았다는 소식을 듣기는 했지만 당시 암으로 쇠진할 대로 쇠진해지셔서 손자를 직접 보고 안아보시지는 못했다. 그러다가 박정희의 죽음으로 막내아들이 자유로워졌다는 것을 확인하신 탓인지 1980년 1월 말에 세상을 떠나시고 말았다.[27]

1980년, 노동자들의 성실한 친구

박정희가 뿌린 악의 씨앗은 심각했다. 그의 권부 아래서 육성된 하나회 소속 정치군인들이 1979년 12·12 군부반란을 일으켜 군권을 장악하고, 1980년 5·17 전국비상계엄 확대 조치라는 쿠데타로 '서울의 봄'을 짓밟으며 제2기 군사정권을 수립했다. 이들은 박정희가 밟은 길을 재현해나갔다. 독재자가 제거되고 이제 민주주의의 밝은 세상이 올 것으로 기대했던 국민과 민주화운동가들은 다시 한 번 혹한의 계절을 맞게 되었다.

김근태는 짧은 '서울의 봄' 기간인 1980년 4월 말 어머니의 유언에 따라 인재근과 정식으로 결혼식을 올렸다. 두 사람은 1978년 수배 중에 가까운 가족만 불러 약식으로 결혼식을 치렀었다. 이번에는 모처럼 친척과 친구들이 참석해 축하해주었다. 주례는 서울 상대 변형윤 교수가 맡았다. 수배 중인 김근태에게 리포트를 받고 학점을 주는 등 항상 배려를 아끼지 않았던 스승이었다.

이제 가족이 딸린 몸이어서 먹고사는 문제가 시급했다. 다행이라면 박정희 체제에서 따라붙었던 추적자들이 사라졌다는 점이었다. 김근태는 1980년 7월경부터 산업선교회에서 노동상담역 간사로 일했다. 산업선교회의 핵심 인물이었던 조화순 목사가 동일방직 사건으로 구속됐다가 석방된 지 6개월 되던 무렵이었다. 조 목사는 자신이 구속되면서 와해된 산업선교회를 다시 재조직하기 위해 실무자를 구하던 중 김동완 목사, 최영희 씨 그리고 김근태 씨를 만나 다시 활동을 재개한 터였다.

조 목사는 노동상담역을 김근태 씨에게 맡겼다. 사실 일은 맡겼지만 당국의 흑색선전과 탄압으로 노동자들은 자취를 감춰버린 지 오래였다. 그래서 조 목사는 김근태 씨에게 "당신 능력껏 노동자들을 조직해보라"고 하고는 아무런 도움을 주지 못했다고 한다.[28]

김근태는 천성이 성실하고 근면한 편이어서 무슨 일이든 일단 맡으면 최선을 다하고 솔선수범한다. 그는 전태일과 같은 세대였다. 전태일이 노동자들의 권리를 호소하면서 자신의 몸에 불을 붙인 일을 그는 똑똑히 기억했다.

아무런 연고도 없는 낯선 인천에서, 그것도 당국의 탄압으로 황무지가 되어버린 산업선교회에서 그는 성실하게 일했다. 공장 근처를 서성거리기도 하고, 선술집에서 노동자들과 함께 술을 마시며 그들과 사귀기도 하면서 차근차근 실마리를 풀어나갔다. 선천적으로 말수가 적은 그는 노동자와 가까이 지내기 위해 대중적 감각 면에서 탁월한 재능을 가진 김동완 목사로부터 유행가를 배우기도 하고 레크리에이션을 익히기도 했다.[29]

김근태가 인천에서 노동자들과 함께 신산한 삶을 보내고 있을 때 전두환 일당은 광주의 살육을 거쳐 양심적 언론인을 축출하고, 정치정화법 제정 등을 통해 야성 정치인들을 옥죄면서 5공 체제를 굳혀갔다. 김대중 내란음모 사건을 조작하여 김대중에게 사형을 선고하고 양심적 정치인·학자·종교인 들을 한꺼번에 투옥했다. 하지만 철벽같았던 유신체제가 허물어졌듯이, 5공도 1982년 3월 18일 부산 미국문화원 방화 사건을 신호로 그동안 움츠렸던 학생운동이 다시 저항의 횃불을 높이 들면서 도전에 직면했다. 김근태는 여전히 인천에서 노동자들과 함께 일하면서 기회를 기다리고 있었다.

그와 만난 노동자들은 모두 그에게 매료됐다고 조 목사는 말한다. 그는 노동자들 한 사람 한 사람을 소중히 여겼으며 사소한 인간사에까지 진지하게, 인간에 대한 애정을 갖고 대해, 노동자들에게 '성실의 대명사'로 통할 정도였다는 것이다.

늘 당하면서 살아온 노동자들은 흔히 지식인 출신 운동가들이 노동자들을 운동의 대상으로 삼는 것과는 달리 인격체로 대해준 그와 오빠나 형처럼 가깝게 지내며 존경하게 되었다.

이렇게 해서 김근태 씨가 일을 한 지 불과 1년 만에 산업선교회엔 다시 노동자들이 몰려들기 시작했다. 그가 노동자와 약속을 하면 단 1분도 늦은 적이 없다는 것이 당시 그와 함께 그룹 활동을 했던 노동조합 간부들의 한결 같은 이야기다.[30]

절대권력은 절대 부패한다는 것은 만고의 철칙인 듯하다. 전두환 절대권력이 들어선지 채 2년이 못 되어 전두환의 친인척인 이철희·장영자의 '개국 이래 최대 어음 사기 사건'으로 5공의 성벽에도 구멍이 뚫렸다. 민주인사·학생·노동자 들의 가혹한 고문 사실이 하나씩 밝혀지기도 했다. 김근태는 분노를 삭이면서 여전히 인천에서 노동자들의 상담과 교육에 열정을 바치고 있었다. 당시 그에 대한 평가다.

조 목사는 김근태 씨를 통해 예수가 살아 있다는 것을 느낄 정도로 감동을 받았다고 한다. 조 목사는 그로부터 감동을 받은 일화를 이렇게 소개했다. "그는 노동자들을 만나 교육할 때 하루 한 시간 이상씩 늘 준비하곤 했다. 그러던 어느 날인가 그는 너무 바빠 미처 준비를 하지 못하고 노동자들과 만난 적이 있다. 그는 나에게 "목사님 죄를 지은 것 같습니다. 노동자들은 뭔가를 배우겠다고 장시간 노동으로 피곤한 몸을 이끌고 여기까지 왔는데 그 귀한 시간을 소홀히 생각했습니다" 하며 반성한 적이 있다. 풍부한 지식, 다양한 경험을 가진 사람이라 특별히 교육 준비를 하지 않아도 충분히 교육을 할 수 있었던 그였는데, 이처럼 노동자를 마치 보석을 대하듯 소중히 여기는 것을 보고 감동을 받았다.

그는 산업선교회 활동 과정에서 "운동은 이론이 아니라 삶"이라는 것을 강조했다. 그리하여 3년 가까이 함께 활동한 조 목사가 그가 '탁월한 이론가'라는 사실을 그로부터 몇 년 후인 1985년 재판을 받을 때에야 비로소 알았다고 할 만큼 산업선교회 시절 그의 모습은 헌신적이고 성실한 '일꾼'이었다.[31]

이후 김근태는 노동자와 노동운동에 각별한 애정을 갖게 되어, 전두환 시대에 짧지 않은 세월 동안 육체노동을 하며 살았다. 다음은 뒷날 노동자들의 수난을 지켜보다가 현장에 뛰어들었던 김근태가 남긴 기록이다. 1988년 12월 29일 밤 11시경 서울 광장동에 있는 미국계 회사인 모토로라에서 벌어진 일이다.

미국인 사장 밥 칼빈을 면담하러 본관 쪽으로 가던 노조원과 구사대 간에 충돌이 발생하여 일어난 사고였다.

"구사대 물러가라!" 하며 대치하던 조합원 중 4명이 위협용으로 자신의 몸에 신나를 붓고 맞섰는데 갑자기 누군가 붙인 불이 그들의 몸에 확 옮아붙었던 것이다.

구사대 쪽에서 "어디 불 붙여봐라" "신나인지 확인해보자" 등의 비웃음 소리가 나온 직후였다.

이 사고로 이강욱 씨는 깊은 화상을 입고 의식불명 상태이고, 강문희·이종찬 씨 등 3명도 중태이다. 이런 끔찍한 사고가 누구에 의해 저질러졌는지는 아직 밝혀지지 않았으나 조합원들의 목 쉰 증언에 의하면 구사대 쪽에 있던 김모 차장이란 자의 소행이 분명한 것 같다.

그런데 정말 무서운 것은, 불꽃이 되어 뒹굴고 있는 4명의 조합원들에게 달려들어 불을 끄는 대신 냉정하게, 아주 냉정하게 사진을 찍어대는 관리직 사원들이 있었다는 것이다. 과격한 노동자들의 모습을 찍어둔 구체적인 증거를 확보하기 위해서였을까. 참으로 모를 일이다.

시간이 긴박했다. 지금도 안에서는 도충환 노조위원장을 비롯한 11명의 노동자와 그 가족들이 신나통을 들고 전산실에 들어가 노조 탄압 중지를 요구하며 농성하고 있는데 그들을 싸고 수백 명의 구사대가 포위망을 구축하고 있다. 그들의 생명에까지 어떤 위협감이 감돌고 있었다.

더 이상 참을 수가 없었다. 몇몇 사람들과 함께 빵과 우유를 사 들고 정문 옆 좁은 문을 통과하여 공장 마당으로 들어갔다. 그러고는 인도적인 이유를 들어 면담을 요구했다.

그러나 대답은 구사대의 시꺼먼 적대감과 추운 겨울날에 쏟아지는 소방호스의 물세례, 물공격뿐이었다. 그러나 피할 수 없었다. 아니, 피하지 말아야지 하고 생각했다. 정면으로 소방 호스에서 쏟아지는 억센 물줄기에 맞서다가 돌아서서 등 뒤로 버티었다.

공장 마당에 나 혼자 남아 있었다. 순간적으로 외로움이 몰려왔다. 신나통을 들고 버티고 있을 조합원들의 고독과 함께 남영동에서 지독하게 곱씹었던 무력감이 한꺼번에 몰려왔다. 돌이 날아들기 시작했다. 살을 에는 듯한 겨울 추위가 서성이는 밤거리에 비명 소리가 울려나왔다.[32]

노동자와 노동운동에 대한 김근태의 관심과 열정이 담긴 글이다.

3장

'민청련'을
이끌다

'민청련' 창립

고은 시인은 시인의 감수성으로 인물을 내다보는 독특한 안목을 갖고
있다. 1986년부터 간행한 『만인보』 12권에서 그는 김근태에 관해 썼다.

김 근 태

그는 70년대에는 물 위에 떠오르지 않았다
인천 어딘가
후덥지근한 이 공장 저 공장에 스며들어가
자격증 네 개 다섯 개 땄다

서울대 상과대학 졸업장 따위 던져도 좋았다

공장에서

떳떳한 호모 파베르였다

하얀 양초 같은 얼굴

하얀 염소 같은 얼굴

그러나 노란 눈동자 안에는

어떤 동요도 없이

몇십 년을 한 뜻으로 가는 의지

슬쩍 내비쳤다가 숨어버린다

평생 노동자와 일치하리라고 결심한 이래

그는 70년대에는

몇몇 친구들밖에는 몰랐다

무서운 청년시절을 다 바쳐 떠오르지 않았다

이름 떨치는 것

나서는 것

그것이야 뒤로 뒤로 미루어도 좋아라

죽기 직전까지

그 자신의 고문을 의식 속에 기록한

결사적인 또 하나의 그 자신이야 뒤로 미루어도 좋아라.[33]

1980년대는 한국 현대사에서 보기 드문 격동의 시대였다. 쿠데타와 살육, 저항과 연대가 동시적으로 혹은 비동시성으로 나타났다. 김근태는 격동기의 청년운동 중심부에 들어가 역량을 키우고, 아직 광주의 핏자국이 선명한 5공 초기에 반독재 투쟁을 선포했다.

돌이켜보면 한국 현대 정치사에는 민주주의를 발전시킬 두 차례의 절호의 기회가 있었다. 첫 번째는, 1960년대 초 4월혁명으로 이승만 백색 전제에 짓밟혔던 민주주의를 살려내 내각제 개헌을 이루고, 국민의 자유선거에 의해 민주당이 집권한 때였다. 혁명 뒤끝이라 다소 혼란스러웠지만 장면 정부는 인내심을 갖고 민주적인 방법으로 국정을 운영했다. 그런데 일본군 출신 박정희가 주동하는 군 일부의 반란으로 민주당 정부는 8개월 만에 붕괴되고 18년 5개월간의 박정희 1인 독재가 자행되었다.

두 번째는, 1979년 10월 박정희가 김재규 중앙정보부장에 의해 피살되면서 모처럼 '서울의 봄'을 맞아 대한민국의 민주주의가 회복될 기회를 맞았을 때였다. 하지만 박정희 밑에서 권력의 단맛을 본 전두환·노태우 일당이 반란을 일으켜 가녀린 민주주의의 새싹을 짓밟고 광주학살을 자행하며 정권을 찬탈했다. 민주주의는 다시 생명력을 잃고 대한민국은 제2기 군사독재 시대를 맞았다.

박정희 정권의 온갖 패악을 그대로 전수받은 전두환 5공 정권은 새로 개발한 수법까지 동원해 그 포악성이 더욱 심했다. 광주학살의 피를 뿌리고 등장한 5공의 포악성은 학생운동을 비롯하여 비판 세력을 탄압하는 데 그야말로 광적이었다. 반유신 투쟁을 벌여온 학생·재야·야권은 1980년 5·17 사태로 풍비박산, 초토화를 면치 못했다.

하지만 전두환 일당의 폭압 속에서도 저항의 활화산은 멈추지 않았다. 민중의 지층에서 저항의 용암이 다시 꿈틀거렸다. 늘 그랬듯이 이 번에도 청년·학생들이 앞장섰다. 반유신의 학생운동 출신과 5공의 만행에 침묵할 수 없는 학생들이 일어섰다.

1982년 3월 18일 김부식·김은숙 등 부산 고신대생들이 광주민주화운동 유혈 진압 및 독재정권 비호에 대한 미국 측의 책임을 묻고자 벌인 부산미문화원 방화 사건은 학생들에게 만연된 패배감을 털고 다시 분기하는 계기를 만들었다. 이 사건을 횃불로 하여 대학가에서는 산발적이나마 반정부 시위가 다시 불붙기 시작했다.

1982년 하반기부터 활성화되기 시작한 학생운동은 1983년을 맞아 더욱 강화되었다. 이 해 초 나카소네 일본 총리의 방한 반대를 이슈로 하여 방학 중인데도 대학생들과 운동권은 반대 집회를 열고, 반정부 투쟁 시위를 벌였다.

때마침 김영삼 전 신민당 총재가 5월 18일 민주화를 요구하면서 26일간 단식하고, 김대중 전 대통령 후보가 미국에서 이를 지지하는 시위를 벌였다. 국내에서는 함석헌·문익환·홍남순 등이 동조단식에 들어가는 등 정계와 원로 그룹의 움직임은 한동안 움츠렸던 지식청년들에게 용기를 주었다.

1983년 9월 30일 저녁 서울 성북구 돈암동 소재 가톨릭 상지회관에서는 경찰의 삼엄한 포위 속에서 진보적인 지식청년 59명이 참석한 가운데 민주화운동청년연합(이하 민청련) 결성식이 거행되었다. 저녁 7시를 전후하여 150여 명의 회원들이 상지회관 주변에 모였으나 상당수가 성북경찰서로 연행되어, 59명만 참석할 수 있었다.

대회는 의장으로 내정된 김근태가 '민청련 창립선언문'을 낭독하면서 막이 올랐다. "고통과 희망을 한 몸에 안고 억압받는 제3세계 민중의 일원으로서, 민족사의 전진에 앞장서야 할 청년으로서 (……) 민주·통일을 위한 민주정치 확립, 민주자립경제의 확립, 자생적이고 창조적인 문화 교육 체계의 형성, 냉전체제 해소와 핵전쟁 방지"라는 내용의 선언문이었다.

창립선언문(요지)은 다음과 같다.

— 민족통일의 대과업을 성취하기 위하여 참된 민주정치는 반드시 확립되어야 한다.

— 평등하고 인간적인 생활을 위한 민주자립경제가 이룩되어야 하며, 부정부패 특권경제는 마땅히 청산되어야 한다.

— 역동적이고 건강한 민중의 삶을 위하여 자생적이고, 창조적인 문화, 교육체계가 형성되어야 한다.

— 국제평화와 민족 생존을 위해 냉전체제의 해소와 핵전쟁의 방지가 이루어져야 한다.[34]

김근태가 작성한 민청련 발기문을 부의장으로 내정된 장영달이 낭독했다. "민청련은 투쟁성의 회복을 첫 번째 과제로 제시"하며, "민족의 존립 자체가 위협받고 있는 오늘의 현실 상황은 뿔뿔이 흩어진 민주청년들이 다시 한데 모여 민중운동의 흐름 속에서 양심적인 지식인·종교인·정치인·노동자·농민 들과 연대를 강화하면서 민주주의와 민족통일을 위한 새로운 사회건설에 매진할 것을 강력하게 요구하고 있다"[35]

는 내용이었다. 대회는 이어서 전문 21조의 민청련 규약을 통과시키고 임원진을 선출했다.

집행위원회: 의장 김근태/ 부의장 장영달/ 총무과장 박우섭/ 홍보부
장 박계동/ 사회부장 연성수/ 재정부장 홍성엽
상임위원회: 위원장 최민화/ 부위원장 이해찬

민청련이 출범하는 데는 학생운동과 노동운동 출신 지식청년들의 숨은 노력이 큰 몫을 했다. "1983년 5월부터 60년대 후반 학번에서 72학번까지 학생운동을 주도해온 김경남·문국주·송진섭·이해찬·장영달·정문화·정화영·조성우·황인성 등은 최민화의 집에서 매주 한 차례씩 회동을 가졌다. 이를 OB모임이라고 했고, 72학번부터 70년대 후반 학번까지는 별도로 만나 회동을 가졌는데, 이를 YB라 불렀다."[36] 민청련이 태동하는 데 주도적 역할을 한 사람은 이범영·이해찬·조성우 등이었다.

1983년 봄. 이범영은 우선 날조된 김대중 내란음모 사건으로 2년 반의 징역을 살고 1982년 12월에 출소한 이해찬을 만나 공개 정치투쟁 단체를 만드는 데 뜻을 같이했다. 사실 이해찬은 또 운동한다고 잡아가겠느냐는 심기도 있었고, 설사 또 잡아가면 오히려 문제가 더 복잡해지기에 방패막이 역할로 적합하다고 확신했다. 그리고 최악의 경우, 잡혀가면 몇 년 더 감옥에 갔다 온다는 각오로 청년 단체를 만드는 일에 열심히 뛰어다녔다.

또한 이해찬과 같이 조성우에게도 1983년 1월, 이범영이 찾아와 청년 단체를 만들자는 제의를 하자, 역시 흔쾌히 동참했다. 조성우는 1978년 결성된 민주청년운동협의회(민청협) 회장을 역임한 터라, 공개 투쟁을 담당하는 청년 단체 건설이 당면 과제라는 것을 누구보다도 절실하게 느끼고 있었다. 그러나 워낙 고문을 많이 당해 건강이 많이 약해져 있는 데다가 당시 운동권의 한계였던 해외 정보의 취약점을 보완하고자 내심 일본 출국을 준비하고 있었기에 청년 단체 준비 과정에서 여러 대학과 긴밀히 관계하면서 깊이 관여하기는 했으나 이후 청년 단체의 중심축에는 서지 않았다.

마침 이즈음 일부 민주화운동 세력에서 어른들을 중심으로 한 단체를 우선 만들려는 움직임이 있었다. 사연인즉슨, 1979년 3월에 결성된 '민주주의와 민족통일을 위한 국민연합'이 5·17 이후 와해되었는데, 우여곡절 끝에 다시 조직을 건설하자는 제안이 마침 제기되고 있던 터였다. 장기표·박우섭 등이 중심이었는데, 그러나 어른 단체 건설이 난관에 봉착하여 생각보다 여의치 않자 이를 준비하던 박우섭은 청년 단체 건설에 합류한다.

이로써 이범영·이해찬·조성우가 논의를 시작하고, 박우섭·박성규·설훈 등이 호응하고 이후, 후배인 권형택·이우재·서동만·연성만·유기홍 등이 합류하면서 청년운동 조직화는 외연이 넓어지고 있었다.[37]

하지만 민청련의 조직 결성은 쉽지 않았다. 5공의 독기가 여전히 서릿발 같고 청년층에까지 패배주의가 만연해 있었다. 이런 분위기 속에서 일군의 지식청년들은 마치 일제감정기의 독립운동가들처럼 경찰과 정보기관의 감시를 피해가면서 청년 조직 결성을 추진했다. 8월 15일 경기도 양수리 근처 동막이라는 계곡에서 야유회를 하는 것처럼 동지들이 모여 청년 단체 결성에 합의했다. 이날 모임에는 40여 명이 모였다.

참석자들은 이전 민청협 출신과 복학생협의회, 노동운동 그룹 등을 주축으로, 서울대에서 김경남·이해찬·박우섭·김정환·박성규·김도연·황성진·이범영·문국주·권형택·이을호 등 72~74학번을 주축으로, 75~77학번인 연성만·이우재·서동만·김종복·오세중 등도 참석했고, 대학별 대표는 고려대는 조성우, 연세대는 최민화·홍성엽, 중앙대는 이명준·이석표, 서강대는 김선택, 한신대는 김희택, 이화여대는 최정순, 명지대는 김준옥 등이 그 면면이다.[38]

민청련 의장 추대, 고난의 행진

민청련 조직의 준비팀은 누구를 대표로 세울 것인가를 두고 여러 사람과 접촉했다. 안양로·조성우·장영달·조영래·장기표·최민화·장명국 등 학생운동, 노동운동 지도자들이 거론되었다. 모두 유신체제에서 학생·청년운동에 앞장서온 인물들이었다. 여러 날 동안의 검증과 토론을 거쳐, 거론된 인사들을 접촉한 끝에 김근태를 대표로 내정했다.

공개 청년 단체 준비팀이 대표를 선정하는 데 가장 중요하게 염두에 둔 점은 노동운동 등 기층 민중운동 현장과의 유기적 연계성이었다. 당시 상황에서는 노동운동 등의 언더조직과 연계가 되지 않으면 대중적 기반을 갖지 못한다고 판단했기 때문이다. (……) 대표 논의에서 김근태라는 이름이 계속 부상되자, 이해찬·이범영 등이 김근태를 직접 만나 부탁하기에 이른다. 김근태는 당시 인천산업선교회에 적을 두고 노동운동을 지도하면서 한편으로는 공개 운동을 뒤에서 지원하는 일을 해왔기 때문에 양쪽에서 모두 인정하는 인물이었다. 그러나 김근태는 처음 제의에서는 대표직 수락을 사양했다.[39]

김근태는 민청련 대표를 맡아달라는 준비팀의 제의를 정중하게 거절했다. 우선 그동안 힘들게 피신 생활을 해온 터라 공개 조직의 대표를 맡았다가 덜컥 감옥에 가는 것이 두려웠고, 무엇보다 자신에게는 과분한 자리라는 것이 이유였다.

그 사양의 논거는 두 가지 이유였다. 본인의 표현에 의하면, 하나는 학생운동을 시작한 이래로 근 20여 년 동안 줄기차게 수배 상태로 있었지만 정작 감옥은 가지 않았는데 공개 운동 판에 나가면 감옥을 넘나들어야 한다는 인간적 두려움이 있었고, 또한 전 민주화운동의 관심과 기대를 모으는 과분한 자리라는 생각에 선뜻 수락할 수 없었다는 것이다.
이렇게 대표직을 사양한 김근태에게, 이해찬·박우섭, 이범영보다 선배인 조성우·최민화·이명준까지도 가세하여 대표직을 수락할 것을 간청한다. 그리고 결국 김근태는 대표직을 수락하는데, 이는 매우 친한 후배였던 최민화의 강력한 주장이 가장 영향이 컸다고 본인은 술회하고 있다.[40]

공개 운동조직의 대표는 감옥 이상을 각오해야 하는 자리였다. 하지만 뜻이 있다고 아무나 그 자리에 이름을 올릴 수는 없었다. 김근태는 중의에 따라 "민주화운동 역량이 개인적 차원을 넘어 조직운동으로 기반을 잡아가는 단계"[41]의 민청련 대표에 피선되었고, 이후 예상했던 대로 혹독한 고난이 뒤따랐다.

민청련 결성식 날 오전, 준비팀은 거사를 앞두고 이승만 독재와 싸우다 희생된 4·19 민주인사들의 희생정신을 따르기를 다짐한 뒤, 4·19 묘역에서 멀지 않은 무명독립군 묘소를 찾아 참배했다. 독립운동과 4월혁명의 정신으로 싸우겠다는 비장감이 서렸다.

경찰은 창립대회를 마칠 때까지 참가자들의 입장을 막았을 뿐, 대회는 방해하지 않았다. 사전에 집행부가 경찰 측에 행사를 끝낸 뒤 자발적으로 연행당하겠다는 조건을 제시했기 때문이었다. 민청련 집행부는 약속대로 행사 뒤 자발적으로 연행에 응했다. 연행된 19명 중 김근태와 장영달·박우섭·연성만 등 6명은 집시법 위반으로 불구속 입건되었다.

이날 민청련 결성대회에는 지도위원으로 내정된 함석헌·문익환·예춘호·이문영·함세웅·김승훈·권호경 등 재야 원로와 정의구현사제단의 가톨릭 신부 그리고 기독교 목사 등 30여 명이 참석할 예정이었으나, 경찰의 가택연금으로 참석이 저지되었다. 지도위원 중에는 임채정·김종철 등 동아투위 출신이 간신히 참석할 수 있었다.

연행당한 다른 사람들은 금방 풀려났으나, 집행부 6명은 며칠 조사받으며 못 나왔는데, 안기부는 집요하게 김근태 의장에게 해체 성명서를 내보이며, 서명 날인하라고 강요했다. 안기부에서는 김근태 의장에게, "서명

날인하고 나가서 민주화운동을 하면 누가 뭐라고 그러겠느냐, 눈감아주 겠다. 협조하면 훈방하기로 청와대에 보고했으나 끝내 서명을 안 하면 재 수사에 들어가 구속시키겠다"며 으름장을 놓았다.

그러나 김 의장은 이에 굴하지 않고 "민청련 해체는 의장이 할 수 있는 사안이 아니고 회원들의 의견을 모아 결의해야 하는 일이며, 이런 말도 안 되는 일을 나는 할 수 없다"면서 버텼다 이 당시 김 의장은 속으로 '지 금 내가 구속되면 안 되는 상황인데, 구속되면 어떻게 하나' 하는 생각에 말 안 들으면 구속하겠다는 엄포에 긴장도 하고 오금도 저렸지만 한편으 로는 원칙을 지키는 것이 중요하다는 확신을 갖고 '구속한다면 구속되어 도 좋다. 구속되어 감옥에 가는 것도 의미가 있다'고 각오를 단단히 하며 끝까지 버텼다.

그럼에도 결국 김근태 의장은 석방되었다. 민청련 사람들은 크게 고무되 었다. 의장이 저렇게 버텨도 구속되지 않은 것을 보면서 쉽게 깨지지 않 을 것이라는 용기를 갖게 되었기 때문이었다.[42]

김근태를 비롯하여 집행부 간부들은 민청련을 결성할 때 이미 구속 을 각오했다. 그래서 인신 구속에는 별 두려움을 갖지 않았으나 조직이 와해될 것을 우려했다. 그런 상황에서 김근태의 의연한 태도는 간부와 회원들에게 큰 희망과 용기를 안겨주었다.

창립대회를 '무사히' 마친 민청련은 종로구 인사동 탑골공원 근처의 파고다빌딩 504호실을 김근태의 부인 인재근 명의로 임대했다. 출판사 를 차린다는 이유를 댔다. 입주 및 현판식은 9월 29일 오후 회원 120여 명이 참석하여 성황을 이루었다. 현판은 사회부장 연성수와 부인 이기

연이 제작했는데, 나무에 두꺼비를 새긴 것이었다.

민청련 간부들은 결성을 준비하는 과정에서 두꺼비를 상징으로 내세웠다. 두꺼비는 뱀에게 잡혀먹히면서도 자신의 독성으로 뱀을 죽여 뱃속의 새끼들이 그 뱀을 자양분으로 삼아 알을 깨고 나오게 한다. 자신을 죽여서 새끼를 살리는 두꺼비를 통해 자신들의 희생을 통해서라도 민중을 살리겠다는 의지를 표현한 것이다. 민청련은 깃발을 든 동학농민군에 빙 둘러싸인 두꺼비를 탱크처럼 그린 판화를 제작, 민청련 기관지《민주화의 길》표지에 로고처럼 실었다.

민청련 집행부와 회원들의 '두꺼비 정신'은 치열했다. 자신들의 희생으로 민주주의를 살리고, 민족통일을 이루겠다는 각오로 그들은 하나가 되었다. 그 각오가 얼마나 대단했는지는 연성수의 담시에 고스란히 담겨 있다. 집행부의 사회부장으로 활동하다 구속된 연성수는 1986년 3월 25일 결심 공판 최후진술에서 「뱀이 두꺼비를 삼키다」라는 담시를 읊었다. 그는 결심 공판을 받을 당시 폐결핵 등 여러 가지 병을 앓으면서도 10일간의 단식을 결행하며 담시를 구상했다.

뱀이 두꺼비를 삼키다

두껍아 두껍아 헌집 줄게 새집 다오
봄비가 온다 봄비가 온다, 메마른 산봉우리 봉우리마다
민족해방의 봉홧불로 살맞은 가슴을 사르는 봄비가 오는데
두껍아 두껍아 헌집 줄게 새집 다오
봄비가 온다 봄비가 와

그늘진 산골짝 골짝마다 죽음을 넘어선 사람의 사랑

분이와 돌쇠는 핏빛 진달래 되어 흐드러지는데

두껍아 두껍아 헌집 줄게 새집 다오

그날 무등산이 크게 울고, 금남로가 일어서던 날

한 많은 인생살이에 M1소총 꺾어들고 헬리콥터 휘어잡고

에라 데헤야

개소리엔 똥약이 최고란다

미친 개 잡는 덴 몽둥이찜질이 최고란다

전 민중 하나 되어 신명나게 휘몰아가는데

두껍아 두껍아 헌집 줄게 새집 다오

죽으려 들면 산다

하나로 뭉치면 산다

땅도 땅도 내 땅이다, 조선 땅도 내 땅이다

온갖 잡것 갖은 잡것이 집적대도 여기는 내 땅

한 치도 내어줄 수 없다

땅도 땅도 내 땅이다, 쪽바리 땅도 내 땅이다

밥이 하늘, 사람이 하늘, 통일이 하늘

두껍아 가자 녹두장군 앞세우고 새끼 민중 등에 업고

두껍아 가자, 두껍아 가자

전태일 동지 앞세우고 새끼 민중 등에 업고

두껍아 가자 가자

두껍아 가자

4월 투사 앞세우고 새끼 민중 등에 업고

두껍아 가자, 두껍아 가자

무등 신랑 앞세우고 통일꾼들 등에 업고 두껍아 가자 가자 가자

사람이 산다는 게 별거랑가

남 눈치 안 보고 오순도순 힘껏 일해 등 따습고 배부르고

신명나면 그만이지

죽으려 들면 산다, 역사를 알면 산다, 하나로 뭉치면 산다

두껍아 가자, 저 압제의 총칼을 향해 개나리 따서 입에 물고

두껍아 가자

두껍아 두껍아 헌집 털고 새집 짓자[43]

반독재·반외세 투쟁과 탄압

5공 체제에서 종교단체를 제외한 최초의 공개적인 민주화운동 단체인 민청련의 활동은 쉽지 않았다. 입주한 다음날부터 안기부의 압력을 받은 건물주가 사무실을 비워달라고 요구해왔다. 집행부가 퇴근하고 나면 건물주가 사무실 집기를 길바닥으로 들어내고, 다음날 집행부가 다시 들고 올라가는 일이 여러 날 반복되었다.

그러던 중 종로경찰서에서 현판을 떼어가고 사무실 입구를 봉쇄하면서 회원들과 충돌했다. 경찰은 출입하려는 회원들을 폭력으로 막고 회원들은 경찰의 불법적인 처사에 강력히 대항했다. 이런 과정에서 이해찬 상임위 부위원장이 두 차례나 종로경찰서에 연행되어 폭행을 당하기도 했다. 한 달여의 공방 끝에 경찰이 철수하면서 민청련은 사무실

을 확보하고 정상적인 업무를 보게 되었다.

그러나 민청련은 사무실이 경찰에 노출되면서 상임위원회의 사무실을 별도로 마련할 수밖에 없었다. 초기에는 이해찬이 운영하는 출판사 사무실을 이용하다가, 서강대학교 앞 철길 건너에 임시 사무실을 얻었다. 이 사무실도 나중에 수사기관원들이 집행부 간부들을 미행해 알아낸 다음 심야에 침입해 서류를 뒤지고 훔쳐가는 일이 벌어졌다.

김근태는 수사기관의 끊임없는 도청과 미행에 시달리면서도 민청련을 민주적 방식으로 운영했다. 위기상황일수록 충분한 대화와 토론을 통해 중의를 모아야 한다는 것이 그의 신념이었다. 당시 민청련에서 활동했던 박선숙(전 국회의원)의 증언이다.

김근태 의장과 지도부는 공개하되, 의사결정구조는 비공개였어요. 비공개 의사결정구조에서 민주적으로 토론해 결정하되, 정치적 탄압은 공개된 지도자가 감당하도록 만든 조직이지요. 한번은 민청련 지도부 선임을 놓고 77, 78학번 막내들이 반기를 들었는데, 김근태 의장이 토론을 주재하여 무려 17시간 동안 회의한 일이 있어요. 대화와 토론을 통한 설득의 힘을 보여준, 착하고 맑고 민주적인 사람이었죠. 민청련 선배들은 말할 자유도 주고, 말하지 않을 권리도 줬어요.[44]

민청련은 공개적으로 반독재 민주화 투쟁운동을 전개했다. 1983년 11월 5일 사무실에서 외부 인사 초청 다과회를 갖고 '레이건 미국 대통령 방한을 반대하는 등 민주화를 향한 정치·경제·사회·문화 전반에 대한 제언과 민주청년의 자세'라는 제목의 성명을 발표하려 했으나 기관원들의 저지로 인근 음식점으로 옮겨 이 성명을 발표했다. 성명서는 김근태가 초안을 잡고 집행부의 토론을 거쳐 마련되었다. 요지는 다음과 같다.

1. 미소는 신냉전체제를 구조화시키면서 인류의 목숨을 담보로 전율할 군비경쟁을 가속화시키고 있다.
2. 미소의 신냉전은 한반도에서 긴장을 고조시켜 민족의 전멸을 가져올 전쟁 위기를 조성하고 있다.
3. 현군사독재정권은 과연 민주화와 평화적 정권교체를 할 의사가 있는가?
4. 한국의 국민경제는 대외종속적 특권적 불평등 구조를 갖고 있다.
5. 한국의 문화는 독재권력에 의해 문화제국주의에의 굴복과 노예화의 방향으로 조장되고 있다.
6. 레이건 대통령의 방한은 우리의 민주화를 위한 것인가 아니면 독재권력의 지원을 위한 것인가?
7. 민주화운동의 실천방안과 '우리의 제언' 등을 내용으로 하는 민주화를 위한 입장을 표명하였다.[45]

민청련의 활동이 활발해지면서 안기부의 탄압이 본격화되었다. 안기부는 집행부 간부들을 차례로 만나 협박하고 탈퇴를 종용했다. 이들이 노리는 핵심은 김근태였다.

안기부에서 가장 만나려고 시도한 사람은 아무래도 김근태 의장이었다.

안기부에서 담당을 한 이는 성용욱 수사1국장이었다. 김근태 의장은 계속 만나주지 않다가 줄기찬 안기부의 협박으로 사무실 분위기가 무거워지자, 심리적인 부담을 감수하고 만날 약속을 정했다. 11월 28일 저녁 약속 장소인 신라호텔에서 만나 같이 술을 마시다가 언쟁이 붙었는데, 김근태 의장이 상을 뒤엎으며 싸움이 커졌다. 나중에 안기부 최 수사단장이 병원에 찾아와서 대신 사과하고 치료비를 물어줬다.[46]

김근태는 민청련 의장을 맡으면서 점차 정치 투사가 되어갔다. 온순했던 성격도 적극적이고 공격적인 성격으로 변했고, 안기부 수사국장의 술상을 뒤엎을 만큼 담대해졌다. 민주화에 대한 의지도 더욱 강해졌으며 대정부 투쟁 방법에서도 다양한 전략을 구사할 만큼 주도면밀해졌다. 그중 하나가 기관지 발행이었다.

당시 제도언론은 이미 언론의 정기능을 상실한 지 오래였다. 군사정권에 의해 양심적인 언론인들이 대거 쫓겨난 언론계에는 독재정권에 부역하면서 정관계로 진출하거나, 치부하는 데에만 눈이 먼 신문·방송인들이 많았다.

민청련은 반독재 투쟁의 홍보 전략으로 기관지를 발행하기로 했다. 정론 부재의 언론 상황에서 대안언론의 기능을 하는 데 목적이 있었다. 1984년 3월 11일 민청련은 "관제언론이 대중의 눈과 귀를 가리고 있는 이 어두움을 뚫고 민주화운동의 앞길을 열어가는 횃불로서 대중언론의 깃발을 높이 들 것"을 선언하며 기관지《민주화의 길》을 창간했다.

《민주화의 길》은 반독재 투쟁의 전위 역할을 하게 되고, 이후 각급 단체의 기관지 발행의 효시가 되었다. 김근태는 창간사 「민주화운동의 깃발을 들며」에서 민청련 기관지의 '다섯 가지 임무'를 제시했다.

첫째, 민주화운동의 방향을 제시할 것입니다. 민주화운동은 올바른 운동론
하에서 전개되어야 하며, 올바른 운동론은 치열한 논의에 의해서만 이루어
집니다.《민주화의 길》은 민주화 열망을 수렴하는 광장이 될 것입니다.

둘째, 정확한 정세분석입니다. 기본적인 정보의 결핍과 와전 때문에 우리
주변엔 주먹구구식의 판단이 만연해 있습니다. 사실의 집적만으로 과학
적 판단이 내려지는 것은 아니지만, 구체적 사실의 확인이야말로 올바른
판단을 위한 최소한의 전제조건입니다.

셋째, 우리 내부의 동질성 확보입니다. 우리 내부의 분열이나 갈등은 불
필요한 오해나 편견 때문에 일어납니다. 정보와 의견이 보다 신속 정확하
게 전달될 수 있다면 우리 내부에 인식의 동질성은 확보될 것이고, 더 나
아가 실천의 방향을 일치시키기도 한결 쉬워질 것입니다.

넷째, 우리 주변에서 일어나는 사건들 중에 관제언론에 의해 가려졌지만
특히 민주화운동에 의미 있는 사건을 힘닿는 대로 알릴 것입니다.

다섯째, 다른 운동권과의 연대를 실현하기 위해 다른 운동권의 소식은 물
론, 지면을 할애하여 제언을 실을 수 있도록 할 것입니다.[47]

그동안 제도 관제언론에 식상했던 국민들에게 《민주화의 길》은 시
원하게 갈증을 풀어주는 청량수가 되었다. 제도언론(인)에도 정신적인
충격을 주었다. 이를 접하는 국민은 소수에 불과했지만, 입소문을 타고
널리 알려졌다. 특히 대학생들에게는 신선한 대안언론으로 인식되었
다. 그리고 지면의 기사와 정세분석은 상황인식과 민주화운동의 지침

역할을 했다. 창간호에는 문익환 목사의 격려사「자유-생존-평화」와 신경림 시인의 격려시「아아 모두들 여기 모였구나」가 권두를 장식하고, 한반도 주변 정세와 한국의 정치·경제 분석, 학원·노동·농촌·재야·종교계 소식을 실었다. 하나같이 제도언론에서는 보기 드문 뉴스와 분석이었다. 또 '두꺼비'란에「통일문제 사건을 보면서」라는 시론, 민청련의 활동 경과 보고, 시사만평, 민청련의 규약 등을 소개했다. 기관지는 4·6배판의 20쪽에 불과했지만 내용은 알찼다. 발행인 김근태, 편집인 박계동 체제의 기관지였다.

제2호는 4·19 특집호로 제작해 1984년 4월 25일자로 발행했다. 2호의 권두논설「한 개의 칼과 두 개의 방패—기만적 화해정책에 대한 주체적 인식과 실천」은 내부에서 많은 토론을 거쳐 민청련의 상황인식과 실천방향을 제시한 글이다. 이 시기 김근태의 시국 인식을 살피게 한다. 이 논설은 오랫동안 청년학생운동의 담론이 되고 더러는 '지침'이 되었다.

하나의 칼이라 함은 국민 대중의 편에 서서 민주화운동을 적극적으로 추진해나가는 것이다. 즉 대중성을 확보해야 한다. 그러기 위해서는 국민 대중의 삶 속에서 민중의 요구가 무엇인지를 정확히 인식하고, 대중에 대한 선전을 강화해나가야 한다. 우리는 언론이 제구실을 못하고 있는 현 상황에서 부정부패의 폭로와 국민 대중을 무시하는 제 분야 정책에 대한 비판과 공격을 게을리 하지 말아야 한다. 현 정권의 폭력성과 매판성 및 부도덕성을 철저히 폭로해야 한다. 그리고 지금 우리가 필요로 하는 또 하나의 방패는 각 부문운동의 조직력을 강화함으로써 앞으로 다가올 쓰

민청련 기관지 《민주화의 길》 제12호 표지.

라런 시련에 무릎 꿇지 않을 수 있도록 준비하는 것이다. 그러나 이러한 준비는 관념론이나 준비론에서가 아니라 구체적인 투쟁을 통해서 고난을 감수하면서 추진될 때에만 비로소 실질적 성과로 열매를 맺을 것이다. 그것은 고립되어 있는 단위 조직의 개별적 강화가 아니라 운동의 통일성을 기하는 시각에서 조직력의 발전과 통합을 이룩해나가야 한다.

또 다른 방패는 기층 대중과의 구체적인 연대다. 지식인들이 관념적 대중운동 토론에 머무르는 것을 반대하고 기층 민중과의 정서적 동질성을 형성하여 우리는 지식인의 노동·농민운동 참여가 갖는 정당성과 합법성을 쟁취해야 한다.[48]

제2호에는 '해직언론인' 명의로 「권언복합체의 매카시즘」이라는 시론과 김정환 시인의 시 「그날」, 김승균 지도위원의 「4·19혁명은 끝나지 않았다」, 무기명으로 「4월혁명의 현재적 의미」, 김병걸 지도위원의 「70년대의 몹쓸 유산」, 정세분석으로 「최근의 정치·경제·사회상황」, 민청련에서 의욕적으로 신설한 「여성부 발족에 부쳐」, 운동의 노래 〈내가 이 세상에 태어나〉 등이 실렸다.

회원들은 기관지가 나오면 시내 중심가에 나가 직접 배포했다. 격려해주는 시민들도 많았으나 외면하는 사람도 없지 않았다. 1984년 3월 14일 오후 7시경 김근태는 종로 2가 네거리에서 기관지를 배포하다가 종로경찰서 정보계장이 진두지휘하는 사복경찰에 의해 옷이 찢기고 땅바닥에 질질 끌리면서 영장도 없이 종로경찰서로 연행되었다.

김근태는 불법적인 물리적 강제 동행을 거부하다가 경찰관들로부터 심한 구타를 당하고, 3월 16일 즉결재판소로 넘겨져 구류 3일을 선고받았으나, 당일 석방되었다. 민청련은 김 의장의 강제 연행에 항의하여 폭력경찰을 고발하는 성명을 내고, '내무·법무장관에게 보내는 공개질의서'를 시민들에게 나눠주는 등 폭거에 항의했다.

민청련은 5개 청년 단체들과 연합해 「강제 징집 문제 공동조사보고서」를 발표한 데 이어, 8개 청년 단체와 공동으로 '더 이상 이 땅에 억울한 죽음이 있어서는 안 됩니다'는 제목의 공동성명을 발표하는 등 전두환 정권에서 자행된 인명살상과 인권유린을 강력하게 비판했다.

연대투쟁의 연대기

1984년 5월 14일 김근태와 민청련 회원들은 광주항쟁 4주년을 앞두고 버스 두 대로 광주로 내려가 오후 2시 망월동 묘소에 분향하고 추모식을 거행했다. 김근태는 「오! 영원한 민주화의 불꽃이여!」라는 추모사를 낭독했다.

추도식을 마친 일행은 광주 금남로에서 스크럼을 짜고 〈5월의 노래〉를 부르면서 가두시위를 벌였다. 많은 광주시민들이 지켜본 이날의 시위는 이후 광주를 중심으로 한 민주화운동에 새로운 불씨를 당기는 계기가 되었다.

민청련은 서울로 올라와 5월 19일 오후 서울 흥사단에서 '5월과 민족의 혼'이라는 주제로 광주민주화운동 추모식을 거행했다. 1천여 명의 시민이 참여하여 성황을 이루었다. 진혼굿과 더불어 광주항쟁의 사진·판화전도 열었다. 또 광주시민 학살 사진과 함께 수기와 일지 등을 담은 자료집《광주는 지금도 계속되고 있다》를 제작 배포했다. 광주학살 사진 전시와 자료집 발간은 이때가 처음이었다. 이날 추모식이 끝난 뒤 경찰이 들이닥쳐 폭력을 휘두르는 바람에 30여 명의 참석자가 부상을 당했다.

광주 망월동 묘소에서 발표한 김근태의 추모사 「오! 영원한 민주화의 불꽃이여!」의 요지는 다음과 같다.

영령들이시여.

금남로에도, 무등산에도, 여기 당신들께옵서 몸과 혼을 눕힌 망월산 언덕에도, 봄은 다시 찾아와 푸르른 들빛 빛나고 있건만, 술과 흥분제로 마비된, 저 잔학무도한 군사파쇼의 하수인들의 미친 총칼에 찢기고 잘린 상처 아물 길 없어 이 푸르른 봄에도 상처마다에서 피를 뚝뚝 흘리며 살점을 뜯기며, 목을 비틀리며, 우리의 이 아픔, 이 원한, 이 신음을 풀어달라 끝없이 뒤채며, 누워 계신 영령들이시여.

이 땅의 민중들이 민주주의의 햇살 아래 통일된 반도의 남북을 자유로이 오가는 생기찬 발걸음 소리를 들으며, 이 땅의 민중들이 폭력도 착취도 외압도 없는 해방과 평화의 땅에서 서로 어울려 즐거이 일하고 노래하는 소리를 들으며, 혼백이나마 고이 잠들게 하여달라, 즐거이 누워 있게 하여달라고, 오늘도 그날의 그 피 묻은 하소연을 금남로며, 광화문이며, 우금치며, 공장이며, 학교며, 농촌이며, 바닷가며, 산골이며, 이 강산 골골을 원혼으로 떠돌며 부르짖고 계신 영령들이시여, 투사들이시여, 전사들이시여.

영령들이시여, 5월의 투사들이시여, 민족의 전사들이시여, 저희들은 절망하지 않습니다. 저희들은 저 창칼 앞에 굴복하여 복된 삶을 영위하기보다는 당신님들이 보여주셨듯이 결단코 저 창칼에 맞부딪혀 싸우다가 쓰러지는 영광의 삶을 택할 것입니다. 창칼의 억압이 심하면 심할수록, 교활하면 교활할수록, 폭력적이면 폭력적일수록, 저희들의 싸움 또한 가열되어갈 것입니다.

천지신명이시여, 하늘과 땅의 모든 바른 영령들이시여, 부디 여기 망월산 언덕의 5월의 피 묻은 원혼들께서 고이 눈감고 편히 쉴 수 있도록 도와주옵소서. 5월의 영령들이시여, 천지신명들이시여, 저희들이 행여 눈이 어두워져 제 앞을 바르게 가리지 못할 때면 이를 벗어날 수 있는 지혜의 원천이 되어주시옵고, 저희들이 행여 폭력의 강물에 빠져 허우적거릴 때면 이를 떨치고 일어설 수 있는 용기의 비결이 되어주시옵고, 행여 저희들의 사사로운 욕망과 다툼이 민주장정의 앞길을 가로막을 때면 이를 과감히 척결하고 나아갈 수 있는 통합력의 샘물이 되어주시옵고, 언제나 저희들의 작은 허물과 비겁을 나무라시기 전에 저 잔학무도하고 교활한 폭력과 폭력자들과 폭력구조의 함정에 빠진 사람들, 저 미친 하수인들까지도 평생 죄책감을 느끼게는 하시되, 그들의 인간됨만은 너그러이 감싸 안아주시옵고, 이들과 저희들이 그 함정에서 분연히 벗어나도록 도와주시옵고, 대신 폭력의 원흉들이 그들 자신이 만든 폭력의 함정에 영겁토록 갇혀 신음하도록 함으로써 이 땅 이 세상에 폭력을 생산하고 조성하는 구조가 영원히 절멸되도록 도와주시옵길 비옵니다.

영령들이시여, 민족의 전사들이시여.

당신들은 편히 누우신 그대로 저희들과 민족의 앞길을 밝히고 앞에서 끌어주고 뒤에서 밀어주는 힘과 빛으로 되어 계시오니, 원컨대 이제는 떠도는 원혼을 거두시고, 피 흘림을 멈추시고 편히 쉬옵소서. 평안하소서. 안락하옵소서. 영령들이시여.

살아 있는 저희들은 살아 있는 동안 언제까지나 부끄럽고 죄스러울 것이옵니다만, 저희들의 이 부끄러움과 죄스러움을 조금씩 씻어가는 모습을 부디 믿고 지켜봐주시옵고, 지금도 이토록 작고 초라한 터에서 여러모로 불편하시고, 폭력의 난무가 귓전을 어지럽혀 고정하시기 힘든 형편이겠지만 이 같은 저희들의, 이 민중의, 이 민족의 작은 노력들이 뭉쳐나가는 그 끝에 당신님들께서 영원히 평안하게 잠드실 수 있는 세상이 기필코 올 것임을 믿으시고 불편하시더라도 평안히 잠드시옵소서. 부디 안락하소서.[49]

김근태의 망월동 추모사는 민청련 의장의 입장을 밝힌 글이기도 하지만, 개인 김근태로서 5월 광주항쟁과 학살, 그리고 전두환 세력의 폭력구조, 어떠한 폭력에도 굴하지 않겠다는 자기 신념을 두루 밝힌 글이기도 하다. 김근태는 2011년 말 사망할 때까지, 이 다짐을 잊지 않았고, 남영동의 혹독한 폭력(고문)에도 굳건하게 버티면서 자신을 지킬 수 있었다. '망월동의 다짐' 때문이었다.

한편 김근태와 민청련이 치열하게 반독재 투쟁을 벌이고 있을 즈음 정국은 크게 요동치고 있었다. 1984년 2월 25일 정부가 정치활동 규제자 202명을 추가 해제한 것을 계기로, 5월 18일 김영삼 상도동계와 김대중 동교동계 정치인들이 중심이 되어 민주화추진협의회(민추협)를 발족한 것이다.

민청련의 활동이 야권 정치인들을 각성케 하고 민추협 발족에 영향을 준 셈이다. 민추협의 발족으로 5·17 사태 이후 쑥대밭이 되었던 야권은 새로운 구심점을 찾고 새로운 전열을 갖추게 되었다.

이 해 6월 29일 민청련은 민중운동 단체들과 민중민주운동협의회(민민협)를 결성했다. 청년·노동자·농민·재야·종교계 등 사회 각 민주세력이 그동안 합법 영역에서 축적한 역량을 토대로 연대한 것이다.

민민협 결성을 주도한 김근태는 《민주화의 길》 제4호 「민주화의 깃발을 메고 힘차게 나가자!」라는 제목의 시론을 통해, 민민협 결성의 의미와 투쟁방향을 천명했다.

김근태는 "민민협 창립은 민주화운동의 일대 진전이다. 민중이 주체가 되는 민주화운동의 실현, 그것은 민민협을 통해 성취할 수 있을 것이다. 민민협에 적극 참여하여 활동할 것이며, 동시에 민청련운동의 강화를 통해 민민협의 발전에 이바지하고자 한다"는 전제로 다음과 같이 밝혔다.

1. 민민협은 무엇을 하려는 운동인가

청년·노동자·농민 및 지식인운동 등 각 부문운동의 역량을 더욱 빠른 속도로 증대시키는 데 기여하여야 한다. 민중민주운동에 참여하는 사람들의 숫자 증가는 물론 올바른 운동 방향 정립과 통일성 획득, 투쟁성 제고, 운동규율 강화 등에 일보 전진을 이뤄내야 한다.

민주화 대의를 이루려는 과정에서 조직운동 단체가 대중적 신뢰를 얻는 것은 대단히 귀중하지만, 그 성과가 어떤 특정 개인에게 귀속되어 혹시는 민중에 대한 신뢰를 저버리고 교만함으로 연결되지 않도록 경계해야 한다.

교만함은 운동에게도 개인에게도 불행한 일이다. 이는 분열과 파쟁, 그리고 대의로부터의 타락을 결과할 것이기 때문이다.

2. 민민협 창립의 성과는 무엇인가

민주화운동의 통일성을 성취할 수 있는 기반을 구체적으로 형성한 점이다. 현재 국면에 대한 여러 해석 상의 차이와 부문운동의 내적 특수성에 따른 강조점의 차이, 이에 따른 역량배치에 대한 견해 차이를 각 부문 내에서 극복하고, 진지한 검토와 상호비판을 통해 방향을 수립하면서 양보 속에서 민민협의 창립이 이루어졌다. 이는 우리의 민주화운동이 개인적 관계를 넘어서 집단화되고 있으면서도 각 집단의 특수성에만 매달리지 않고 있음을 보여주는 것이다.

또한 민민협에는 농민·노동운동 부문과 양심적인 지식인운동이 함께 참여하고 있다. 민중운동으로부터 지식인 양심운동 세력은 기층대중 생활의 고난과 참을 수 없는 소외의 아픔과 그러면서도 끈질기며 위력적인 민중운동 발전 가능성을 배우고 신뢰할 수 있게 될 것이다.

3. 민민협 운동이 갖고 있는 부족한 점은 무엇인가?
민민협 내부에서 어떤 의사결정과정의 복잡함과 국민 대중 속에서의 저명함 부족으로 인해 대표성이 미흡한 점이 분명히 있다. 그러나 이를 오히려 귀중한 자산으로 활용하여 조직운동의 발전과 집단적 지도력의 발전 계기로 만들어나가야 한다. 민민협은 앞으로 한 발자국씩 더욱 빠른 속도로 전진해나갈 것이라고 믿으며, 우리 민청련은 이에 적극 기여하고자 한다.[50]

김근태는 이 성명에서도 밝혔듯이 민주화운동 조직과 단체가 "특정 개인에게 귀속"되는 것을 극력 반대했다. 개인 우상화를 철저하게 반대한 것이다. 그는 5공 시대 최초로 공개적인 반정부 단체를 이끌면서, 청년민주화운동의 리더로 자리 잡았다. 그러면서도 그는 특정 개인의 명망에 단체가 귀속되는 것을 한사코 막았고, 그 전범을 보였다. 그리고 민주화운동가들의 겸손한 처신을 강조했다.

실제로 1985년 2월 12일 제12대 총선이 실시될 때 민추협 공동의장인 김영삼이 민청련의 투쟁 성과를 높이 평가하여 김근태 의장에게 종로 출마를 종용했는데, 김근태는 민청련의 성과를 자기 혼자서 차지할 수 없다는 것과, 아직 청년운동의 역할이 남았다는 이유를 들어 고사하기도 했다. 그의 언행일치와 겸손함이 묻어나는 '비화'다

이즈음, YS는 김근태 의장을 외교구락부에서 만나 종로에서 출마해달라고 권유했다. 이때 김근태 의장은 고마운 제의이기는 하나 아직 때가 아니고 나중에 집단적으로 선거에 참여할 것이라며 완곡하게 거절했다. 그리고 김근태 의장은 대신에 조영래 변호사를 추천했으나 조영래 변호사도 후보 제의를 고사했다.

김근태 의장과 YS의 회동은 공개되지 않았는데, 이는 김근태 의장의 당시 지위와 역할을 감안해본다면 순수성의 훼손과 더불어 오해의 소지가 있기에 그랬던 것이다.[51]

2부

고문과 인간의 존엄,
1982–1992

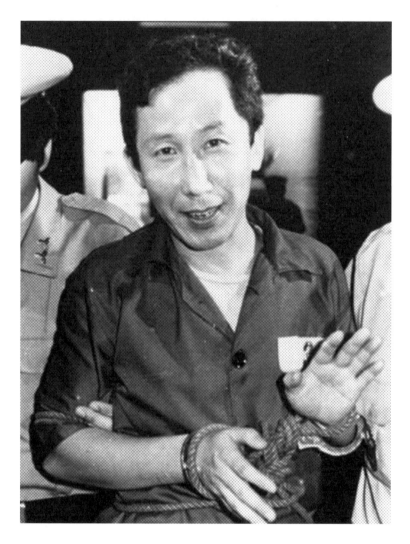

내 귀여운 아이들아

느이들하고 놀아주지도 못하고

애비가 어디 가서 오래 못 와도

슬퍼하거나 마음이 약해져선 안 된다

외로울 때는 엄마랑 들에도 나가 보고

봄이 오는 소리를 들어봐야지

바람이 차거들랑 옷깃 잘 여며

감기 들지 않도록 조심도 하고.

－『이제 다시 일어나』에서 인용

4장

남영동
인간도살장에서

민주화 투쟁의 전위

1984년 실시된 2·12 총선 결과는 정계의 지각변동을 가져왔다. 국민은 관제야당이라는 민주한국당(민한당) 대신 김대중·김영삼이 급조한 신생 야당 신민당을 제1야당으로 선택했다. 두 김씨는 아직 정치규제가 풀리지 않은 상황에서도 신민당의 '대부'로서 총선을 승리로 이끌어, 마침내 정국은 5·17 쿠데타 5년여 만에 5공 세력과, 새로 결집된 구야권 세력이 팽팽하게 대결하는 구도가 형성되었다.

그동안 민청련을 비롯하여 학생·청년·재야·노동계의 치열한 반독재 투쟁의 결과로 5공의 철벽이 서서히 무너지기 시작한 것이다. 민주진영은 민청련의 결성을 필두로 1984년 1월 6일 한국노동자복지협의회, 같은 해 4월 14일 민중문화운동협의회, 5월 18일 민추협, 6월 29일 민민협을 각각 결성했다. 이와 함께 재야 명망가들을 중심으로 민주통일국민협의회(민통협)가 결성되면서 민민협과 민통협의 통합 필요성이 제기되었다.

김근태는 민민협의 결성에 심혈을 기울였다. 민주 세력의 연대를 통해 투쟁 역량을 강화해야 한다는 뼈저린 인식 때문이었다. 그동안 청년·노동·재야 단체들의 개별 활동으로 인해 효율적인 투쟁 성과를 갖지 못한 채 각자 고립돼버린 폐쇄 상태를 극복하자는 것이다. 민청련은 각각의 민주화·노동단체를 묶어 협의체 건설에 나선 끝에, 1984년 6월 29일 상지회관에서 민민협 창립대회를 열었다.

창립대회는 대표위원으로 김승훈 신부, 김동완 목사, 이부영 동아투위 위원을 추대하고 서기에 김근태 의장을 선출했다. 이밖에 감사, 중앙위원회 위원, 상임위원회 위원을 각각 선출, 위촉했다.

민민협은 각 민주화운동 단체가 그간 합법 영역에서 축적한 역량을 토대로 구축하여 조직운동의 힘이 결집된 형태였다. 이후 민민협은 8월 11일 종로 1가 서울빌딩 703호에 사무실을 개설하고, 10월 1일에는 민민협 소식지 《민중의 소리》를 창간한다. 한편 재야에서 지명도 있는 인사들이 중심이 되어 상징적 정치투쟁을 효과적으로 수행하기 위해 민주통일국민회의(국민회의)가 10월 16일 출범하게 되고, 민민협과 국민회의는 1985년 3월 29일 민주·통일민중운동연합(민통련)으로 통합한다.[1]

1980년대 한국 사회는 질풍노도의 시기였다. 청년학생, 노동자, 재야, 여성 들이 많은 희생을 치르면서 민주화와 노동자 생존권 보장, 민족자주를 요구하며 반독재 투쟁에 나섰다.

이 시기 민청련의 투쟁은 괄목할 만했다. 김근태는 항상 투쟁의 중심에 있었다. 이 시기 민청련의 주요 활동을 일지로 정리해보면 다음과 같다.

1984년

4월 7일　2차 총회 '민주화의 햇불을 드높이기 위하여' 선언문 채택,
　　　　침묵 가두시위

19일　4·19묘지 참배, 경찰의 집단 폭행으로 회원 다수 부상

5월 1일　'모든 양심수 전원 석방' 요구하는 성명서 발표

14일　광주 망월동 묘소 참배, 광주 도청 앞에서 가두시위

19일　광주항쟁 희생자 추도식, 광주항쟁 자료집 발간

6월 14일　노동자복지협회 등과 택시기사 파업시위 관련 가두홍보

8월 15일　민족해방기념식 행사 경찰 방해로 무산되자 가두시위

28일　일본 각료 방한 반대 성명 발표

10월 20일　제3차 총회(흥사단 강당)

11월 17일　'민정당사 농성사태에 대한 우리의 견해', 기자회견

1985년

3월 1일　국민회의 등 6개 단체와 흥사단에서 3·1절 기념행사 경찰
　　　　저지로 성명서 발표 뒤 파고다 공원에서 행사

2일　국민회의 등과 '현정권의 야만적인 노동조합 탄압을 규탄한

다'는 공동성명 발표

21일 제4차 총회, 결의문 채택, '광주사태 진상규명 위원회' 발족

4월 2일 '부당한 철거정책 중단하라'는 전단 살포

11일 15개 단체와 공동으로 '옥중에서 신음하는 민주인사 구출하
자'는 성명 발표

12일 '전두환 씨 방미 철회' 성명 발표

19일 민통련 등과 수유리에서 4·19혁명 기념식 거행

5월 1일 전국 32개 민주단체와 기자회견, '5월 광주민중항쟁 5주년
에 즈음한 우리의 입장' 발표

3일 '광주학살 진상규명위원회'(민청련 소속) 주최로 '광주민중항
쟁 진혼굿' 개최

10일 경찰, 사무실 압수·수색, 유인물, 책 등 압수, 김근태 등 연행

17일 '광주사태 책임자 처단 촉구대회' 가두시위 참가

18일 기자회견, '5·18 이후 계속되는 민주화운동 세력에 대한 탄
압을 규탄한다'는 성명 발표

19일 경찰, 사무실 수색·압수

25일 민통련 등과 '서울 미문화원 농성투쟁 지지' 성명 발표

29일 전학련 등과 종로 2가에서 '광주학살 정권 퇴진을 위한 국민
대회' 개최

30일 경찰 폭력 규탄하는 성명 발표

6월 7일 9개 단체와 서울대에서 국민토론대회 개최

12일 민청련 여성부 등 10개 단체, 17개 여학생 대학연합, '성도섬
유 부당해고 여성 노동자 추진위' 결성, 간부 3명 연행

22일　김근태 의장 중부서로 연행

26일　11개 단체와 '현정권의 말기적 노동운동 탄압규탄' 성명

8월 10일　5차 총회, 의장 한경남, 부의장 최민화 등 선출[2]

민청련은 80년대 초기 민주화운동의 전초기지가 되었고, 김근태와 간부, 회원 들은 전위 역할을 톡톡히 했다. 민청련의 투쟁이 강화될수록 정부의 탄압도 가중되었다. 김근태를 비롯하여 집행부의 연행 횟수가 늘어나고, 사무실을 압수 수색하는 경우도 잦았다. 정부는 각 부문 운동 단체들과 연대투쟁의 발원지가 민청련이라는 사실을 알고 강도 높은 탄압을 자행했다.

1985년 10월 14일 민청련 지도위원(계훈제·백기완·이우정·고은·김병걸 등 32인)들은 '민청련은 우리 민족의 희망이다─모든 민주 세력과 더불어 민청련 파괴음모를 저지할 것을 결의하며'라는 결의문을 발표했다. 정부의 민청련 탄압·파괴를 비판하는 내용이다.

우리 지도위원들은 전두환 정권에게 엄숙히 경고한다.

민청련을 비롯한 애국적인 학생·노동자들에 대한 모든 폭력적 이데올로기적 탄압을 즉각 중지하라. 학생들의 정당한 주장 중 극히 일부분만을 뽑아서 용공으로 매도하고, 그것도 모자라 지난 2년여 동안 공개적으로 활동해온 민청련을 학생들의 배후로 조작하여 탄압하려는 한심스런 작태에 우리는 개탄을 금할 수 없다. 우리는 이러한 배후 및 용공조작이 애국적인 청년·학생들을 탄압하려는 명분의 조작일 뿐 아니라, 모든 민주화운동 세력을 단계적으로 분리, 탄압하려는 간교한 술책임을 직시한다.

따라서 우리는 민청련에 대한 탄압이 계속될 경우 그것은 전체 민주화운동권에 대한 군사독재정권의 전면적 파괴공작의 명백한 신호로 간주하고 즉각적이고도 단호한 공동대처를 모색할 것임을 천명한다.

이에 우리는 다시 한 번 전두환 정권에게 간곡히 충고한다.

민청련을 비롯한 모든 민주화운동 세력에 대한 탄압을 즉각 중지하고 광주민중학살을 비롯한 자신의 과오를 분명히 시인하면서 스스로 퇴진하는 길만이 민족사에 속죄하는 유일한 길임을 깊이 깨닫기 바란다.[3]

김근태가 주도하는 민청련은, 그동안 금기시되어 그 누구도 꺼내지 못했던 문제를 처음으로 공개적으로 제기했다. '광주학살 진상규명과 전두환 책임 추궁'을 이슈화한 것이다. 그리고 겸양과 포용 정신으로 각급 부문운동 그룹과 연대하여 5공 정권과 대결하면서 전두환 세력을 코너로 몰았다. 그렇지 않아도 2·12 총선과 제12대 국회에서 야당의 활동으로 전두환 정권은 점차 궁지에 몰리고 있던 참이었다. 그들은 청년학생들의 반독재 투쟁의 배후 조종자로 김근태를 찍었다.

총선의 패배로 휘청거리던 5공 정권은 점차 활성화되어가는 학생, 재야, 민중운동의 도전에 위기의식을 느끼며 다시 탄압해오기 시작했다. 그들의 첫 타깃은 학생운동과 재야운동의 연결고리인 민청련이었다. '학원안정법'을 통과시키려다가 국내의 반발과 미국의 불승인으로 철회돼, 정치적 위신이 실추된 전두환 정권은 그 제물로 민청련과 김근태를 선택한 것이다. 치안본부 대공수사단은 김근태 전 의장을 서부경찰서에서 구류 만기일인 9월 4일 남영동 대공분실로 연행, 참혹한 고문을 했다.[4]

민청련은 1985년 8월 10일 마포구 신수동의 신촌교회에서 제5차 총회를 열었다. 이 총회를 통해 김근태는 의장직에서 물러나고 한경남 전 부의장이 새 의장으로 선출됐다. 부의장으로는 최민화 전 부의장, 김희택 전 운영위원장, 구속 중인 김병곤 전 상임위원장을 선출하는 등 임원진에 큰 변화가 있었다.

이 당시 김근태 의장은 2년간 의장직을 수행하면서 심신이 지쳐 있었던 데다가, 김병곤 상임위원장의 경고 쪽지(김병곤은 검찰에 구속 중인 상태에서 쪽지를 통해 경찰이 곧 김근태를 체포할 것 같다고 알려왔다-인용자), 함께 구속된 황인하 한국기독청년협회 총무부장을 통해 전달된 기독교권의 우려의 목소리로 자신이 이미 표적이 된 사실을 알게 된 데다, 탄압이 어느 정도 예상되는 민청련 단체를 보호하려면 의장직에 있을 수 없다는 판단으로 결단을 내린 것이었다.[5]

김근태의 운명 앞에 거대한 먹구름이 드리우기 시작했다. 지금까지는 민청련을 이끌면서 집시법 위반으로 몇 차례 구금되었다 풀려나온 정도에 그쳤지만, 이제는 상황이 달랐다. 궁지에 몰린 5공 학살자들에게는 제물이 필요했던 것이다.

구속, 5공의 제물

신변의 위기를 느낀 김근태는 제5차 민청련 총회에도 참석하지 않고 은신하다가 8월 24일 옷을 갈아입고, 민통련의 이창복을 만나기 위해 다시 집을 나선 길에 잠복 중이던 경찰에 미행을 당했다. 오랜 수배 생활로 피신에는 이골이 난 김근태는 지하철을 타면서 경찰을 따돌리고, 민청련 사무실에 들렀다가 약속장소인 장충체육관 근처 커피숍으로 향했다.

하지만 커피숍 근처에서 김근태는 미리 배치된 중부경찰서 정보과 형사 등 1개 소대 병력에 의해 연행되었다. 민청련 의장을 사임한 지 14일 만이었다. 정보기관은 김근태와 이창복이 만나는 장소를 정확히 알고 미리 경찰을 배치했다가 체포한 것이다. 전화를 도청한 것이다.

연행된 김근태 전 의장은 당시 위기감을 느끼고 도망치려 했으나 여의치 않게 되자, 8월 26일 즉결심판에서 5차 총회 결의문과 관련한 유언비어 혐의로 구류 10일을 선고받고, 서부경찰서 유치장에서 복역 중, 9월 4일 새벽 5시 30분 남영동 치안본부 대공분실로 이첩되어 6일 국보법 위반으로 구속영장이 발부된다. 구류 기간 중 집권 세력의 강경파는 수단과 방법을 가리지 않고 조사하라는 명령과 지시를 경찰에 내리고, 이후 이첩시킨 대공분실에서 엄청난 고문을 자행하는 일을 서슴지 않는다.[6]

전두환 정권은 김근태의 체포와 함께 집행부 구속, 사무실 압수 수색 등으로 민청련을 압살하고자 했다. 이을호 상임위부위원장이 체포된 데 이어 9월 8일 중부서에 의해 사무실이 수색당하고, 9일에는 김희택 부의장과 서원기 집행국장이 긴급 수배되었다. 또 10월 1일에는 김종복 청년부장과 김희상 대변인이 연행되고, 2일에는 최민화 부의장,

7일에는 권형택 사회부장이 각각 연행되었다. 이들에게는 집시법이 아닌 국가보안법이 적용되었고, 10월 14일에는 체포하지 못한 민청련 임원진 전원에 대해 전국수배령이 내려졌다. 정보과 형사와 강력계 형사들이 동원되어 임원들의 가족까지 미행했다.

5공 정권은 10월 29일 학내외의 각종 시위와 위장취업 등 노사분규의 배후에 좌경용공학생들의 지하 단체인 서울대 '민주화추진위원회'(민추위)라는 조직이 있음을 밝혀냈으며, 이 단체의 위원장 문용식(26, 서울대 국사학과 졸)과 문용식의 배후 조종자로 김근태(38, 전 민청련 의장) 등 관련자 26명을 국가보안법 등 위반 혐의로 구속하고 17명을 수배했다고 발표했다.[7]

정부 당국의 날조된 발표를 순치된 언론은 대대적으로 보도했다. 어용신문들은 "학내외 시위와 노사분규를 배후 조종"한 "자생적 사회주의 집단"이라는 제목으로 이 사건을 보도했다. 그리고 이 사건의 배후로 지목된 김근태를 '적색분자'라고 매도했다.

언론은 남영동 치안본부 대공분실에서 혹독한 고문을 당하고 있는 김근태를 인격적으로 고문하고 있었던 것이다. 한국 사회에서 빨갱이, 용공좌경, 종북, 적색분자라는 낙인은 사회적 매장을 의미하는 사형선고와 크게 다르지 않다.

이처럼 매카시즘의 광풍이 신문과 방송을 도배질하는 동안 김근태는 남영동 인간도살장에서 삶과 죽음이 교차하는 절망적인 고문에 시달리고 있었다.

민청련 의장으로 활동하면서 김근태는 정보기관의 간부와 요원으로부터 여러 차례 협박을 받았다. 기관지《민주화의 길》이 대학 근처 서점을 통해 학생들 손으로 들어가고, 학생운동에 영향을 준다는 것, 민청련의 성명서와 선언문의 수위가 점점 높아진다는 점, 미국의 정책을 비판하고, 노동문제에 너무 자주 그리고 깊이 개입한다는 등의 이유였다. 하지만 김근태는 그때마다 당당하게 해명하면서 민청련의 활동 수위를 낮추지 않았다.

여러 통로를 통해 다치게 될 것이라는 소식이 끊이지 않고 들려왔습니다. 그러나 본인은 피하지 않기로 결심했습니다. 우선 민주운동 단체의 대표였던 사람의 자존심이 그것을 허락하지 않았습니다. 뭔가 당당하지 못한 태도는 취할 바가 아니라고 생각했습니다.

피신으로 인한 긴장과 불안을 감당하기 어렵다고 생각했으며 정말 내키지도 않았습니다. 어려움은 오지 않을 것이며 설사 온다고 하더라도 김병곤 씨나 황인하 씨 경우처럼 된다면 최악의 경우 감옥에서 휴식을 취하고 마음을 오히려 깊게 하는 시기로 삼자는 은밀하면서도 야무진 계획조차 있었습니다. 그러나 그게 아니었습니다. 절대로 아니었습니다.[8]

김근태는 5공 세력의 야수성을 간과하고 있었다. 12·12 하극상, 광주학살, 삼청교육대, 양심적 언론인과 정치인 탄압 등으로 이어진 5공 세력의 그 포악성, 즉 박정희 체제의 국군보안사 출신 전두환과 그 일당의 잔인무도함을 제대로 간과하지 못한 셈이다.

본인이 당한 끔직한 것이 앞에 있는 줄 알았다면, 선택은 너무나 분명했을 것입니다. 나 자신을 위해서는 물론, 우리 모두를 위해서 아니 정치군부 자신을 위해서도 피신했어야 했습니다. 저들은 핀으로 본인을 과녁에 고정시켜놓고 복수심을 불태우며 칼날을 소리 없이 갈고 있었던 것입니다. 그러다가 마침내 약간의 냄새가 나는 것으로 단정하고 평상시 키워왔던, 반드시 불온·불순의 거대한 무엇이 있을 것이라는 기대, 열망을 확인하는 작업에 돌입한 것입니다. 이 확인 작업을 위해서는 그 무엇을 해도 좋고 어떤 방법도 가리지 않기로 결정했던 것입니다.[9]

김근태는 5공 권력이 자신을 정치적 '과녁'으로 삼은 이유를 대강 알고 있었다.

이 사건은 정치적 보복이며, 그 대상으로 본인이 찍힌 것입니다. 1985년 5월 학생들의 미문화원 점거 사건으로 크게 충격을 받은 정치군부는 학생운동에게 그리고 민주화운동에게 복수하고자 하였습니다. 바로 그것이 소위 학원안정법 제정 기도였습니다. 그를 둘러싼 권력 내부의 복잡한 전개도 문제였지만 모든 국민의 한결같은 반대와 미국을 비롯한 여러 나라의 회의적 반응 때문에 물러서게 되었습니다. 그런데 이런 타협과 양보가 정치적으로 유리한 고지를 획득할 수 있는 기회임에도 정치군부는 오히려 수치나 치욕으로 강퍅하게 판단하였을 것입니다. 이에 의한 표적으로서 희생양으로서 본인을 선택하게 되었습니다.[10]

남영동의 인간망종들

김근태가 서부경찰서에서 잠을 깬 것은 1985년 9월 4일 새벽 5시 반, 9월의 이 시각은 아직 미명(未明)이다. 이 시간 이후 김근태는 인간이기를 포기한 야수, 악마들에게 사지가 찢기고 영혼이 파괴되는 한 마리 희생양이 되었다. 출감 뒤 그가 생생하게 기록한 『남영동』을 대본으로 그가 당한 고문의 실상을 재구성한다.

이 부분은 좀 지루하더라도 인내심을 갖고 읽어주었으면 한다. 오늘날 우리가 이 정도나마 민주주의 사회에서 살게 된 것은 김근태를 비롯한 민주인사들의 희생과 투쟁이 있었기에 가능했다고 믿기 때문이다. 이것이 '신화'가 아닌 불과 30여 년 전의 현실이었음을 인식했으면 싶다.

비가 내리는 새벽 5시 반, 유난히 껌껌했습니다. 대략 남영동으로 가고 있다는 것을 헤아리기는 했지만, 지금은 아직 때가 아닌데 어째서 이런 일이 발생할까 아무리 꼽아봐도 가슴 속만 저려올 뿐이었습니다. 머리는 혼란스러워지기만 하고.

서부경찰서 유치장에 있는 어떤 의경이 깨우는 소리에 눈을 떴습니다. 이렇게 이른 새벽에 내보내주는구나, 고마움조차 느끼며 옷을 주섬주섬 끼워 입고 유치장을 나섰습니다. 지긋지긋했던 7차례의 유치장 신세, 또 체포, 연금, 이 모든 것으로부터 얼마간은 남남이 될 수 있겠구나. 지난 2년 동안의 민청련 의장으로서, 민주화운동 대열의 책임을 짊어진 사람으로서 가져야 했던 외로움과 중압감에서 해방될 수 있는 오늘이다. 무엇보다

잠은 실컷 잘 수 있겠지. 하늘을 올려다보고, 바람 소리에 마음을 실어서 흘려보낼 수도 있겠구나, 하면서 유치장 문을 나섰습니다. 몇 번 유치장 문을 되돌아보기도 하고요. 서부경찰서 유치장은 이번이 두 번째였습니다.[11]

혁명가들 중에는 낭만주의자들이 많은 편이다. 이해타산에 밝은 사람은 혁명가가 될 수 없다. 속된 이해와 이문을 따지기 때문이다. 반면에 낭만주의자들은 물질적 셈법보다 하늘의 별을 헤고, 호수의 포말에서도 행복을 느낀다. 그래서 가망이 없는 혁명도 꿈꾸게 된다. 반독재 민주화운동가 중에는 낭만주의자들이 적지 않았다. 김근태의 심중에도 낭만성이 켜켜이 쌓였다. 학창시절 그는 문학 서적을 끼고 살았다.

새벽녘 의경이 깨우는 소리에 잠에서 깨어나서도 김근태는 자신이 풀려나는 것으로 알았다. 여전히 짐승들이 지배해온 5공의 권력 구조를 속 깊이 몰랐던 것이다. 하지만 이를 깨닫는 데는 오랜 시간이 걸리지 않았다.

수사과 사무실을 지나 복도에 나서는 순간 스산한 어둠이 확 덮쳐왔습니다. 7, 8명의 정사복이 앞을 가로막고 버티고 서 있었습니다. 아찔하더군요. 다리도 후들후들해지고, 여러 번 체포당했었지만 이번 같지는 않았습니다. 그때는 마음의 준비를 하고 있었는데, 완전히 허를 찔린 것입니다. 고무풍선이 바늘에 찔려 별안간 바람이 빠지는 것 같았습니다. 마음도 몸도 모두 쭈글쭈글해지더군요. 이미 꿈은 깨끗이 사라졌습니다.

"김근태 씨죠? 같이 가봐야겠소." 경상도 사투리의 거한 한 사람이 내 앞

옛 남영동 치안본부 대공분실의 모습.
고문실 용도로 지은 이 건물 5층은 '공포를 극대화하기 위한 구조'로 창문도 작게 만들었다.

을 막고 나섰습니다. 순간, 이건 구속이구나, 그쯤은 판단했습니다. 이 동행 요구에 강력하게 저항할까도 생각했지만 거기서 저항은 한낱 앙탈에 지나지 않게 되고 오히려 초라하거나 추하게 될 뿐이라고 생각했습니다. "좋소, 어딘지 가봅시다." 보호실 쪽으로 뚫린 좁은 복도를 지나 마당으로 나서니 거기 포니 자동차가 시동을 건 채 대기하고 있었습니다.[12]

김근태는 10여 명의 건장한 정사복 경찰에 이끌려 강제로 차에 태워졌다. 경찰관의 잠바로 얼굴이 덮인 채 30~40분쯤 어디론가 끌려갔다. 도착한 곳은 남영동 치안본부 대공분실 5층 15호실, 이 건물 왼쪽 맨 끝방이었다.

최근 언론에 공개된 남영동 치안본부 대공분실 설계도면에 따르면

5층 조사실의 경우 다른 층에 견주어 창문이 훨씬 작게 설계되었고, 16개의 조사실 문을 서로 어긋나게 했으며, 4층과 5층 천장에 흡음판을 설치한 데다 조사실마다 내부에 욕조를 설치한 것으로 드러났다. 이는 처음부터 5층 전체를 고문을 위한 공간으로 삼고 치밀하게 시공했다는 것을 의미한다. 창문을 작게 함으로써 채광을 최대한 억제하고 탈출을 방지했으며, 조사실 문을 어긋나게 해 문이 열려도 맞은편 조사실이 보이지 않도록 한 것이다. 그밖에도 조명은 물론 건물 입구에서 5층에 이르는 나선형 계단 등 전체적으로 '공포를 극대화하는 구조'로 설계되었다는 것이다. 바로 이곳에서 김근태는 야만적인 고문을 당했다.

그를 고문하고 지휘한 자들의 명단은 다음과 같다.

1과 과장(일명 사장)	총경 윤재호
1과 전무	경정 김수현
1과 전무	경정 백남은
1과 ?	경감(?) 고문담당 전문가
1과 상무	경위 김영두
1과 부장	경장 정현규
1과 부장	경장 최상남
1과 부장	경장 박병선
1과 부장	경장 ?[13]

뒷날 김근태는 자신을 체포해온 이 자들에 대해 "무슨 열정에 불타오르는 모습도 아니고 눈빛에도 오직 회색빛의 냉담함, 그것 외에는 아무

것도 없더군"이라고 회상했다. 그만큼 이들은 외견상 평범한 사람들이었다. 그래서 다소 마음을 놓을 수 있었다. 그때까지도 그는 순수하다는 인간의 본성을 믿었다. '수심(獸心)을 간직한 인면(人面)'만 본 것이다.

백남은은 김영두, 정현규, 최상남에게 명령을 내렸습니다. 내 옷을 벗기라고요. 처음에는 약간 저항을 하였으나, 몰려서이기도 하지만 아직 살아남은 오기가 발동하여 스스로 옷을 벗었습니다. 팬티만 남기고 모두 벗었습니다. 초라함, 빈약함이 덮쳐오더군요. 추워지기도 하고요. 아직 한참 남은 더운 여름이고 더구나 골방에 갇혀 있어 절대로 추울 수가 없는데도, 그런 생각이 머리를 스쳐 지나가는데도, 가슴의 한기가 온몸에 퍼져버렸습니다.

발가벗었을 때 오는 당황함과 이 한기가 뒤섞여 몸을 오그라들게 하더군요. 이 사람들은 분주하게 들락날락했습니다. 6시 반쯤, 정리된 것처럼 조용해지면서 위험이 닥쳐오기 시작했습니다. 먼저 김수현이 들어와서 "진술 거부를 잘한다지, 여기서도 할 거야? 경찰과는 달라." 이어 본인에게 "당신 몸이 좋지 않은 것 같은 데 어디가 아픈가?"라고 물었습니다. "피로의 누적이다. 또 방금 구류 살고 나오는 길이어서 더욱 그렇다. 민청련 대표직을 그만두어서 어디 휴양지로 가서 몇 달 쉬려고 하였다" 하자 "그렇다면 그 몸으로 견딜 수가 있겠는가. 당신 많이 깨져야겠구먼" 하였습니다. "내 의지가 살아 있는 한 진술을 거부할 것이다"라고 말했습니다.[14]

'수심(獸心)'들은 김근태의 팬티만 남기고 옷을 벗긴 채 무릎을 꿇렸다. 거부가 통하지 않았다. 그리고 넓은 밴드로 눈을 가렸다. "늦가을

초겨울 문턱에서 바싹 마른 낙엽들이 바람에 휘날려 올라가다가 아스팔트 위에 떨어져 발자국에 밟혀서 바스러지는 것이 자주 어른거리기도 했고", 김근태는 고문이 시작될 순간의 심경을 이렇게 그렸다. 그는 낭만파 시인이었다. 그리고 순간, 아우슈비츠, 나치 수용소에 갇혀 고문당한 유대인들을 떠올리기도 했다고 한다.

김근태는 이때까지도 저들이 정말 고문을 감행하지는 못할 것으로 믿었다. 겁주기 위한 협박 정도로 인식하고 어떤 협박에도 "절대로 물러서지 않겠다"고 거듭 다짐했다. 그는 순결한 휴머니스트였다.

김근태가 이 당시 남영동 인간도살장에서 당한 고문은 많이 알려졌다. 해외에는 국제인권단체를 통해 전해졌다. 그럼에도 불구하고 독재정권의 잔혹성, 이승만→박정희→전두환→노태우로 이어진 독재정권의 야만성을 다시 살피고, '민주주의자 김근태'가 이 참담한 고문을 어떻게 견뎌왔는가를 알아보기 위해서는 단지 "심한 고문을 당했다"는 추상에서 벗어나, 구체적인 실상을 들여다볼 필요가 있겠다.

나치 독일의 비밀경찰이 유대인과 사회주의자들을 고문하고 집단학살하면서 고전음악을 듣거나, 일요일에는 오페라 구경을 가자고 가족과 약속했듯이, 한국의 고문 기술자들도 다르지 않았다. 그들은 라디오에서 왈츠를 듣거나, 군대 간 아들 걱정, 박봉에 대한 불평, 대학 진학을 앞둔 자녀 문제 등을 화제로 대화를 나누는 등 지극히 평범한 사람들이었다. 20세기의 가장 위대한 정치사상가로 평가받는 한나 아렌트는 유대인 6백만 명의 학살 책임자 아이히만이 "자기가 무슨 일을 하고 있는지 전혀 깨닫지 못했던 자"였다는 점에서 '악의 평범성'을 지적했다.[15]

'악의 평범성'은 히틀러 독일에서만이 아니라 박정희·전두환 시대의 한국에서도 벌어진 현상이었다.

김근태는 1985년 9월 4일부터 22일 동안 10차례에 걸쳐 상상하기 어려운 고문을 당했다. 김근태를 고문한 남영동 대공분실에서는 그로부터 2년이 채 안 되는 1987년 1월 14일 서울대생 박종철(21세) 군을 고문으로 죽였다. 수사요원 조한경 경위와 강진규 경사 등이 고문살해범이다. 김근태가 그 끔찍한 고문을 당한 뒤에라도 야수적인 고문이 근절되었다면 박종철은 죽지 않았을 것이다.

칠성대 위에 올려져 눕혀진 나는 순식간에 완전 결박되었습니다. 머리가 핑 하면서도 "자, 그래 견뎌보자. 견디는 것이다, 결국 언젠가는 닥쳐올 것이라고 각오했던 바가 아니냐. 일제 시대 독립운동가들이 그랬고, 저 70년대 긴급조치 시대에 수많은 사람들이 당했던 그것이 오고 있는 것이다"라고 속으로 되뇌었습니다. 그러나 사실 별 설득력이 없더군요. 목이 쉰 것 같기만 하고요. '내가 누군 줄 알고 이렇게 해. 결국 큰 정치적 문제로 비화되고 말걸. 이걸 너희들도 알고 있을 거야. 클라이맥스에서 중지하게 될 거야. 틀림없이. 입에 침이 마르도록 대화니 화해니 말해온 것을 싹 지울 수는 없지. 오리발을 내밀어도 유분수지'라고 떠올리고, 여기에 매달리고, 매달렸습니다.

그러나 소용없는 일이었습니다. 썩은 동아줄에 매달렸던 것입니다. 여지없이 뚝 끊어졌습니다. 협박자들은 아무런 주저함이 없이 물고문으로 들어갔습니다. 백남은의 카랑카랑한 목소리에 따라 얼굴에, 눈이 가려져 있는 내 얼굴에 수건이, 노란 세수수건이 덮어 씌어지고, 세상은 희뿌옇게, 누렇게 되고 말았습니다. 머리 양쪽으로 정현규와 최상남이 움직이지 못하도록 힘을 주어 고정시키고 그 위에 수도꼭지를 틀어 샤워기 아가리에서 물이 쏟아져 내리도록 하였습니다. 육척 거구인 김영두가 그 샤워꼭지를 잡고서 사정없이 물을 들이댔습니다. 그러는 한편 주전자에 물을 담아 동시에 쏟아 붓고 또 쏟아 부었습니다.

처음에는 칼을 갈면서 견디었습니다. 아주 짧은 시간은 견딜 수도 있는 것 같았습니다. 숨을 어떻게 몰아쉬고 또 안 쉬고 또 몰아쉬고요. 하지만 애당초 그것은 가능한 것이 아니었습니다. 숨이 탁탁 막히고 꺼져가는 생명의 마지막 안간힘일지도 모르는 그 순간이 덮쳐오는 것이었습니다. 쉰 냄새 나는 짙은 껌껌함으로 뒤바뀌고 속은 메스꺼워지다가 완전히 뒤집히고 콧속에서는 노린내가 치솟고 물이 쏟아지는 그 속에서 불길이 솟고 콧속으로 불길이 솟고요. 온몸을 버둥거리고 혼신의 힘으로 뒤척이고 하여 칠성대로 기우뚱하였지요. 몸은 완전히 땀으로 젖어버리고 담요도 땀으로 물컹해졌습니다.[16]

"이래도 진술 거부할 거야?"

김근태는 첫 번째 고문으로 이미 질식 상태가 되고 말았다. 수사관들의 "항복하지, 이래도 진술 거부할 거야?"라는 소리가 아득하게 들렸다. 오전 7시 반부터 시작된 고문이 낮 12시 반이 지나도록 계속되었다. 5시간 동안 이 같은 고문이 계속되었다.

두 번째 고문은 이날 저녁 8시경부터 자행되었다. 다시 옷을 벗기고 고문대 위에 칭칭 묶었다. 그리고 오전과 같은 고문을 또 시작했다.

고문자들은 점점 크게 보이고 그럴듯해 보이더군요. 당당하고 의젓하게 보이기도 하고요. 물론 무조건 고문을 하는 것이지요. 요구사항은 없었고 묻지도 않았습니다. 얼마나 지났는지 몰랐고 묻지도 않았습니다. 얼마가 지났는지 어떻게 되는 건지 합리적 사고나 대응 같은 것은 그야말로 무용지물이었습니다. 학대와 능욕을 얼마만큼 가하고 나면 고문자들은 뭔가를 반드시 제기하더군요.

이번에는,

① 폭력혁명주의자임을 자백하고

② 사회주의 사상을 갖고 있음을 자백하고

③ 각 민주화운동 부문에서 움직이는 핵심적 인물을 대라. 김근태와 민청련이 제일 과격하고 제일 먼저 움직여서 오늘 같은 사태를 가져왔다. 우선 학생운동과 노동현장에서 움직이는 하수인을 대라. (……)

얼마 동안은 사실 끈덕지게 버텼습니다. 허나 안 되더군요. 이렇게 개죽음을 당할 수는 없다. 그리고 구체적인 것의 시인은 아니지 않는가 하는 고통에 못 이긴 굴복에의 유혹이 머리를 쳐들더군요.

나는 인정을 했습니다. 그리고 학생운동의 배후가 이범영이라고 말해주었습니다. 사실 나로서는 아는 바가 전혀 없지만 누군가를 꼬집어서 얘기하지 않으면 안 되었지요. 당시 이범영 씨는 이미 경찰의 수배를 받아서 피신 중이었기 때문에 거짓으로 얘기해도 별 피해가 없으리라고 생각하고 그렇게 했던 것입니다. 이 두 번째 물고문도 대략 5시간 걸렸습니다. 끝난 것이 5일 새벽 1시경이었으니까요.

9월 4일의 두 번에 걸친 물고문, 그것만으로도 본인의 인간적 주체성은 크게 동요되고 일관성 있는 인격은 와해되어가기 시작했습니다. 외부에서 폭력적으로 강제되는 것에 무릎을 꿇을 수밖에 없음을 처절하게 느끼게 된 것이지요. 이 만화 같은 현실에 머리를 숙여야 했지만 그러나 아직은 자신의 주체성, 그것을 다 포기하지는 않았었습니다. 두꺼운 모직 겨울 잠바, 검정색과 붉은색의 체크무늬 잠바를 남영동 그곳을 나올 때까지 줄곧 입고 있었습니다.[17]

세 번째 고문은 9월 5일 저녁 8시 반부터 다음날 새벽 1시경까지 계속되었다. 이번에는 전기고문이었다.

완전히 발가벗겨졌습니다. 팬티도 남김없이 날아가버리고요. 이곳에서 무슨 수치심 그런 것을 여밀 계제는 전혀 아니었지요. 그러나 팬티조차 벗겨지고 보니까 더욱 당황케 되면서 이제 모두 빼앗겨버리고 말았구나, 그래도 아직 남은 것이 있고 소극적 저항의 표시물인 것처럼 느껴졌던 팬티마저 빼앗기고 말았던 것입니다.

칠성대 위에 또다시 꽁꽁 묶여진 다음에 고문자들은 발바닥과 발등에 붕대 같은 것을 여러 겹 감았습니다. 새끼발가락과 그다음 발가락 사이에 전기 접촉면을 끼우고, 그것이 움직이지 않도록 하는 조치를 취하는 것 같았고 이 붕대도 전기담요처럼 전기가 통하는 것 같았습니다. 그런 다음 발에, 사타구니에, 배에, 가슴에, 목에, 그리고 머리에 물을 주전자로 들이부었습니다. 그때 물의 섬뜩함은 귀기가 살갗에 달라붙는 바로 그것이었지요.

고문기술자는 뭔가 쉴 새 없이 떠들고 겁주고 협박을 하였는데 이제 전기가 통하면 회음부가 터져 피가 흐를 것이라고 하면서 그래서 팬티를 벗겼다고 하였습니다. 우선 물고문부터 시작하였습니다. 다만 그 강도는 물고문만 할 때보다는 못했지만 공포나 질식할 것 같은 답답함은 더욱 깊어졌습니다. 소스라치며 놀라게 되고 머리를 힘껏 움직이게 되지요.

어느 정도 물고문이 진행되어 몸에 땀이 나는 것 같게 되면, 그때부터 전기고문이 시작되는 것입니다. 처음에는 짧고 약하게, 그러다가 점점 길고 강하게, 강력하게 전류의 세기를 높였습니다. 그리고 중간에는 다시 약해지고, 가끔씩은 발등에 전기를 순간적으로 대기도 했습니다.[18]

전기고문은 뒷날 상처의 흔적을 남기지 않기 때문에 고문자들이 즐기는 수법이었다. "전기고문, 그것은 핏줄을 뒤틀어놓고 신경을 팽팽하게 잡아당겨 마침내 마디마디 끊어버리는 것 같았습니다. 머리가 빠개질 듯한 통증이 오고 그 몰려오는 공포라니, 죽음의 그림자가 독수리처럼 날아와 파고드는 것처럼 아른거렸습니다. 온몸이 저리고……"[19]

김근태는 온몸에 전류를 받으면서 신체의 마비와 정신적 착란상태에 빠져들었다. 결코 굴복하지 않겠다는 다짐도 어느 틈에 사그라졌다. 이성이 마비되고 있었다.

온몸에 전류가 흐르고

미친 여자의 긴 머리카락이 얼굴을 휘감고 그 희번덕거리는 눈동자가 내 눈 속으로 파고 들어오는 환상이 공포와 광란의 소용돌이로 닥쳐왔습니다. 이것은 슬픔이라든지 뭐 외로움이라든지 그런 종류의 것이 아니었습니다. 잔인한 파괴 그 자체였습니다.

담요는 땀에 흥건하게 젖는데, 물을 쏟아 부었던 몸의 각 부분은 금방 말라버리고, 특히 머리털은 곧 말라서 물고문을 또 수시로 해야 했습니다. 이 고문기술자가 내 가슴에 올라타고 쿵쿵 굴리는데도 전혀 무게를 느끼지 못하였습니다. 운동화 발바닥으로 얼굴을 슥슥 문대면서 경멸적으로 걷어차도, 그것은 별 문제가 되지도 않고 심리적 거부감이 일어날 여지가 전혀 없었습니다. 완전히 지쳐 늘어지기 시작할 때, 이날의 주제가 제기되고 추궁되었습니다.[20]

김근태는 9월 4일 남영동에 끌려온 이래 한숨도 잠을 자지 못했다. 고문자들은 잠을 재우지도 않았고 밥도 주지 않았다. 물고문, 전기고문에 잠을 재우지 않아 허기진 육신은 처절하게 허물어졌다. 그런데 웬일인지, 9월 6일에는 점심식사를 주었다. 음식을 보고 배가 고픈데도 몸이 받아들이지 않았다. 거의 먹지 못했다. 그런데도 마음이 안정되었다. 이것으로 악몽과 같은 고문이 끝난 것으로 지레짐작한 것이다. 하지만 식사는 '미끼'였다.

고문자들은 미국 워싱턴에서 신문기자로 활동하는 신기섭에 대해 캐물었다. 그는 1985년 2월 김대중이 귀국할 때 함께 동행할 만큼 미국에서 한국의 민주화를 위해 애쓴 사람이다. 그가 서울에 왔을 때 민청련 사무실에 들렀는데, 그를 간첩으로 엮으려는 의도를 간파할 수 있었다. 김근태가 그와의 관계를 거부하자 대화에서 별로 소득이 없다고 판단한 것인지 다시 고문을 시작했다.

격렬한 전기고문을 길게, 아주 길게 가하여 온몸이 고문대 위에서 오그라들어버리는 것 같았고 핏줄은 물론 모든 살이 마침내 다 타버려 누리끼리한 살가죽과 뼈만 남아버리는 것 같았습니다. 쉬지 않고, 조금도 쉬지 않고 이튿날 새벽 1시경까지 계속했습니다.

고통을 못 이겨 소리소리 질러 목 안에서는 피 냄새가 역하게 올라오고 콧속에서는 단내가 계속 피어올랐습니다. 물고문으로 인해 속이 빈 위는 계속 헛구역질을 해대고, 처음에 나는 저항을 했습니다. 그러나 이미 결과는 예정되어 있었던 것입니다. 고문자들의 요구에 굴복하는 것 그것뿐입니다. 이들에게 살해당하는 것을 각오하고 저항을 하지만 고통과 공포에 짓눌리게 되면 곧 그럴 필요까지는 없지 않은가 하는 내면의 외침에, 이것은 고문자들의 또 다른 협박이며 유혹이 내면화된 것이지만 부딪히게 됩니다. 아, 이대로 죽을 수는 없다. 원통해서 이렇게 개죽음을 할 수는 없다. 내가 저항을 하면 이들은 정말 죽일 수도 있는 것이 아닐까.[21]

고문자들은 인간의 탈을 쓴 악마였다. 이성이나 인간성은 어디에서도 찾기 어려웠다. 고문을 하다가 제풀에 지치면 김근태의 생식기를 가리키며 히죽거렸다. "야 이렇게 작은 것도 ㅈ라고 달고 다니냐. 너희 민주화운동하는 놈들은 다 그러냐"는 등 인격모독을 일삼았다. 히틀러의 비밀경찰도 이러지는 않았다.

9월 8일 일요일 오전 10시경부터 또 고문이 시작되었다. 잡혀온 지 4일째 되는 날이다.

지옥에서 온 나찰 같은 얼굴을 한 윤재호가 방에 들어섰습니다. 잠시 후 김수현, 백남은, 김영두, 고문기술자 정현규, 박병선, 최상남, 또 한 사람 허만조 등이 방을 꽉 메웠습니다. 윤재호는 책상을 사이에 두고 본인의 맞은편에 앉자마자 소리를 질러댔습니다. "너 이 새끼, 배후를 안 대? 콧구멍에 고춧가루를 처넣어서 폐기종을 만들어 죽여버리겠다. 안 댈 거지? 그거(고문대) 들여와, 이 새끼 내가 직접 고문할게"라고 윤재호는 소리쳤습니다.

다른 사람들은 조금 당황한 듯하면서 모두 서 있었고 김수현, 백남은, 고문기술자들이 굽실거리며 저희들이 하겠으니 나가시라고, 나가시라고 애원 겸 정중하게, 말하더군요. 그동안 고문대를 정현규와 최상남이 들고 들어왔습니다.

이때 그 고문대 구조를 명확히 볼 수 있었습니다.

윤재호는 분기탱천해서 나가고, 김수현과 백남은은 상급자가 저러니 자기들로서는 도리가 없다고 하고, 고문기술자는 여러 가지 협박을 해왔습니다.

이렇게 고문은 또 시작되었습니다. 주제는, 아니 메뉴라고 할까요. 배후, 정치적으로 아주 유용하게 활용할 수 있는 불순한 모종의 배후, 이것이었습니다.

나는 이렇게 말했습니다. 내 나이 사십인데 누가 배후가 될 수 있겠습니까. 더구나 당신들이 말하듯이 민주화운동에서 책임 있는 사람들 중의 하나이고 오늘의 이 결과를 가져오게 한 역할을 해냈는데, 내가 누구에게 조정을 당하겠느냐고 말했습니다.[22]

악마들은 김근태에게 '자백'할 것을 강요하면서 고문을 계속했다. 정권 핵심에서 내려보낸 시나리오대로 간첩과 접선한 것으로 만들려는 각본이었다. 처음에는 배후를 대라고 족치고, 다음에는 간첩으로 남파된 형들로부터 돈을 받았다는 것을 자백하라고 고문했다.

"남민전 이재문이 어떻게 죽은지 알아? 전노련 이태복 얘기 너도 들었을 거다. 이재문이는 여기서 당해서 이미 속이 부서져서 감옥에서 병사한 거야. 너도 각오해" 하고 협박을 하였습니다. 이날은 남영동에서 고문 받았던 중에서 최악의 고통스러운 날이었습니다. 가장 혹독하고 긴 고문을 받았습니다.[23]

유신이나 5공 체제에서 고문을 당해본 사람들은 쉽게 수긍이 가는 일이지만, 밀폐된 수사기관에 갇혀 저승사자들에게 몇 차례 가혹한 고문을 당하다 보면 항우 장사라도 '자백'하지 않을 수 없다. 나중에 삼수 갑산을 가더라도 당장 연옥에서 벗어나고 싶어진다. 이것은 어쩔 수 없는 인간의 한계다.

남한 사회에서 '간첩'은 곧 죽음을 의미하는 데도 수사관이 불러준 대로 자신이 간첩이었다고 진술서에 서명하게 된다. '살기 위해 죽을 짓'을 하는 것이다. 그리고 법원은 이 '자백'을 근거로 사형 등 중형을 선고한다. 재판정에서 아무리 아니라고 호소해도 판사는 받아들이지 않고 '자백'만을 근거로 판결한다. 근래에 재심을 통해 더러는 무죄가 밝혀지기도 하지만, 억울하게 한을 품고 죽은 사람도 많았다.

김근태는 결국 '자백'을 했다. 야수들은 심지어 월북한 사실을 자백하라고 다그쳤다. 어떻게 월북했느냐고 추궁하니까 삼천포에서 배를 타고 갔다고 했다. 80년 광주사태 당시 어느 동지가 삼천포에서 일본으로 밀항하려 했다는 얘기를 들은 기억이 나서였다. 남파된 형들에게 돈을 받았느냐니까, 받았다고 했다. "간첩과의 접선은 본인에게 죽음을 가져온다는 것을 알면서도 덮쳐 누르는 전기고문과 물고문의 고통을 우선 모면하기 위해서입니다."[24]

억지로 '자백'을 받아낸 악마들은 구체적인 설명을 요구했다. 상부 보고용, 재판에 필요한 대본이 필요한 것이다.

그랬더니 그것을 합리적으로 설명하기를 요구하면서 증거를 요구하더군요. 돈을 받았느냐고 해서 100만 원을 받았다고 했습니다. 1974년에 쌍문동 집 근처에서 한 번 만났고 1984년에 역곡에서 한 번 만났다고 했습니다. 이 고문자들 참 좋아하더군요. 좋아서 미쳐 날뛰기 일보직전인 것 같았습니다. 김수현은 합리적 근거를 대라고 요구했습니다.

이들의 분위기는 달밤에 먹이를 앞에 놓고 질질 침을 흘리고 있는 털 빠진 승냥이들의 모습이었습니다. 이렇게 저렇게 말을 만들어서 얘기를 하니까 고문자들이 거들어주고 수정을 하고 해주었습니다.

고문대 위에 놓인 본인과 고문자 사이의 협력과 토의 수정이 진행되어 나가는 것이었습니다. 한참을 이렇게 해나가며 각본을 만들어나갔습니다.[25]

'자백'을 받아냈다는 사실에 악마들이 시시덕거리며 좋아하고 분위기가 다소 풀린 듯하자, 김근태는 용기를 내어 "사실은 그런 일이 없었다"고 번복했다. 그랬더니 고문자들은 악귀가 되어 날뛰면서 다시 고문을 시작하고, 김근태는 또 '자백'하는 일이 몇 차례 되풀이되었다. 이때 김근태는 "정말 무서운 것은 비극이 아니라 희극"이라고 생각했다.

> 부정했지만 결국은 또 인정하게 되고요. 도대체 몇 번을 이렇게 왔다 갔
> 다 하도록 고문하고 강요했는지 모릅니다. 거기다 또 말이 왔다 갔다 한
> 다고 고문을 해대고 말입니다. 아, 이처럼 눈물 나는 희극이 세상에 없을
> 것입니다.
> 정말 무서운 것은 비극이 아니라 희극이구나.
> 희극의 시대이구나. 이 저주받을 희극의 시대라고 표현할 수밖에 없는 일
> 입니다. 하여튼 월북과 간첩과의 접선 얘기는 대충 이렇게 끝났습니다.
> 이후에는 필요할 때는 위험수단으로 사용했지만, 이 문제에 관한 한 어떤
> 진지함을 고문자들은 갖고 있는 것 같지 않았습니다.[26]

악마들은 김근태가 자주 '자백'을 번복하자 '악질'로 단정했다. 그리
고 더 가혹하게 고문을 자행했다. 8일 오후 1시 반경에 오전의 고문을
끝냈다가 저녁 7시경 또 전기고문을 시작해서 밤 12시까지 계속했다.

이번에는 민청련 조직의 배후를 대라며 고문했다. 배후 같은 것은 없
고 자생적인 조직이라고 말하자 다시 고문을 했다. 결국 재야운동권과
종교계 인사들의 이름을 대라고 하여 되는대로 이름을 댔다. 결국 함세
웅 신부와 권호경 목사로 압축되는 시나리오였다. 이들에게는 참으로
안된 일이지만 악마들의 각본을 인정해주어야 했다.[27]

'최후의 만찬'

일곱 번째 고문은 9월 10일 저녁 7시경부터 10시경까지 자행되었다. 이번 고문은 이른바 전기봉고문으로 처음 가해진 것인데, 양쪽 발등에 장치를 달고 진동을 일으켜 고통을 주는 방법이었다. 지휘자는 김영두 였고 김수현이 뒤에서 조종했다. 박병선·최상남·정현규 그리고 경북 출신의 경찰이 번갈아가며 고문을 했다.

전기봉고문은 이렇습니다. 대단히 빠른 진동 때문에 발등에는 심한 통증이 옵니다. 상처가 생기고, 깊이 파이는 것 같은 느낌조차 옵니다. 피가 흐르는 기분도 듭니다. 그러나 이 전기봉고문은 그래도 받을 만하다고 할까, 상쾌하다고나 할까, 아니 양념고문이었다고 할까요. 원체 심한 고문을 당해서 그런지 이날 같기만 하다면 얼마나 좋을까 하는 생각조차 했었습니다. 더구나 물고문도 이날은 하지 않았습니다.[28]

악마들은 교묘한 방법으로 김근태를 압박했다. 일종의 심리전이다. 고문을 가할 경우에는 밥을 주지 않았다. 끼니때가 되어도 밥을 주지 않으면, 곧 고문의 순간이 닥칠 것이라는 공포감 때문에 더 불안해지도록 만드는 것이었다.

악마들은 필요한 자백을 받아내거나 기분이 좋지 않을 때면 어김없이 이 방식을 썼다.

그런데 고문자들은 9월 13일 이후 심리적인 압박을 가하는 데, 이 밥을 안 주는 것과 고문을 가하는 것을 연관시켜 매우 잘 사용하였습니다. 즉 고문자들이 뭔가 불만이 있으면 밥을 안 주고, 그러면 본인은 고문이 박두했음을, 위험이 다가오고 있음을 깨닫고 파랗게 질리곤 하였습니다. 이때 고문자들은 무엇인가를 요구하고, 덜덜 떨면서 나는 시키는 대로 하고요. 고문, 그것은 마음 내키는 대로 하는 것이 아니고 나름대로 과학적이고, 많은 경험을 통해서 정리된 것처럼 느껴졌습니다. 뿐만 아니라 고문의 시점, 방법 등에 대해서는 정말 사장급 이상의 회의에서 여러 가지로 검토하고 결정하는 것이 틀림없다는 것이 분위기로 전달되었습니다.[29]

수사기관은 양심수나 확신범을 체포해서, 언제부터 언제까지의 일을 빠짐없이 기술하라고 다그친다. 몇 차례 되풀이해서 쓰고 나면 우선 기가 빠진다. 나중에는 왜 앞의 내용과 다르냐며 닦달한다. 아무리 기억력이 좋은 사람도 수년 전에 만난 사람의 인상착의와 날짜, 시간, 장소 등을 정확하게 기억하기란 쉽지 않다. 고문자들은 김근태에게 대학시절의 친구 관계, 크리스천 아카데미에서 행한 행사 등을 꼬치꼬치 캐묻고, 빛바랜 사진을 들고 와서 사진 속 인물과 어떤 사이인지에 대해 빠짐없이 쓰라고 겁박했다.

9월 11, 12, 13일 오후까지는 '무사'히 지나갔다. 육체적인 고문이 없었다는 뜻이다. 13일 저녁식사가 들어와 막 숟가락을 들고 두 번인가 떠먹었을 때 복도에서 전화벨이 요란하게 울리더니, 정현규가 들어와 밥그릇을 빼앗아갔다. 다시 고문을 가하겠다는 신호였다.

김수현은 본인을 고문대 위에 묶어놓고는 말했습니다. 오늘이 금요일이고 13일이다. 무슨 날인지 알겠느냐라고. 이에 대해 악마의 날이라고 하니까 조소하면서, "서양에서는 오늘을 최후의 만찬이라고 한다. 너의 최후의 만찬날이다. 각오하라" 하였습니다. 고문기술자는 8일 이후 본인의 사건에 이렇게 깊이 개입해오지는 않았었는데 13일 이날은 팔을 걷고 나섰습니다. 그야말로 최후의 만찬이었습니다. 새벽 2시 반까지 전기고문과 물고문을 계속하여 가했습니다. 마음은 물론 몸도 도무지 견뎌낼 수가 없게 되었습니다. 고문기술자는 기승을 부리며 고문을 하고 김수현은 퍼렇게 핏대를 세우고 끊임없이 모욕하였습니다.[30]

그동안 김근태는 혹독한 고문으로 허위자백까지 하면서도 한 번도 의식을 잃지 않았다. 그런데 '최후의 만찬'에서는 이미 기력을 잃고, 전기고문과 물고문을 가해도 더 이상 발버둥 치지 못하는 상태가 되었다.

그때마다 고문은 중지되고, 찬물을 머리에 붓고 가슴을 손바닥으로 쳐댔습니다. 점차 어슴푸레해가는 의식 속에서 아, 이제 내가 정신을 잃겠구나 하는 순간이 되면 고문은 중지되었습니다. 고문기술자들은 아는 일이었습니다. 그러나 13일 고문 이후 남영동에서는 물론 구치소에서 생활해나가는 것이 어려울 정도로 참으로 나빠졌습니다.

그날 이후 지금까지 밥을 먹고 소화해낼 수 없었으며, 보행을 제대로 할 수 없습니다. 두통이 걷잡을 수 없는 최악의 상태에 다다른 것은 물론이고요. 어떤 한계점, 분수령이었습니다. 일단 13일 고문은 이튿날 새벽 2시 반에 끝났습니다. 그러나 김수현은 남아서 박병선과 또 한 사람을 데리고 14일 새벽 3시경부터 5시 반경까지 또 고문을 해댔습니다. 이 새벽녘 고

문에서 김수현은 또다시 문용식의 NDR과 학생운동의 배후로서 민추위
를 이미 알고 있었다고 자백하라고 요구했습니다.[31]

수사가 막바지에 이르면서 악마들은 민청련의 재정문제를 집요하게
파고들었다. 앞서 소개한 재미교포 언론인 신기섭이 한국 민주화운동
의 성금으로 준 기금을 기독교교회협의회가 인권위원회를 통해 민청련
에 전달한 것을 불순자금의 유입으로 엮으려 한 것이다.

김근태는 자포자기 상태에서도 진실을 밝히고자 마지막 의지를 가
다듬었다. 회원들의 월 회비 160만~180만 원과 지도위원 40여 명이
월 2만 원 이상씩 납부해 모은 60~80만 원이 민청련 재정의 골격임을
사실대로 말했다.

악마들은 이를 믿지 않았다. 불순자금의 실상을 밝히라고, 다시 물고
문, 전기고문을 가했다.

13일, 이날은 김수현의 말대로 본인의 최후의 만찬이었습니다. 그 고문의
강도는 8일의 경우보다 못하지 않았나 싶기도 하지만, 이 13일 이후 본인
은 결정적으로 균형 상태를 잃어버렸습니다. 이튿날인 14일부터 남영동
을 떠나는 26일 점심때까지 본인은 밥을 못 먹었습니다. 국물과 두어 숟
가락 정도의 밥을, 그것도 오래 씹어서 겨우 먹을 수 있었습니다. 요기는
주로 햄버거 빵을 우유에 녹여서 채웠고, 즉석라면에 물을 부어서 그 국
물과 약간의 라면 줄기로 허기를 메웠습니다.

김수현은 이러한 본인을 보고 단식투쟁을 하는 것이냐고 묻더군요. 참 어
이가 없더군요. 그런 의사가 약간이라도 통할 수 있는 사람들로 내가 자

신들을 생각하리라고 믿었던 것일까요. 목은 붓고 쉬어서 말을 제대로 못
하고, 머리는 깨어져 나갈 것 같고, 온몸이 산산이 부서져 나가기 직전 같
았습니다. 말하고, 쓰고, 베끼고, 손도장 찍고, 또 찍고 하면서 26일까지
갔습니다.[32]

마지막 고문은 9월 20일 저녁 8시경부터 밤 10시 반경까지 자행되
었는데, 전기고문, 물고문의 합동고문이었다. 김수현·김영두·정현규·
박병선·최상남, 그리고 또 한 사람이 고문에 가담했다. 이제까지의 '자
백'과 '번복'의 되풀이였다. 민청련이 반국가단체라는 것을 인정하라는
고문은 정말 견디기 어려웠다. 김근태는 "아, 죽게 되는구나. 이렇게 해
서 죽는 것이구나" 절망하고, 마구 눈물을 흘렸다.

바깥 사회와 완전히 차단되었던 나는 정치적 사정이, 정치군부가 자신들
의 이해관계를 위해서 본인의 생명의 말살을 절대로 요청하고 있다고 생
각할 수밖에 없었습니다.
심각한 사태가 전개되고 있다고 단정할 수밖에 없었습니다. 그렇지 않고
서야 이런 끔찍한 고문, 말도 안 되는 각본을 만들어낼 수는 없는 것이라
고 믿을 수밖에 없었습니다. 나는 결심했습니다. "그래, 죽을 수도 있다.
40년을 살아왔다. 유관순도, 윤동주도, 그리고 김주열도, 80년 광주의 숱
한 선량한 시민들도 그렇게 살해당하지 않았는가. 추하게 정치군부 너희
들에게 굽실거리지는 않겠다. 절대로 휘청거리지 않을 것이다"라고 마음
을 추슬렀습니다.[33]

이후에도 고문과 모욕은 그치지 않았다. 그리고 마침내 9월 26일 오후 3시경 김근태는 반주검 상태가 되어서야 인간도살장 남영동 5층 15호실을 떠날 수 있었다. 악마들은 '자백'을 통해 서류를 충분히 마련했고, 더 오래 잡아두었다가 사망하기라도 하면 사후 처리 문제가 귀찮았을 것이다.

9월 4일 남영동에 끌려가서 고문을 당한 지 22일 만이었다. 한 달이 채 안 되는 이 기간, 김근태는 인간이기를 포기한 야수들에게 모두 열 차례의 혹독한 고문을 당하면서, 생사의 고비를 넘나들었다. 고문자들은 상처를 남기지 않고, 죽이지 않고 고문하는, 고도의 기술자들이었다.

26일 오후 3시경 남영동 5층 15호실을 떠나기에 앞서 나는 김수현과 백남은을 찾았습니다. 잠시 책상을 사이에 두고 김수현과 방에서 앉아서 얘기했습니다. 별 의미 있는 얘기는 없었습니다. 그러나 나는 말하고 싶은 것이 많이 있었습니다. 내가 악수를 청했습니다. 그러면서 나는 속으로 울었습니다. 눈시울이 뜨거워지더군요. 나는 이렇게 말하고 싶었습니다. "나는 당신에게 처참하게 고문을 당하고 간다. 일방적으로 당하고 간다. 이러고도 속수무책인 것이 원통하다. 더구나 너무 끔찍하게 당해서 분노하기조차 두려운 것이 한스럽다. 떠나는 지금도 내놓고 욕 한 마디 할 수 없고 그런 용기조차 생기지 않는 것이 말이다. 이 저주받을 인간들이, 악마 같은 자들이 내 생사여탈권을 가진 것처럼 군림하였으며 그에 아양조차 떨어야 했던 이 끔찍한 지옥을 All Mighty처럼 덮쳐왔던 것을……"**34**

남영동에서 김근태에게 가한 살인적인 고문을 총지휘한 자는 90킬

로그램이 넘는 거구의 이근안이었다. 처음에는 가명이어서 몰랐으나 뒷날에야 그가 이근안임을 알게 되었다. 이근안은 공군 헌병 출신으로 1970년 경찰에 입문한 뒤 1972년부터 대공 분야에 근무하면서 악질적인 '고문기술자'로 이름을 날리며 특진과 승진을 거듭하다 1984년에는 경감에 올랐다. 그에게 고문을 당한 인사들의 증언대로 "눈에 핏발이 서 있었다"고 할 정도로 가학성을 지닌 인물이다.

이근안은 1979년 《조선일보》에서 주는 청룡봉사상을 시작으로 1981년 내무부장관 표창, 1982년 육군 제9사단장 표창, 1986년 전두환 정부에서 주는 옥조근정훈장을 받았다. 김근태는 남영동 대공분실에서 고문을 당하면서 이를 지휘하는 이근안의 인상착의를 기억했다가 뒷날 이재오·이선근·박문식 등 그로부터 고문을 받은 피해자들과 함께 사진 속의 인물이 이근안임을 밝혀냈다.

김근태의 고문 사실이 알려지면서 민주화운동 진영에서는 규탄과 진상규명 운동이 전개되었다. 10월 17일 민청련에서 결성한 '고문 철폐를 위한 투쟁위원회'와 '민주화운동에 대한 고문수사 및 용공조작 저지 공동대책위원회'(고문 공대위)에는 민통련·민추협·신구교 성직자·불교 승려·주요 사건 구속자 가족 등이 참가했다. '고문 공대위'는 정부의 고문만행을 규탄하는 성명을 발표하고, 이어서 11월 11일에는 김대중·김영삼 등 60여 명이 참여해 농성에 들어갔다.

김근태는 비록 지옥 같은 남영동은 떠날 수 있었지만 그렇다고 풀려나는 것은 아니었다. 9월 26일 오후 김근태는 검찰청 구치소로 이감되었다. 이날 검찰청으로 호송되는 짧은 시간 동안 그는 부인 인재근을 만났다. 그동안 남편의 행방을 백방으로 찾아다니다가 그날 검찰로 이

송된다는 소식을 듣고 기다리던 인재근과 해후한 것이다. 그 짧은 순간에 그는 부인에게 발뒤꿈치의 고문당한 상처들을 보여주었다. 이 기적 같은 일이 김근태의 고문 실상이 세상에 밝혀지는 계기가 되었다. 기적이었다.

계단을 경찰 한 사람과 본인의 처가 부축해 내려가면서 나는 망설이고 망설였습니다. 그러다가 나는 말했습니다. 불과 1분여 동안이었습니다. 그 고문은 나 개인에 국한될 문제가 아니었습니다. 때문에 얘기했습니다. 고문 얘기를 듣고 처가 괴로워할 것을 생각하고 그만둘까도 생각했지만 그럴 문제도 아니었고 도무지 원통해서 견딜 수가 없었기에 나는 말했습니다. 목소리가 떨리지 않도록 침착하게 말하면서 신고 있었던 양말을 벗었습니다. 발뒤꿈치의 상처들과 발등의 꺼멓게 탄 부분을 보여주었고, 팔꿈치의 상처도 보여주었습니다.

이 만남은 정말 기적 같은 것이었습니다. 더구나 관례와는 달리 늦은 오후에야 도착한 본인을 만날 수 있었던 것은, 그리하여 정치군부의 고문과 그 은폐 행위가 폭로되고 국내외적으로 맹렬한 비판을 불러일으키게 된 이 만남은 본인에 대한 영원한 기적일 것입니다.[35]

5장

야비한 재판,

결연한 감옥살이

서울구치소 수감

김근태는 남영동에서 모지락스런 권력의 하수인들로부터 잔인한 고문을 당하고 1985년 9월 26일 서대문 서울구치소에 수감되었다. 일제가 이곳에 감옥을 지을 때는 경성감옥이었다. 1912년 서대문감옥, 1923년 서대문형무소로 명칭이 바뀌고, 해방되던 해 서울형무소로, 박정희가 쿠데타로 집권하면서부터 서울구치소가 되었다. 1987년 서울구치소가 경기도 의왕시로 이전하면서 서대문구 현지동 101번지, 민족의 한이 서린 이곳은 서대문독립공원으로 불리게 되어 오늘에 이른다.

김근태가 수감될 당시의 이름은 서울구치소였다. 5공 권력의 핵심에게 눈엣가시가 된 김근태는 수감번호 14번을 달고 서울구치소 중에서도 가장 추운 외진 방에 수감되었다.

　　나는 병동 아래층 맨 끝 북쪽 방에 밀어 넣어졌다. 방의 북쪽 벽에는 얼음
이 빙판처럼 깔리고 저녁 형광등 불이 껌뻑거리며 들어오게 되면 얼음은
비수처럼 새파랗게 곤두서 빛을 발하기 시작했다. 매트리스 밑은 흥건하
게 습기가 차 한겨울에도 곰팡이가 슬고, 두 겹 비닐로 막은 창문은 매서
운 칼바람의 적수가 되지 못했다.

　　습기가 차다고 감옥 간부들에게 얘기해봐야 헛일이었고, 그것은 우이독
경일 뿐이었다. 칼날처럼 매섭게 얼어붙은 벽을 가리켜도 그것은 한낱 엄
살일 뿐이고 마이동풍이었다. 그 사람들에게는 처음부터 아무 소리도 없
었던 것과 진배없었다. 내 얘기는 처음부터 귀를 꼭 틀어막도록 지시를
받았거나, 의논하여 합의 결정한 것처럼 보였다.[36]

　　김근태가 이처럼 감옥 중에서도 가장 추운 곳에 수감된 것은 권력
핵심의 지시가 있었던 데다 아울러 검찰청사에서 잠깐 만난 부인을 통
해 남영동에서 받은 고문 사실이 세상에 알려졌기 때문이다. 대한변호
사협회(변협) 인권위원회 소속 홍성우·황인철·신기하 변호사 등이 진
상 규명 활동에 나서면서 김근태는 가족 면회와 변호사 접근이 금지되
고, 가장 추운 방으로 수감되는 보복을 당했다.

　　남영동에서 만신창이가 되어 서울구치소에 수감된 김근태는 몸을
제대로 가누기도, 식사를 하기도 어려운 상태였다. 물고문과 전기고문
을 받은 뒤에는 "이가 모두 흔들리고 아파서 씹을 수도 없었고, 소화도
제대로 해내지 못했다."[37] 그래서 간수에게 죽을 부탁하여 오랫동안 천

천히 먹었다. '먹었다'기보다 그냥 삼켰다.

하지만 며칠이 지나자 그나마 간신히 삼켰던 죽도 들이지 못하게 막았다. 상부 지시라 했다. 굶어 죽으라는 처사였다.

별안간 밥이 나와 소지에게 사정을 물었더니 담당에게 이야기해보라는 것이었다. 나는 거의 애걸하다시피 죽을 달라고 매달리기까지 하였다. 그러나 없다고 차갑게 거절하는 것이었다. 밥을 먹으려야 먹을 수가 없어서 국물만 좀 마시고 짬밥으로 고스란히 내놓을 수밖에 없었다. 이 지시받은 담당이 복도 내 방 옆에 몰래 붙어 서서 밥을 먹나 숨어서 지켜보고, 식구통으로 나오는 짬밥에 손이 갔는지 확인하는 숨길이 확연하게 느껴졌다.[38]

김근태는 자신이 수감된 건너편 7방이 비어 있는 것을 알고 간부에게 전방(轉房)을 요청했다. 8방은 하루 종일 햇빛을 볼 수 없으나 7방은 오후가 되면 햇빛이 비쳐왔기 때문이었다. 하지만 그들은 이를 받아들이지 않았다. 비어 있는 방인데도 전방을 거부하고 군이 9방으로 옮기라고 했다. 9방은 얼마 전까지 징벌을 받던 사람이 지내던 곳이었고, 정신질환자를 수감하느라고 쇠철판으로 작은 창문을 가려놓은 상태였다. 김근태는 12월 말경에 쇠철판을 뜯어내고 바람이 통하는 창문을 내는 조건으로 9방으로 옮겼다.

지금도 여전히 병사(病舍) 9방의 내 매트리스 밑에는 습기가 고이고 곰팡이가 피어나지만, 이곳 큰 체하는 간부들이 말하는 특별권력관계가 작용하는 곳이니까, 여기는 사회가 아니니까 그까짓 습기, 그 정도 곰팡이는 더불어 같이 살기로 결심을 했고, 그 심정 탄탄히 지켜내고 있는 중이다.[39]

김근태에 대한 권력의 학대는 여러 가지 형태로 나타났다. 이 해 12월 중순경부터 서울구치소 위층 15~16개 방에는 모두 조그만 구공탄 난로를 하나씩 피워주었다. 그런데 유독 김근태의 방만은 제외시켰다.

아픈 분들 방에 난롯불을 놓은 것은 좋은 일이다. 하지만 그중에서 유독 나만 빼놓은 이 서러움, 그 옆에서 어느 순간 번쩍하는 숨겨진 적대감을 보곤 내 가슴의 추위는 더 매서워져갔다. 사람이 계속 바뀌어서 정신질환자들이 7방 또는 8방에 들어왔는데 그 사람들과 나는 지난겨울 내내 영원히 저주받은 동토의 나라에서 살았다. 어느 땐가 꼭 두 번 나도 난로 좀 놔달라고 간부들에게 요구를 했다. 모 계장은 이렇게 말했다. "난로는 병약자들에게만 놓아주는 것이다. 당신같이 건강한 사람까지 놓아준다면 전 사동(舍棟) 재소자들에게 다 놓아주어야 하는데, 우리에게는 그런 예산이 없다."[40]

혹독한 고문으로 식사도 제대로 하지 못하고, 부축이 없이는 걷지도 못한 상태의 중환자, 그래서 서울구치소의 병동에 수감하고서도 딴소리를 하는 것이다. 차별 대우는 변호인 접견과 가족 면회에서도 그대로 나타났다.

'고문 증거를 인멸하라'

피의자가 변호사를 접견하고 가족과 면회하는 것은 법이 보장하는 정당한 권리다. 그런데도 서울구치소 당국은 김근태가 수감되고 3개월여 동안이나 변호사의 접견을 막은 것은 물론 가족 면회까지 차단했다. 국가기관이 공공연하게 위법을 저지른 것이다. 남영동의 가혹한 고문 사실이 알려지면서, 이 실상이 세상에 백일하에 드러나는 것을 덮자는 수작이었다.

홍성우·황인철·신기하 등 대한변협 소속 변호사들이 1985년 10월 14일부터 수차례 서울구치소에 찾아와 김근태의 접견을 신청했으나, 그때마다 검찰 출정을 이유로 거부당했다. 대한변협의 보고서다.

본인들은 1985. 11. 30. 9시 30분 서울구치소에 가서 집견원을 제출하였던바 벌써 검찰에 출정하였다는 이유로 접견을 거절하므로 구치소장을 찾아가서 항의하였더니 구치소장은 피구속자 김근태는 매일 아침 일찍 검찰에 불려갔다가 오후 5시 이후에야 돌아오기 때문에 도저히 접견이 불가능하다고 말하므로 어쩔 도리 없이 접견을 못하고 돌아왔음.

본인들은 1985. 12. 2. 오전에 서울지방검찰청 검사장 정구영을 찾아가서 대한변호사협회 인권위원회의 고문실태조사에 협력해달라고 하면서 피구속자 김근태의 접견을 요청하였던바, 검사장은 위 피구속자는 지금까지 묵비권을 행사하고 있어 그의 진술을 얻지 못하였기 때문에 그의 진술을 듣고자 매일 아침 일찍 검찰에 출정시키고 있으며, 아직 사선 변호인들에게도 접견을 시키지 아니하였는데 사선 변호인들보다 먼저 대한변협의 조사위원에게 접견을 시킬 수는 없지 않겠느냐고 하면서 머지않아 사선 변호인들에게 접견의 기회를 주고자 하니 대한변협의 조사위원은 그다음에 접견을 해달라고 말하므로 그대로 돌아왔음.

이상과 같은 경위로 피구속자 김근태에 대한 고문실태조사는 못하고 말았는바, 그동안 18회에 걸친 사선 변호인들의 접견을 허용하지 아니하고 본 조사위원들의 접견 또한 허용하지 아니한 처사는, 고문 여부는 잠시 제쳐놓더라도 그 자체가 묵과할 수 없는 중대한 인권침해이며, 신체고문에 대하여도 매우 짙은 의심을 갖게 하는 것임.[41]

전두환 정권은 국민의 인권이나 법질서 따위는 안중에도 없었다. 비판자에 대한 탄압과 보복으로 권력 유지에만 혈안이 되었다. 출범 과정에서부터 정통성이 없는 정권의 도당적(徒黨的) 행태였다. 검찰은 김근태를 국가보안법(국보법) 위반 혐의로 기소하고, 매일 검찰청에 호송해 조사했다. 남영동에서 받은 조사가 되풀이되었다. 김근태는 변호사 접견을 막는 한 진술을 거부하겠다고 말하고 이를 지켰다.

민청련을 이적 단체로 규정한 김근태의 공소장 내용을 정리하면 다음과 같다.

1985년 3월 하순 경기도 시흥군 소재 속칭 작은자리 건물 회의실에서 민청련 간부들과 만나 1985년도의 정세 전망 및 사회운동권 단체 통합문제에 관한 토의를 하였다. 피고인은 보고를 통하여 운동단체 통합과정에서

CD(시민민주주의), ND(민족민주주의), PD(민중민주주의) 등의 이념적 차이를 드러냈는데 CD와 PD의 입장을 절충하는 ND의 이념이 가장 적절하다는 취지로 설명하여 전원이 이에 동의, 위 이념을 민청련 지도이념으로 함으로써 북한을 이롭게 하는 반국가단체를 구성했다.[42]

검찰의 공소장대로라면 "CD와 PD의 입장을 절충하는 ND의 이념이 가장 적절하다"는 취지의 설명이 북한을 이롭게 하여 국가보안법 위반이라는 것이다. 알려진 대로 국가보안법은 제정 과정에서부터 '반대세력 제거용'이라는 비판을 받았을 정도로, 그동안 수많은 민주인사들을 괴롭혀온 대표적인 반민주 악법이다. 이것이 김근태를 묶는 쇠사슬이 되었다.

전두환 정권의 하수인들은 김근태를 간첩으로 몰고자 했다. 그래서 민청련 등 민주화운동 단체들을 북한과 접선된 불순단체로 색칠하려한 것이다. 다음은 김근태와 민청련에서 함께 일하다가 구속된 문용식의 공판기록이다.

그들은 고문을 하며 "7월 이후 도피하여 평양으로 갔지? 접선장소는 어디였어?" 이런 억지 같은 질문을 하며 옷을 발가벗겨 칠성판 위에 눕힌 후 안전벨트로 손가락, 발가락만 움직일 수 있도록 묶고 실신할 때까지 물을 부어, 마치 몸을 묶고 물속에 빠뜨려놓은 것 같은 상태에서 "DJ를 만나 지시받았지?" "장기표를 만나 삼민투 지시를 받았지?" 등 어처구니없는 질문을 퍼부었습니다. 이런 상태에서 만약 김대중 씨를 한 번이라도 만났더라면 "네, 그랬습니다" 하고 싶은 심정이었습니다. 수없이 실신하고 똥물까지 게워낸 후 하룻밤이 지나 인내가 극한에 다다를 때 "김근태 의장 만났지", "지시 받았지" 하고 물어 "네, 지시받았습니다"라고 이야기할 수밖에 없었습니다. 김 의장 얼굴을 제가 아는 게 죄였겠지요. "만나서 뭐 했어?" "개인적으로가 아니라 집단적으로 총회 때……", "네 이놈, 이제 풀렸어" 하며 고문하면 "네 2~3번 만났습니다"로 됩니다. 그리고 그들 마음대로 날짜가 정해집니다. 또한 미문화원 사건 전에 김근태 의장을 만나 5월투쟁과 미문화원 점거 지시를 받은 걸로 조서가 작성됩니다. (……) 그리고 그들은 계속 "김근태는 간첩이다. 이북에 있는 형이 남파되어 접선했는데 너도 그것을 알았지?"라는 엄청난 질문을 해 저는 "자금을 받은 적이 없다. 그가 간첩인지 몰랐다"고 밝히는 데 급급했습니다. 자신이 희미하게 아는 것을 글로 쓸 때는 명확히 쓰게 되었습니다. 즉 치안본부에서 자술서를 쓸 때마다 틀려서 논리적으로 살이 붙게 되었는데 역설적으로 표현하면 CNP는 치안본부에서 비로소 성립된 것입니다.[43]

김근태를 간첩으로 만들고자 그의 동료들을 붙잡아다가 고문하면서 조작한 증언이 재판 과정에서 속속 드러났다. 서울구치소에서 김근태는 수없이 검찰에 불려가 똑같은 조사를 받았다. 변호인단은 김근태가 이 감옥에 수감된 지 3개월 만에 2시간 가량 서울구치소 변호인 접견을 통해 김근태를 만날 수 있었다.

그리고 김근태는 12월 20일, 그러니까 공소가 제기되고도 한 달 반 이상이 지난 뒤에야 가족을 만날 수 있었다. 검찰은 물론 담당 판사인 서성이 "죄증을 인멸할 상당한 우려가 있다"는 이유를 들어 가족 면회를 못하게 한 것이다. 김근태의 부인 인재근이 검찰청사에서 남편의 고

문 사실을 알고, 이를 세상에 폭로하자 권력층은 고문 사실을 은폐하고
자 가족의 면회까지 막은 것이다.

1985년 12월 13일 변호사 접견이 고의적으로 봉쇄된 것이 풀린 지 닷새
가 되던 날, 나는 흥분하여 깊숙이 간직해두었던 양쪽 발뒤꿈치에서 아물
어 떨어진 상처 딱지를 이돈명 변호인, 목요상 의원에게 드리면서 재판의
증거로 제출해달라고 요청했다. 그러나 이것이 통할 리 있겠는가. 행형법
(行刑法)상 교도관 입회라는 것을 이용하여 간섭하는 사람들에 의하여 제
지당하고 결국은 강탈당하고 말았다.[44]

김근태가 검찰에 출정한 사이 교도관들이 방을 샅샅이 뒤져 화장지
틈새에 끼워놓았던 고문 상처 딱지를 훔쳐갔다. 증거인멸을 위해서였
다. 김근태의 변호인들은 증거보전신청과 아울러 증거보전기일에 관한
의견서를 법원에 제출했다.

고문경찰을 고발하다

유신과 5공 시대의 사법부는 독립성을 상실한 독재정권의 부속기관에
불과했다. 이들은 특히 민주·민족 관련 사건에는 정부(검찰)의 뜻을 그
대로 좇았다. 시국사건에서 기소장과 판결문이 똑같은 경우가 적지 않
았다. 김근태 사건을 담당한 판사도 다르지 않았다. 서울형사지방법원
의 김오수 판사는 변호인들의 증거보전청구를 간단히 기각했다.

김근태는 12월 9일 변호인 접견봉쇄가 풀릴 때까지 일주일에 2, 3회 정도 검찰청에 소환되어 조사를 받았다. 그때마다 김근태는 변호인 접견이 허용되지 않는 한 묵비권을 행사하겠다며, 끝까지 묵비권으로 일관했다.

우선 9월 26일 송치 당일 관련 검사들에게 발뒤꿈치 상처와 발등의 전기 고문 흔적을 보이면서 조사하여 처벌을 해달라고 요구하였다. 또 진술거부를 철회하도록 종용을 받았을 때 나는 고문을 조사하여 처벌한다면, 검찰 요구대로 할 수 있다고 말하였다. 이에 대해 검찰은 두 개의 사건이기 때문에 고문도 조사하여 처벌해야겠지만 묵비를 중지하는 것이 나에게도 이익이 될 것이라고 얘기했었다.[45]

12월 29일 김근태의 구술을 통해, 부인과 대한변협 소속 변호사들은 정식으로 정석모 내무부장관, 박배근 치안본부장, 윤재호 대공분실장 외 7명의 수사관과 김원치 등 공안부검사 4명을 불법감금과 가혹행위, 직무유기 등의 혐의로 서울지검에 고소했다. 고소에 참여한 변호사는 대한변협 인권위원회 위원장 유택형과 부위원장 강신옥, 변정수·강철선·조승형·조영래·홍성우·김철 위원 등이다.

그러나 검찰은 고소한 지 3~4개월이 지나도록 조사는커녕 흉내조차 내지 않았다. 모두 한통속이었다. 부인 인재근은 검찰에 호소문을 제출했다.

치안본부에서 고문당한 남편의 고통을 호소합니다.

저는 민청련 초대의장이며, 자문위원인 김근태 씨의 아내입니다.

김근태 씨는 지난 9월 4일 5시 30분경에 치안본부 대공수사단에 의해 강제 납치되어 9월 7일 국보법 위반으로 구속되었고, 20여 일 동안 소식을 듣지 못하고 안타까워만 했던 저는 26일 오후 2시 30분 검찰청 5층 엘리베이터에서 교도관의 부축을 받으며 걸어 나오는 남편을 본 순간 반가움과 함께 놀라움으로 숨이 막힐 지경이었습니다.

걸음을 제대로 옮기지 못하는 남편에게 "많이 다쳤어요?"라고 제가 물었습니다. 남편은 "굉장히 당했어", "굉장히 당했어!"를 되풀이했습니다. 9월 4일, 8일, 13일 각각 두 차례씩, 5일, 6일 각각 한 차례, 20~26일까지 열 차례 온몸을 꽁꽁 묶어놓고 전기고문, 물고문, 고춧가루물 먹이기, 소금물 먹이기 등 갖은 고문을 당하였다고 합니다. 그리고 잠을 거의 재우지 않고, 고문한 날은 밥을 주지 않아 꼬박 굶었다고 합니다.

검찰청 5층에서 4층 대기실까지 내려가는 동안 남편이 저에게 발뒤꿈치를 보여주었습니다. 짓이겨진 그의 발뒤꿈치와 발등은 저의 가슴을 미어지게 했습니다. 옷을 입고 있어 확인할 수 없었지만 온몸에도 상처투성이고, 특히 팔꿈치는 말이 아니라고 합니다. 20일 이후 26일까지 치료를 하여 많이 나은 상태가 그 정도이니 그 당시 그는 사경을 헤매었으리라고 생각합니다.

저를 더욱 공포에 떨게 한 것은 검찰청 5층 521호 김원치 검사실에서 남편이 검취를 받고 나오면서 전해준 옷 보따리에 그동안 세 차례에 걸쳐 전달했던 속옷을 하나도 전달받지 못하고 겉옷 두 벌만 전달해준 사실입니다. 이는 무엇을 말하는 것일까요? 분명히 남편의 속옷은 피로 물들었을 것입니다. 또한 남편의 고문 상처가 외부로 알려지는 것을 막기 위해

제가 검찰청으로 가지고 간 내의를 구치소에서만 갈아입도록 했습니다. 사람을 이렇게 악랄하게 고문하고 이런 사실을 감출 수 있는 허가 받은 폭력 깡패집단이 이 나라에 존재할 수 있단 말입니까? 도대체 치안본부 대공수사단에 이 엄청난 고문을 자행할 수 있는 권한을 누가 줄 수 있단 말입니까? 그래도 대한민국이 법치국가라고 떠드는 자는 누구입니까?

악랄한 고문을 통해서 죄를 조작하는 수사기관이야말로 폭력죄로 처단해야 합니다. 이는 저와 남편만의 고통이 아니라 민주화운동을 하고 있는 모든 이들의 고통이며 민주화를 갈망하는 모든 국민에 대한 협박이며 도전입니다.

자유를 열망하는 모든 이들에게 호소합니다. 치가 떨리는 이 고문 만행 앞에서 우리는 어떻게 할까요? 일곱 살 난 아들에게 저는 이 무서운 세상 이야기를 어떻게 설명해야 할까요?**46**

김근태의 재판은 엉터리로 진행되었다. '엉터리'라는 표현에는 재판정 밖에서, 그러니까 어용 신문과 방송에서 '김근태 죽이기' 보도를 연일 터뜨린 것까지 포함된다. 신군부는 이른바 '협조' 명목으로 신문사 사주, 편집국장을 협박하여 남영동 경찰관들의 고문 사실을 보도하지 못하게 막았다. 언론을 동원해 김근태를 좌경 용공으로 몰면서 재판은 형식적으로 진행되었다.

5공 정권은 어용 보도기관인 KBS와 연합통신을 동원해 사실을 왜곡·날조함으로써 사전에 관제여론재판을 통해 판결에 영향을 주려고 했다. 고문 사실의 일부가 세상에 알려진 뒤 KBS 등은 더욱 기승을 부리며, 고문

사실을 은폐하는 데만 혈안이 되었다. 서성 판사는 공판정에서 이 사건이 신문, 방송에 보도된 것과는 다르다고 말했다. 관제언론이 만든 편견에서 벗어나느라 무척 힘들었다는 의미의 발언이었으리라.

그러나 그것은 말뿐이고 사실은 정치군부와 관제언론에 의해 만들어지고 강요된 편견 속을 헤매었으며, 남영동에서 각색된 피 묻은 서류에 파묻혀 영원히 가라앉아버린 것이다. 서성 판사를 비롯하여 재판부 전원이 아주 깊숙이 침몰되어버린 것이다.

1심 재판부는 예단과 편견 배제의 원칙을 저버리고, 공정성을 잃어버림으로써 판결에 영향을 미쳤다.

연합통신 제공으로 반(半)강요된 기사가 각 일간 신문에 획일적으로 크게 보도되었고, 뉴스 시간에 여러 번, 거기다가 2회에 걸쳐 40여 분짜리 특집기획물까지(나 개인에 대한 것) 만들어 KBS는 방영하였다.[47]

서성 판사는 제1회 공판 때부터 방청인 수를 대폭 제한하여 민청련 회원 등의 방청을 막았으며, 그나마 허용된 방청인은 대부분 기관원으로 채우는 등 법관으로서의 기본적 양식도 지키지 않았다. 서성은 증인 심문에서도 판사의 공정성을 저버리고 유죄를 예단케 하는 도발적인 질문을 증인에게 던지곤 했다.

김근태는 부당하게 진행되는 재판과 장외에서 전개되는 언론기관의 인격 학살에 대해 하염없이 분노하면서, 공판 사이사이에 고문의 실상과 현재의 심경을 담은 '탄원서'를 썼다. 집필 허가를 신청한 지 40일 만에 간신히 허가 통지를 받았다. 그것도 일반적으로 구치소에서는 2부를 작성하는 것이 관례처럼 돼 있는데도 김근태에게는 1부만 작성하도록,

미리 쪽수가 매겨진 조서용지를 주었다. 용지는 주었지만 자신이 쓴 탄원서를 그대로 둘 리 없다고 의심하면서도 김근태는 심혈을 기울여 한 자 한 자 써 내려갔다. 그런데 예상대로였다. 애써 쓴 '탄원서'를 출정하는 시간에 누군가가 훔쳐가고 말았다. 여러 날 고심해 쓴 '탄원서'는 빼앗기고 말았지만, 마지막 부분은 생생하게 기억했다.

맨 끝으로 고문을 당하며 속으로 통곡하고 지내온 지난겨울, 이 감옥소에서 나는 애정 넘치는 수많은 학생, 그리고 버림받은 재소자들의 격려 속에서 다시 되살아났다. 그때 두 겹 비닐 창문을 때리는 북풍을 견디면서 다음과 같은 시를 되뇌고 되뇌었다.

내 귀여운 아이들아
느이들하고 놀아주지도 못하고
애비가 어디 가서 오래 못 와도
슬퍼하거나 마음이 약해져선 안 된다
외로울 때는 엄마랑 들에도 나가 보고
봄이 오는 소리를 들어봐야지
바람이 차거들랑 옷깃 잘 여며
감기 들지 않도록 조심도 하고.[48]

당당하고 준열한 최후진술

1986년 3월 16일 오전 10시, 서울형사지법 178호 법정에서 1심 공판이 열렸다. 여전히 방청인이 제한되고, 언론은 외면하거나 정부발표문만을 받아쓰는 상태였다.

김근태는 최후진술을 활용하기로 했다. 다른 기록은 훔쳐가고 날조해도 법정의 최후진술만은 기록으로 남는다는 것을 알고 있었다. 그리고 정치군부의 하수인이 된 법원이 양심껏, 소신껏 판결을 할 수 없다는 것을 알기에, 긴 감옥살이를 각오하면서 당당하게, 준열하게 진술했다. 결기 넘치는 진술이었다. 주요 부문을 발췌한다.

한 개인, 한 인간은 정치군부의 폭력적 탄압에 굴복하고 좌절할 수도 있다. 본인은 체포된 이래 수많은 굴종을 강요당했다. 두 무릎을 꿇고 살려달라고, 아니 고통 없이 죽여달라고 빌기도 했다. 그리고 조그마한 저항이라도 포기하지 않으면 또다시 저들에게 고문을 당했다. 그러나 지금 본인은 수많은 사람들의 격려가 있기에 다시 민주화 대열에 한 사람으로서 참여할 것을 결심하고 있다.

정치군부는 이른바 국가안보를 운위할 자격이 없다. 자신들의 특권 유지와 정치적 야심을 충족시키기 위해 서부전선을 비운 채 서울로 진격했으며, 국민의 군대의 보안을 유지해야 될 보안사령부가 국민을 탄압하고 민주적 질서를 기본적으로 훼손시키는 장치로 기여한 이상, 정치군부가 오늘날 국가안보를 위해 일한다는 것은 있을 수 없는 일이다. 또한 정치군부는 헌정질서를 얘기할 자격이 없다. 참모총장 공관과 국방부에 총질을

하여 민주적 기본질서를 기본적으로 유린한 자들이 얘기하는 헌정질서
라는 것은 근원적으로 정치군부의 특권에 대한 보호를, 정치군부에 대한
이의제기를 짓밟고 오직 굴종, 폭력적 탄압을 합법화시키고자 하는 하나
의 정치적 언어에 불과한 것이다.

정치군부는 이른바 법의 지배와 폭력적 파괴를 비난할 자격이 없다.
1980년 5·17 이후 저 광주에서 빈손, 맨주먹과 맨가슴의 무고하고 선량
한 시민들에게 총칼을 겨누고 총탄을 퍼부은 자들이 어떻게 법과 평화의
지배를 애기할 수 있겠는가?

정치군부는 민생의 문제나 경제건설 문제를 말할 자격이 없다. 1979년
12·12, 1980년 5·17 이후 현 정치군부는 전대미문의 권력형 부정부패
를 점철시켜왔고, 이른바 장영자 사건을 비롯한 수많은 부정부패 속에 휩
싸여왔으며, 이외에도 갖가지 소문과 풍설 속에서 얼마나 많은 반민중적
인 작태가 진행되었는가를 우리는 잘 알고 있다. 이러한 자들이 민생문제
와 경제건설을 위해서 민주화를 유예하고 연기해야 된다는 말을 할 자격
은 없는 것이다.

정치군부는 민주화운동에 대한 폭력적 탄압을 중지해야만 한다. 민주화
운동은 소수 개인 몇 사람에 의해서 조속히 끝내는 것이 아닌 이 시대의
올바른 방향일 뿐 아니라, 이러한 운동을 더욱 격화시키고 자극하는 것이
야말로 바로 정치군부이기 때문이다.

정치군부는 이제 본래 자기 집으로, 군대로 병영으로 돌아가야 한다. 민
주화의 최소한도의 필요조건은 군부의 정치적 중립화다. 그리고 그것을
통해서 민간권력의 창출이 요청되는 것이다. 정치군부가 자기의 특권적
이해관계를 계속 주장하는 한 이러한 자신의 본래의 집으로 돌아가는 것

을 거부하게 되는 것이고 지금까지 그래왔던 것이다. 바로 이것이 우리 사회 모든 혼란의 가장 중심적 원인이 되고 있는 것이다.

정치군부는 더 이상 국민의 군대를 출동시켜서, 이른바 지휘계통을 발동시켜서 국민의 뜨거운 민주화 열정을 그리고 국민의 붉은 가슴에, 빈 가슴에 총칼을 겨누는 만행을 저질러서는 안 된다. 국민의 군대는 국민의 생명과 안전과 자유를 지키는 군대이다. 그리고 군대의 대부분의 구성원은 정치군부가 아니라 국민의 형제자매들로 구성되어 있다. 또다시 국민의 군대를 출동시켜서 국민의 맨가슴에 적대행위를 명령한다면 군대는 복종하지 않고 저항할 것이 명백하기 때문이다.

이제 우리 모두 민주화의 실현을 위해 용기를 내어 결단해야 할 때이다. 우리는 민주화의 실현을 위해 '나는 오늘 무엇을 하였으며, 내일은 무엇을 할 것인가'를 모두 다시 반성해야 되고 이러한 민주화 실현에 그 누구도 면제되고 제외될 수는 없는 것이다.

민주화가 이룩되는 날 우리는 "나는 민주화를 위해서 무엇을 했는가! 당신은 민주화를 위해서 무엇을 했는가!"를 서로 반문하고 확인해야 한다고 생각한다.

1945년, 해방이 된 사회에서 어느 친일도배는 "잔악한 일제 치하에서 일제에 부역하지 않은 사람이 그 누가 있느냐?"고 얘기했는데, 민주화가 실현되는 날 우리는 이러한 의문과 이의를 제기하는 사람을 용납해서는 안 된다. 지금 우리는 결단하고 실천할 시점에 다다른 것이다. 먼저 우리는 단순한 심정적 이해와 동조의 차원에 머물러서는 안 되고 이 모두가 우리의 의무, 책무여야 한다는 시각에서 국민 모두는 실천대열에 나서야 한다. 본인은 체포된 이후 수많은 사람들로부터 "우리가 무슨 힘이 있습니까? 그저 시켜서 하는 거죠. 밥을 먹고 살려니까 이렇게 할 수밖에 없었습니다. 우리의 고충을 이해해주십시오"라는 등의 얘기를 들었다. 바로 그런 속에서 정치군부는 자신의 이익과 이해를 관철시켰던 것이다. 더 이상 그러한 얘기가 나오는 사회가 되어서는 안 될 것이다.

국민 각계각층에서 각자 자기 있는 곳에서 정치군부의 퇴진과 민주제 개헌을 위한 조직과 선전에 참여해야 한다. 민주화는 몇몇 전위대열에 선 운동가에게 돌아가는 게 아니라 모두의 자유와 안전을 획득하는 길이므로 모두의 의무이며, 운동과 조직에의 참여가 유일한 길이다.

이런 과정에서 생기는 불행과 고통에 대해 서로 격려하여 낙오되지 않게 해야 한다. 구치소에 많은 사람이 투옥되어 있는데 앞으로 전국의 교도소가 민주화운동의 참여자로 가득 찰지도 모르며 가득 차는 날 민주화가 실현될지도 모른다. 우리는 결단하고 일어서야 한다.

끝으로 미국 행정부가 1980년 5월의 과오를 다시 되풀이하지 않도록 경고를 보내야 한다. 1980년 5월의 미국의 정책은 명백한 과오이며 우리 사회 민주화 실현을 저해하는 일이었음을 전달하고 미국에 있는 양심적 인사들과 연대, 지원하여 공통의 목표 실현을 확인해야 한다.

이제 본인은 징역을 산다. 높은 담과 부자유, 징역의 외로움과 슬픔을 뚫으며 살 것이다. 쇠창살 너머 하늘의 별에서 윤동주 시인의 눈물을 만나며 이 징역을 살 것이다. 1985년 9월 정치군부의 고문으로 인한 마음의 상처를 달래며 회복하는 과정으로서 징역을 살 것이다. 1980년 5월 부릅뜬 눈으로 정치군부의 총칼에 의해 아스팔트에 쓰러졌던 망월동 시민들의 원혼의 통곡 소리를 들으며 징역을 살 것이다. 이 징역 속에서 민주화의 그날을 꿈꾸며 징역을 깨면서 살 것이다.[49]

김근태의 정연한 논리와 감동적인 진술은 그러나 군부정권의 하수인격인 판·검사들에게는 우이독경이 되었다. 그들은 이 같은 진술이 언론에 보도되지 않을 것이고 따라서 국민이 알 수 없으리라는 걸 누구보다도 잘 알고 있었다. 그래서 이 순간만 넘기면 책임을 면하고, 승진도 가능하다는 것을 경험으로 체득하고 있었다.

서성 판사는 김근태에게 국보법과 집시법 위반으로 징역 7년, 자격정지 6년을 선고했다. 판사는 "승진은 따놓은 당상이군", "창피한 줄 아시오"라는 방청석의 야유를 귓전에 흘리면서 총총 자리를 떴다.

판사의 유죄판결 이유 중에는 모리스 돕의 『자본주의의 과거와 현재』를 갖고 있었다는 것도 포함되었다. 이 책이 자본주의를 부정하고 사회주의를 지향한다는 터무니없는 주장이었다. 더욱 놀라운 일은 검찰이 내외문제연구소라는 관변단체의 김영학에게 이 책의 감정을 의뢰하고, 그의 감정서를 바탕으로 유죄판결을 내렸다는 점이다. 김영학은 돕의 주저인 『정치경제학과 자본주의』, 『자본주의 발전연구』 등의 책 이름조차 잘 모르는 사람이었다고 한다. 20세기 후반기 대명천지 밝은 세상에서, 돕의 저서를 가지고 있었다는 이유로 국보법 위반으로 처벌되는 나라가 바로 한국이었다. 모리스 돕은 영국의 경제학자로 이론경제학, 경제사, 사회주의 경제학, 후진국 문제 등 다방면에 걸친 저작을 발표한 세계적 학자다.

김근태는 항소심을 거쳐 5년 장기수가 되어 서울구치소에서 수형 생활에 들어갔다. 전두환 군부독재가 마지막 독기를 뿜어내는 1986년 봄이었다. 김근태는 인간도살장 남영동에서 풀려나 서울구치소에 수감될 때, 지옥에서 천국으로 돌아온 것 같은 기분이었다. 그리고 설마 5년 장기수가 될 줄은 꿈에도 상상하지 못했다. 그때 인왕산 언덕배기에 피어 있는 노랑 개나리와 검붉은 진달래를 바라보면서 그는 감상에 젖었다. 그는 서정시인이었다.

얕은 골짜기 여기저기 띄엄띄엄 응달진 곳에 붉은 얼룩이 보인다. 노랑 천지 속에 얼핏 보이는 저것은, 불그스레한 그 번짐은 무엇일까. 이제는 까맣게 멀어져간 4월의 함성이 이 봄에 슬그머니 되살아나고 있는가. 부릅뜬 눈으로 아직은 절대로 잠들 수 없는 피맺힌 5월이, 아스팔트에 낭자하게 쏟아졌던 피, 그 피가 은연중 배어나고 있는가. 아니면 작년 9월, 아! 그 남영동에서 내가 토해냈던 울부짖음의 파편이 튀어서 저리 붉게 피어나는가. 물고문에, 불고문에 바스러졌던 내 넋의 한 조각이 다시 새롭게 물올라 한 무더기 진달래로 피었는가.[50]

김근태의 고문 폭로는 전체 민주화운동권이 노선을 초월하여 정부의 용공조작에 맞서 재결집하게 되고 더욱 강력한 투쟁에 나서는 계기가 되었다. 그가 재판을 거쳐 서울구치소에서 수형 생활에 들어간 시기를 전후하여 한국 사회는 5공 파쇼정권 타도를 위한 저항운동이 거세게 전개되었다. 그가 어떻게 생각했든, 김근태가 뿌린 민주화의 씨앗이 청년·학생들을 움직이게 하는 데 큰 역할을 한 것은 틀림없는 사실이다.

1985년 5월 23일 민족통일·민주쟁취·민중해방투쟁위원회(삼민투위)가 결성되고, 6월 24일 효성물산·가리봉전자·선일섬유 등 구로지역 민주노조들의 동맹파업에 이어, 11월 4일 서울대 등 시내 7개 대학생 14명의 주한 미상공회의소 점거농성, 11월 18일 14개 대학생

191명의 민정당 중앙정치연수원 점거농성, 12월 12일 민주화실천가족운동협의회(민가협) 결성, 1986년 2월 12일 신민당과 민추협 대통령직선제 개헌 1천만 명 서명운동 돌입, 2월 26일 서울대생들 졸업식장 집단퇴장, 3월 17일 박영진 열사 분신, 3월 29일 구국학생연맹 결성, 4월 28일 이재호·김세진 열사 분신, 5월 3일 인천항쟁, 5월 10일 교육민주화선언 등 파쇼 정권을 타도하기 위한 민중의 저항이 들불처럼 전개되었는데, 그 무렵, 즉 6월 4일 터진 부천서 권인숙 양 성고문 사건은 파쇼 정권의 만행이 극에 달했음을 알리면서 들불처럼 번지는 저항에 기름을 붓는 사건이 되고 말았다.

전두환 정권은 막장으로 치달았다. 5공 정권이 자행한 인권유린의 한 상징이 된 부천서 성고문 사건은 '남은 자'들에게도 큰 충격을 주고, 직장인과 가정주부들까지 분노의 대열에 참여하게 만드는 계기가 되었다.

1986년 인천 5·3항쟁 이후 반독재 민주화운동 진영은 다양한 종류의 헌법개정 투쟁을 대중적으로 전개하기 시작하였다. 이에 정부는 정권안보 차원에서 경찰력을 동원하여 5·3항쟁의 배후를 색출하는 데 주력하였는데, 이를 위해 구속·수배·고문 등을 자행하였다.

서울대 의류학과 출신의 권인숙은 1986년 6월 4일 부천경찰서에 연행되었다. 조사관들은 권인숙에게 공문서위조 혐의 외에 인천 5·3항쟁 관련 수배자들에 대한 정보를 얻고자 하였다. 문귀동 형사는 권인숙을 수사계 수사실로 데리고 가 6월 6일과 7일에 걸쳐 조사를 하였다. 그 과정에서 문귀동은 협박과 공갈에 이어 성고문까지 자행하였다.[51]

비교적 완곡하게 기술한 내용이지만, 이날 문귀동은 용납할 수 없는 성고문을 자행했다. 5공 수뇌부의 도덕적·정치적 타락상이 일선 경찰에 의해 여과 없이 자행된 것이다. 이들은 남영동의 고문기술자들과 한통속인 타락 정권의 하수인들이었다. 권인숙은 교도소 면회 과정을 통해 성고문 사실을 외부에 알리고, 이는 곧 사회 문제로 비화되었다.

이에 대해 검찰은 성고문 사실을 부정하면서 "운동권이 마침내 성까지 혁명의 도구화하고 있다"고 비난했다. 타락한 경찰관들의 악행도 문제지만, 이를 은폐하면서 민주화운동 세력을 매도하는 검찰의 언동에 국민은 더욱 분개했다.

감옥에서 부른 〈사랑의 미로〉

김근태는 서울구치소 병사 10호실에 수감되어 항소심 재판을 받으면서 1986년 1월 26일 부인 인재근에게 처음으로 편지를 썼다. 검열 때문에 깊은 속내는 털어놓을 수 없었지만, 혹독한 시련 속에서도 어느 정도 정신적 안정을 찾아가고 있었다.

'간다 간다 나는 간다'는 그 구절이 가슴을 치는구려. 오는 곳이 아니라 여기는 가는 곳이 틀림없소. 잿빛 그늘 속으로 점점이 사라져가는 그런 입구인 것처럼도 생각되고 말이오. 사람들의 가슴 가슴에는 한숨과 눈물이 그렁그렁 쌓이고, 치밀어 오르는 목메임 때문에 목을 가누는 것이 어색한 것 같구려. 하지만 저녁식사 후가 되면 별안간 활발해진다오.

다가오는 어스름 속에서 용기도 생기고 목청을 조용히 뽑아 흥얼거리는 노랫소리들로 생기가 살아난다오. 야릇한 흥분이 울려 퍼지는 것 같다오. 그런 분위기 속에서 요새 대중가요를 익히느라고 제법 바쁘다오. 특히 〈사랑의 미로〉라는 노래는 이제 수준급에 올라섰는데 이걸 들려줄 기회가 없어 섭섭한 마음이 생기는구려.[52]

김근태는 당시 한창 유행하던 대중가요 〈사랑의 미로〉를 흥얼대면서 아내를 생각하는 연모의 마음을 담았다. 더불어 결기를 보이다.

이제 나는 다시 일어나 걸어갈 채비를 해나가고 있는 중이오.
당신의 격려가 큰 힘이 되었구려. 9월 말 그때 기적 같은 만남이 나를 다시 일어서게 한 것이오. 그 후 당신의 노고 가히 짐작이 되오. 때로는 허둥지둥도 했을 것이지만 훌륭히 견뎌낸 것이오.[53]

서울구치소 검열관은 김근태의 옥중서한 중 "이제 나는 다시 일어나 걸어갈 채비를 해나가고 있는 중이오"를 건강을 회복하여 다시 걷게 되었다는 의미로 '오독'하고 그대로 내보냈다.

이 대목은 건강상의 표현이기도 하지만 김근태의 강력한 의지가 담긴 표현이었다. 양심수들은 이런 식으로 자신의 뜻을 표현할 수밖에 없었다. 김근태의 이런 뜻을 헤아린 민청련은 1987년 9월 그의 고문 실상과 옥중 기록을 묶어 책으로 내면서 『이제 다시 일어나』를 제목으로 뽑았다.

김근태는 최진희가 불러 히트한 〈사랑의 미로〉를 열심히 연습해 마침 생일날 면회를 온 아내에게 접견실에서 생일선물로 이 노래를 불러주었다. 외국의 경우는 몰라도 한국에서 양심수가 아내의 생일선물로 노래를 불러준 경우는 이때가 처음이 아닐까 싶다. 뒷날 한 인터뷰에서 김근태 부부는 당시의 상황을 다음과 같이 회고했다.

> **김근태** 이근안 씨한테 고문을 받고 굉장히 충격을 받았어요. 윤동주가 이렇게 해서 옥사를 했구나, 하는 생각이 들더군요. 나는 시인도 아니고 여기서 옥사하면 안 되겠다 하는 마음을 가지며 중심을 잡았지요. 아내에게 "나 지금 괜찮다. 흔들리지 않는다"는 메시지를 전달하고 싶어 노래를 연습했습니다. 그 노래가 약간 트로트 비슷해서 나한테는 통 안 맞는데 그땐 그게 기분이 또 맞더라고요. 인재근은 깔깔대고 웃고……
>
> **인재근** 그때는 울면 안 되겠다는 생각에 억지로 참았어요. 노래도 못하면서 노래 선물을 한다고 그러냐면서……[54]

옥살이를 하는 사람이 다 그렇듯이 가족 면회와 편지 그리고 한 달에 한 번씩이지만 봉함엽서에 편지 쓰는 것이 그나마 행복한 순간이다. 김근태는 3월 11일 서울구치소에서 두 번째로 부인에게 편지를 썼다.

내가 있었던, 또 지금 내가 있는 방들은 정신질환자들을 수용하는 곳이었소. 앞뒤의 창들은 비닐로, 아스테이지로 완전히 밀봉되어 있었소. 쪼그만 구멍들이 뻥뻥 뚫린 철판을 대 어두컴컴했었소. 바깥에서 이 안을 들여다보는 것은 상당한 주의력을 집중해야 가능한 일이었고 뭔가 혐오감을 불러일으키는 분위기였소. 그 안에는 흉측스런 것이 갇혀 있어야 마땅한 일이었소. 경멸받아 마땅한 존재로서 말이오.

작년 9월 말 처음 이곳에 내던져졌을 때 난 이러한 것에 흥미나 관심을 전혀 갖지 않았다오. 아니 주의를 가질 기력이 나에게는 남아 있지 않았다오. 오직 필요한 것은 컴컴한 짙은 어둠과 외부의 모든 자극으로부터의 차단 그것이었다오. 직접적이고 노골적인 폭력과 그로 인한 고통으로부터는 어느 정도 비켜설 수 있게 된 것이었으나, 더욱 깊어져가는 마음의 상처, 나는 그것을 감당할 수가 없었던 것이오.

그냥 정신적 위기라고 하기에는 너무 절박하였소. 어떤 와해, 버텨가는 것의 종착역에 이르러 가고 있었다고 하는 편이 보다 정확할 것이오. 나는 내가 이제 황폐함 속으로 밀려 떨어져 쓰러지겠구나, 이러한 것을 뻔히 들여다보면서도 속수무책이었던 것이오. 몸과 마음에 깊은 상처를 입어 무너져 내리는 곰 같은 신세였소.

컴컴한 동굴 속에 자리를 차지하고 한편으로는 굴 입구에 나타날 수상쩍은 적을 경계하면서 상처가 아물도록 자꾸 혀를 핥는 것이었다오. 그러나 나는 안심이 되지 않아 이불 속으로 이불 속의 컴컴함으로 더욱 기어 들어갔다오. 「오감도」 속의 이상(李箱)처럼 나는 점점 이상해져 갔다오. 아, 나는 이때 정말 누군가의 체온 그것을 갈망하였다오. 인간의 목소리, 사랑이 담긴 그 눈빛을 나는 고대하였던 것이오.[55]

김근태는 이 편지 말미에서 감옥 안 마루 밑바닥에서 들려오는 쥐들의 '사랑의 언어'에서, 자신의 "가슴에 다시 생명의 불씨를 살리게 된 것은 이성이 아니고 사랑의 눈빛과 목소리"였음을 확인했다고 썼다.

네 번째 편지는 3월 20일 역시 서울구치소에서 쓴 것이다. 이날은 온

종일 비가 오고, 빗속에 우박이 섞여 쏟아졌다. 김근태는 이날의 편지 제목을 '겸재(謙齋)를 생각하며'라고 달았다. 조선 시대 화가 겸재 정선(鄭敾, 1676~1759)은 사실주의 기법으로 한국의 산수화를 즐겨 그렸다.

김근태는 눈비 오는 날 감옥에서 왜 겸재를 떠올리며 아내에게 편지를 썼을까.

거리에 캐럴 울릴 때쯤이었을까. 눈 덮인 산 그 아래 뾰족 첨탑 보이고 사슴이 끄는 썰매 탄 산타 할아버지 눈에 어른거렸네. 언제부턴가 생활 속으로 슬쩍 들어와 버린 카드 속 그림 닮은 그런 산, 그런 건물, 썰매, 그런 아이들 상상하였네.
난 그만 실소하고 말았지. 감수성이란 이런 것이구나 하고. 꿈속에서도 그리워하는 로렐라이 언덕, 하이델베르크 대학 앞 어디쯤 있을 황태자 첫사랑의 그 맥주집에 몸살 나는 이 시대 교양인들. 브로드웨이와 할리우드에 몸 자지러지는 저 대중들. 그중에 하나일까, 나도. 겸재(謙齋) 생각했지, 부끄러워하면서.[56]

김근태는 조선 시대의 지식인들이 중국적 봉건질서에 예속되어 화가는 상상 속의 중국의 산과 강을, 그리고 식자들은 공맹(孔孟)의 길에서 허우적거릴 때, 펄펄 살아 뛰는 우리 강산을 유려한 필치로 그린 화가 겸재를 그리워했다.

오늘은 어떤가. 혹시 진서 대신 원서가, 한문 대신 영어가, 중국 대신 서양이 또 그 역할을 해내고 있는 것 아닐까. 꼬부랑 관념과 감수성, 글씨 몇

개 아는 지식인들 지배계층에 끼어들고 그렇게 제도화되어 있고, 그 아랫사람들 열심히 흉내 내고, 흉내 바람은 사회적 강제가 되고, 분명하지 않은가 말이여.

여기에 끼지 못하는 건 처벌이고 소외인 거야. 세련됨, 모던함을 소유하고 즐기는 것, 그러기 위한 훈련, 학습, 교양 가지려고, 한마디로 간판 따려고 우리 모두 서둘러 왔던 것 같지. 서양의 문화, 문물, 예술 모두 암암리에 보편적인 것 되고, 특히 진정한 그 내용이나 진리가 아니라 단편적 사실. 어떤 형식이나 약간의 흉내가 오히려 기승 부려 진짜 인류의 보편적 발전 방향은 목 졸라버리는 것 같고, 그것으로써 우리 자신의 주체성과 주인의식은 잊어버려 민족 허무주의에 빠지게 만들고, 인간성 구현을 위한 발전 방향과 진리는 서양의 특수한 것이라고 매도해버리고, 역사는 반복할 것인가.

수치스럽게도 소중화(小中華)로 자부하며 더욱 중국적이었던 조선, 또다시 개명한 20세기 후반에 우리는 자신을 서양보다 더욱 서양적으로 만들어버릴 것인가. 진리 냄새 피우는 한 글자 한 글자 붙들고 부들부들 떠는 위대한 지도자들이 등장한 이 시대에.[57]

김근태의 이 서한은 그의 세계관 또는 인생관을 가늠하게 하는 내용을 담고 있다. 검열자의 시선을 감안하면서 쓴 것임을 생각하면, 운동가·투사 김근태의 깊은 내면의 일단을 살피게 한다. 주인의식을 상실한 채 '민족 허무주의'에 빠진 지식인들을 김근태는 조선 시대 식자들과 비교하고 있다.

재판에 임하면서 참 묘한 느낌이 들었다오. 그중에 하나가 판검사, 변호사들과 만났을 때 나도 지식인의 한 사람으로서 서로 동류임을 인정하는 분위기가 있었지. 말씨나 절차 그것에서도 상호 느낄 수 있었고 말이오. 물론 서 있는 입장이 다르면서도.

우린 한국 사회의 지배계층임을 아니 적어도 상류계층임을 암암리에 인정하고 있는 것 같았소. 그러다가 구치소로 돌아와 특히 자신의 감방에 들어가 갇힐 때면 최하 천민계층으로 급락하는 것이었소. 부자유 그건 능멸 받아 마땅한 것이오. 옛날 노예가 살아 있는 도구라고 짓밟혔던 그림자가 아직도 여기에 살아 있는 거요. 여하튼 이런 차이를 반복하여 느끼면서 나는 사실 꽤 당황하였다오. 정서적으로 묘한 혼란도 오고, 특별한 대우를 받고 싶어 하는 얄팍한 마음도 생기고 말이오. 자꾸 설명하고 싶어지고, 이것 모두 쓰잘 데 없는 것임을 잘 알면서도 말이오.[58]

일곱 살 아들의 편지

김근태가 1986년 5월에 쓴 이 편지는 일곱 살짜리 아들 병준이 크레용으로 써 보낸 '우리 아버지'를 들여다보다가, 문득 자신의 아버지를 그리면서 쓴 글이다. 김근태의 아버지는 여느 아버지들처럼 초라하고 소심한 분이었다. 어릴 적에 아버지가 3·1운동 당시 읍내 시장에는 못 나가고 뒷동산에 올라가 혼자 만세를 불렀다는 말을 듣고는 심약한 아버지를 원망하기도 했었다. 이제 마흔을 눈앞에 두고 감옥에 앉아서 20년 전에 떠난 아버지의 그 따뜻했던 품속을 그리워하며, 아버지를 원망했던 자신의 철부지 같은 마음을 자책한다.

20년 동안이나 아득히 먼 곳으로 떠나가셨던 우리 아버지가 바람이 거칠게 불고 해가 벌겋게 공중에 떠 있던 어제 나에게 되돌아오고 계셨다오. 아니 벌써 되돌아오고 있었던 우리 아버지를, 그 삶의 고뇌를 똑똑히 보게 된 것일 게야. 고난과 치욕의 이 겨레 20세기의 한 귀퉁이에서 당신에게 몰아쳐 왔던 그 절망과 부담에 짓눌려 겁먹은 채 살아가셨겠지. 버티느라고 부르르 부르르 떠시면서 말이오. 버티는 것이 힘겨워 몸에 늘 미열이 있었던 것은 아니었을까. 당신과 당신의 자식들을 가려주느라고 속으로 미열을 내며 앓으셨던 그런 삶이었을 거요.[59]

김근태는 작고한 아버지를 그리면서 일곱 살 난 아들과 네 살짜리 딸(병민)의 모습을 떠올렸다. 일제강점기의 독립운동가 가족이나, 해방 뒤 군사독재정권 시대의 민주화·통일운동가의 가족은 매한가지였다. 일제 때는 '불령선인'으로 지목되어 온갖 감시와 주위의 따가운 시선을 받아야 했고, 해방 뒤 오늘에 이르기까지는 '좌경·용공·간첩·종북'으로 색칠당해 온전한 사회생활을 할 수 없었다. 김근태의 딸 병민은 1982년에 태어났다.

난 사실 병준이, 병민이 아버지여야 하는 것에 은근히 겁을 내고 있는 것 같소. 그저 휘청거리면서 버텨 나가는 이 모습에서 어떤 것을 그 애들은 배우게 되고 흉내 내게 될 것인지 말이오. 혹시 별 볼일 없는 삶이구나, 우리 아버지는, 하며 실망할지 모르는 것도 조바심칠 일이지만, 그 애들

가슴에 맺힐지 모르는 상처들, 검은 그림자들의 드리움, 그것이 걱정이
된다오.

그러나 병준이 엄마의 따순 사랑을 보면서 나는 안심을 하지. 애들이 그
속에서 몰아쳐 올지 모르는 어떤 것도 견뎌낼 것을 나는 믿는 것이오. 그
러고도 어떻게 할 수 없는 것은 또 그 애들 자신의 삶으로 생명력으로 살
아갈 수밖에 없는 일이겠지요.[60]

김근태는 1986년 6월 영등포구치소로 이감되었다. 양심수들, 특히
권력이 이른바 '국사범'으로 지목한 수인들은 감옥을 자주 옮긴다. 그
들의 용어대로 '불순분자'들과 차단하기 위해서이고, 또 자주 이감을
시켜서 '신참'으로 고통을 받게 하려는 것이기도 하다.

김근태가 서울구치소에서 이감하는 6월 3일 같은 병동에 수감되었
던 문익환 목사는 면회 온 인재근에게 쪽지 하나를 은밀히 전했다. 다
음의 시였다.

근태가 살던 방이란다

근태가 살던 방이란다
밤새 죽은 듯이 쓰러져 있다가
아침이면 꿈틀꿈틀 일어나 앉아
눈을 빛내던 방이란다.
해파리처럼 풀어진 몸
인재근의 고운 얼굴 아른거리지 않았으면

문익환 목사와 함께.

물거품처럼 아주 풀어졌을 몸으로
죽음을 깔아뭉개어 되살아난
근태의 방이란다.

민주주의의 손톱 끝에만은 남아 있어
곤두박히는 허무 나락을 쥐어뜯으며 솟구친
서울구치소 병사 10호실 근태의 방이란다.

1986년 5월 31일 토요일 근태를 이감시키고
그의 흔적을 지우려고 벽돌을 새로 페인트칠을 했단다.
그러나 어쩌리오 창문 틈에 남아 있는 근태의 손톱 자국을
철창에서 풍겨오는 그의 입김을

푸른 하늘에서 우뚝 솟아나는

근태의 웃는 얼굴을.

눈만 감으면 나는 바람으로 풀어져 신나게 펄럭인다.

근태가 휘두르던 민중의 깃발, 승리의 깃발로.[61]

영등포구치소에서 다시 '신참'이 된 김근태는 또 새로운 환경에 적응하느라 한여름 뙤약볕에서 두 겹의 옥고를 치렀다. 초등학교 다닐 때 아버지의 잦은 전근으로 심리적 안정을 찾기 어려웠던 그에게 사십줄을 바라보는 나이에 수인이 되어 겪는 잦은 이감은 또 다른 고통이었다.

자유의 박탈, 역사의 소명

미국 프린스턴 신학대학과 샌프란시스코 신학대학 등에서 교수를 지낸 제임스 에머슨은 고통과 고난을 분리해야 한다고 역설한다. 고통은 피하려면 피할 수 있지만, 고난은 스스로 선택하기 때문이라는 이유다. "옳은 일을 위해 감옥에 가는 일"은 피할 수 있는데도 받아들이는 고난이라는 뜻이다.[62]

김근태는 결코 고난을 피하려 하지 않았다. 현대사의 아픔, 통증을 자신과 역사·민중의 통증으로 받아들이면서, 이를 피하지 않고 민주화의 전위가 되었다. 무더위 속에서 옥살이를 하면서 아내와 지인들이 보내준 책을 열심히 읽었다. 옥살이의 시간이 더해갈수록 내면의 깊이도 그만큼 웅숭깊어졌다.

영등포구치소에서 6월 19일 처음으로 어린 아들과 딸에게 편지를 썼다. 아빠 없이도 무럭무럭 자라는 아이들이 대견하고 애비 역할을 다하지 못하는 현실이 안타까웠다. 아이들에게 편지를 쓸 때는 그도 평범한 아버지였다.

병준아, 병민아 잘 있었니.

오랫동안 너희들에게 소식을 전하지 못했구나. 아버지는 이사를 하였고, 유난히 마음 상하는 일이 있어 그렇게 되었단다. 우리 병준이, 병민이가 씩씩하게 자라는 것은 엄마가 보내주는 편지를 통해서 아주 잘 알고 있다. 특히 엄마 편지와 함께 날아온 너희들의 그림을 재미있게 들여다본단다. 엄마, 아빠를 그린 병준이 그림, 병민이 그림 모두 잘 그렸고, 글씨도 잘 쓰는구나.

병준아. 학교 마당에서 뛰어노는 아이들, 놀이터에서 노는 아이들을 그린 네 그림 속에서 금방 병준이가 "아버지!" 하면서 뛰어나올 것 같구나. 학교생활이 신나고, 동무들과 사이좋게 지내는 모습이 그 그림에 배어 있구나. 하늘에는 해가 환하게 웃고 있고 말이다.[63]

이어지는 다음의 내용을 보면 평범한 30대 후반의 부정(父情)을 흠뻑 느끼게 된다.

병민아, 역곡 일두 아파트 뒤에 있던 약수터 기억하고 있니? 거기에 네 손을 잡고 노래 부르면서 오빠, 엄마와 함께 갔던 것 나는 그리워한단다. 약수터 가는 논길에서는 개골개골 개구리 소리가 병민이를 반겨주었고, 앞쪽 산 숲에서는 뻐꾸기가 뻐꾹, 뻐어꾹 하고 울어댔었지. 아버지가 병민이한테 가는 날 우리 모두 뻐꾹, 뻐어꾹 소리 내면서 다시 한 번 약수터에 가자. 그래서 개구리도 만나고 뻐꾸기도 만나고 말이다.[64]

김근태는 이 해 8월 다시 강릉교도소로 이감되었다. 계속하여 고통을 주려는 당국의 뜨거운 '배려'였다. 시국이 점차 가열되면서 전두환 정권은 운동권의 '발화체'를 가급적 먼 지역으로 격리시키려고 갖은 꼼수를 다 부렸다.

8월 28일 모처럼 부인에게 편지를 썼다. 자신이 결코 약하지 않은 사람이라면서도 "매 맞고, 갇히고, 모욕당하는 것은 정말 쉽지 않은 거요. 피할 수 있다면 모든 수단과 평계를 대서 모면하는 것이 인간의 심정일 것"이라 토로한다.

김근태가 믿는 예수는 십자가 위에서 "나의 하나님 나의 하나님 어찌하여 나를 버리셨나이까"라는 질문을 던지고, "그러나 나의 원대로 마시옵고 아버지의 원대로 하옵소서" 하고 고난을 거부하지 않았다. 김근태 역시 고난을 피할 수 있으면 피하고 싶었지만, 그것이 하나님의 뜻이고, 역사의 소명이라면 거부하지 않겠다고 다짐한 것이다.

아, 고백 그것이 필요한 것 같소. 우리들의 망설임과 흔들림, 나는 고백할 수밖에 없는 것이오. 치욕스런 굴종을 강제당할 때, "아니요" 하면서 고개를 바짝 쳐드는 것은 확실히 어렵고 두려운 일이오. 하지만 노예에의 길에 대한 거부의 대가로 틀림없이 찾아드는 매 맞고 짓밟힘, 자유의 박탈, 이것은 속병 들게 하는 것이고 한이 맺히게 하는 것이오. 이 갈구, 이 목마름은 그 박탈에서 오는 것이 아니겠소.

우리네 목마름과 외로움은 너무 깊어서 아무리 단단히 결심을 해도 일단 자유의 냄새가 한번 풍겨지면 송두리째 흔들려버리고 말 것이지요. 위로 또한 있어야 새롭게 다시 시작할 수 있을 게요. 매 맞고 갇힌 자들이 남은 자들 되어 꿈을 깊게 꿀 수 있는 것은 이런 고뇌와 흔들림 속에서만 가능하다고 믿는다오.[65]

김근태는 외롭고 고통이 심하여 마음이 흔들릴 때면 일제강점기 어려웠던 시기에 고통을 감내하며 고난의 길을 마다하지 않았던 독립운동가들을 떠올렸다. 그리고 현실로 돌아와 젊은 학생들의 통곡 소리에 '다시 일어서는' 용기를 찾곤 했다.

저 30년대 일본 제국주의가 더욱 강성해지고 운동가들 일부가 대열에서 교묘한 논리로 이탈하고 일반 대중은 체념 속에서 일상생활로 매몰되어 가던 그 시기는 우리 민족에겐 아주 깜깜한 어둠이었을 게요. 그런 어둠 속에서도 일제와 강경하게 싸워나갔던 민족해방운동가의 맘은 어땠을까 상상해보면 내 숨이 막혀버리는 것처럼 답답해지는 것이오.

그런 자랑스러운 선조, 선배 동지들이 있었기에 그래도 오늘의 우리가 있을 수 있는 것이오. 나는 이렇게 생각한다오. 그분들은 역사발전법칙에 대한 명확한 파악과 분석을 했을 것이오. 그 위에 고뇌의 슬픔 속에서도 꺼지지 않는 신념, 흔들림 속에서도 결국 한 발자국 앞으로 내딛는 걸음걸음이 있었을 게요. 아니 이것만이 전부라고 해서는 안 되겠지만, 이것

없는 어떤 것도 사상누각에 지나지 않는 것은 분명하지요.

내 가슴에 파이는 상처를 보면서, 나는 젊은 학생들의 통곡 소리를 듣는 것이라오. 저 소리 죽인 흐느낌 말이오. 내가 들어와 있는 것이 그들에게 위로가 되었으면 하는 맘인데, 이렇게 약한 소리만 할 수밖에 없으니 안타까워지는구려. 하지만 말이오, 이런 흔들림에 대한 고백 속에서 어김없이 다시 일어서는 것이 진정한 용기일 것이오. 이것을 굳게 믿고 싶은 바이오.[66]

김근태의 운명에는 '역마살'이 끼었는지, 1987년 2월, 이번에는 더 멀리 경주교도소로 이감되었다. '발화체'를 아주 멀리 격리시킨 데는 까닭이 있었다. 1986년 10월 28일 '전국 반외세 반독재 애국학생투쟁연합'(애학투) 결성 대회가 전국 22개 대학생 2천여 명이 참가한 가운데 건국대학교에서 거행되었다. 이때 경찰의 진입으로 1천여 명의 학생들이 교내와 옥상에서 3박4일 동안 철야농성을 벌였다. 경찰은 이른바 '황소 31 입체작전'을 벌여 1천525명을 연행했다.

검찰은 '공산혁명분자 건국대 점거난동 사건'이라며, 세계 학생운동사에 기록될 만큼 많은 수의 학생을 연행했다. 12월 5일에는 정부의 언론통제 내막을 밝히는 보도지침이 폭로되고, 1987년 1월 14일에는 서울대학생 박종철 군이 김근태가 당했던 치안본부 대공분실에서 수사관 6명에게 물고문과 전기고문을 당하다 숨졌다. 2월 7일 서울을 비롯하여 전국 16개 지역에서 '고 박종철 군 국민추도회'가 열리는 등 시국은 태풍권에 들어섰다. 박종철 열사의 추모행사, 장례, 사십구재가 잇달아 열리면서 정국은 혁명적 열기로 가득 찼다. 정부는 이런 상황에서 김근태를 서울에서 가장 먼 경주교도소로 이감시킨 것이다.

《월간 말》이 폭로한 정부의 '보도지침'에는 "김근태 관련 단체의 이적행위 관계를 꼭 1면 톱으로 쓸 것, 주모자인 김근태의 출신 배경 등 신상에 관한 기사를 꼭 박스기사로 취급할 것"을 지시하고, 관제언론들은 이를 충실히 따랐다. 그 때문에 김근태에게는 강성 이미지가 오랫동안 지워지지 않았다.

김근태는 2월 12일 부인에게 다시 편지를 썼다. 박종철 사망 소식을 듣고, 그의 아버지가 아들의 뼛가루를 임진강에 뿌렸다는 사실도 알았다.

아직도 부족하단 말인가. 이미 우리는 제2의 아르헨티나가 되어버리고 말았는가. 추악한 전쟁은 어느 틈에 시작되었는가. 우리는 적인가. 적이란 무엇인가. 그렇게 되어버렸는가.

그런데 임진강에 뿌려진 그 원통한 죽음을 저들은 어떻게 인정했는가. 나는 그것이 납득되지 않는다. 뭔가 빼도 박도 못할 사정이 있었는가. 아니면 은폐하는 뒤처리 과정에서 결정적인 실수가 있었는가. 지금은 크게 후회하는 그런 실수를 저질렀는가. 아마 그럴 것이다.

금수처럼 당하고도 또 징역을 살아야 하는 권양 그 흐느낌의 어디에 저들의 양심 같은 것이 끼일 수 있겠는가. 그것은 아니다. 분명코 아니다. 아닌 것이다.

전국에 지명수배를 받고 쫓기다가 달리는 열차에서 뛰어내려 투신자살하였다고 주장되는 우종환 서울대생, 남쪽 머언 시골 어느 야산에서 목매달아 자살했다는 청년, 죽어서 말이 없으니까 뭐라 해도 상관없는 것인

가. 그렇다면 마산 앞바다에서 풍덩 빠져 종적을 감췄다가 어느 날 갑자기 떠올라 우리 앞에 나타났던 그 청년의 시체는 도대체 어떻게 된 것인가. 애초부터 목에 시멘트 돌덩이를 스스로 매달고 뛰어들어 자살했단 말인가. 모를 일이다. 모를 일이 이것뿐이리오마는 이 수상쩍은 죽음들이야말로 진정 모를 일이다. 알 수 없는 나라인 것이다.

분노의 불길이었던 죽음, 항의의 폭탄이었던 죽음, 박영진, 이재호, 김세진 등과 거기에 수상쩍은 죽음이 겹쳐지면서 광주, 지금도 계속되고 있는 광주, 간단없이 지속되는 그것에 나는 넌덜머리가 나면서 무감각해져버리고 말았는가.[67]

김근태는 잇따른 젊은 학생들의 부음 소식에 분노하고 사지 육신이 떨렸다. 도저히 잠을 잘 수도, 밥을 먹을 수도 없었다. 그러나 갇힌 몸이라 어찌하기 어려웠다. 분노의 함성은 창살 밖으로 나가지 못했다.

김근태는 2월 22일 언 손을 입김으로 녹여가면서 김세진 군의 어머니와 아버지께 편지를 썼다. 서울대 자연대 학생회장인 김세진과 반전반핵평화옹호투쟁 위원장 이재호는 1986년 4월 28일 관악구 신림동 네거리에서 전방입소에 반대하며 가두시위를 벌이던 중 분신하여 김세진은 5월 3일, 이재호는 26일 각각 사망했다.

세진이 아버지, 어머니

이 욕된 어둠이 얼마나 더 계속될 것인지요. 그 속에서 우리는 또 얼마나 많은 젊음들을 잃어버리게 될 것인지요. 나는 그것이 두렵습니다. "접근하지 말라. 접근하지 말라"고 외쳤다는 세진이의 금속성 목소리에서 "살고 싶다 살고 싶다"라는 여운이 긴 메아리를 나는 들었던 것 같습니다. 우리는 젊은 생명을, 세진이, 재호, 영진이의 생명을 지켜내지 못했습니다. 그 젊음들이 죽음의 골짜기로 몰리는 동안 우리 어른들은 무엇을 하고 있었던 것일까요. 도저히 발뺌할 수 없는 일입니다.

세진이 아버지, 어머니. 나는 세진이, 재호가 정말로 마지막이 되기를 바랐습니다. 또 그래야 한다고 생각했습니다. 그런데 종철이의 죽음은 무엇입니까. 이 팽만한 배와 흥건하게 젖은 물은 도대체 무엇입니까. 하느님은 무엇입니까. 하느님은 어디 있습니까. 물 먹고 팽만한 배가 되어 죽어버렸거나, 잠깐 활활 타오르는 불이 되었다가 연기를 남기고 공중으로 사라져버린 것은 아닌지요.

세진이 아버지, 어머니. 세진이의 죽음 이후 두 분이 떨쳐 일어나셨다는 소식을 들었습니다. 눈물이 핑 돌면서 나는 머리를 끄덕거린 적이 있습니다. 그렇습니다. 그것뿐입니다. 그것이 세진이의 부활일뿐만 아니라, 두 분의 새 생명, 우리 모두가 거듭날 수 있는 유일한 길임을 나는 믿기 때문입니다. 이소선 어머니에게서 우리는 그 모습을 이미 본 적이 있습니다.

세진이 아버지, 어머니!

우리는 두 분의 일어섬을 기뻐합니다. 사망의 세계를 떨치고 일어선 두 분을 존경합니다. 후들후들하는 다리 떨림, 가슴 무너짐은 얼마나 지독한 것이었는지요. 두 분 속에서 저는 종철이 어머니 아버지의 모습을 뵙는 것 같습니다. 그분들의 기대옴을 받쳐주는 두 분을 보는 듯합니다. 그러면서 동시에 이소선 어머니 모습이 겹쳐지기도 합니다. 안녕히 계십시오.[68]

김근태는 박종철 군의 고문치사 소식을 전해 듣고 옥중에서 단식을 결행했다. 곡기를 끊고 절규해도 메아리조차 없었지만, 도저히 그냥 앉아 있을 수가 없어서였다. 신라의 옛 고도 외곽에 자리한 감옥은 공동묘지처럼 스산했다. 감시병들만 없으면 공동묘지 그대로였다. 3월 12일 그는 아내에게 편지를 썼다.

잘 잡히지 않는구려. 안개 너머에서 어른거리면서 초점이 모아지지 않는 것이었소. 항의도 하거니와 내 마음을 모으기 위해 단식을 한 것이었소. 이 억울하고 불행한 죽음을 듣자마자 분노해 그런 것이기는 하지만.

사흘째부터는 꽤 고통스러웠소. 얼굴 표정도 아마 찌그러졌을 것이오. 건강이 안 좋고, 또 자신감까지 없고 보니 더욱 그랬을 것이오. 공포심이 슬그머니 자리를 잡더니 달걀귀신처럼 자꾸만 커지는 것이었소. 몸과 마음을 비우고, 그 젊은 죽음을 가슴에 받아들여 서로 교감하고자 했던 당초 의도는 힘없이 밀려버리고 말았소.

부끄러운 생각이 들었지만 그것도 잠시뿐이었소. 배고픈 고통과 공포, 부끄러운 생각 등의 혼란 속에서 점점 선명하게 부각되어온 것은, 날카롭게 찔러온 것은, 그는 죽었고 나는 살아 있다는 사실이었소. 이 염치없는 끈적끈적한 생각을 하면서 나는 죽지 않았구나라고 혼자 중얼거렸던 것 같소.[69]

6월항쟁기,

외로운
옥중에서

6·29 항복선언, '민중 승리'의 소식

1987년 6월 9일 오후 5시경 연세대 정문 주변에서 "호헌철폐, 독재타
도"를 외치는 학생들과 경찰이 대치했다. 학생들은 "사람 사는 세상이
돌아와 너와 내가 부둥켜 안을 때……"라는 노래를 부르며 교문 밖 5미
터 지점까지 진출했다. 그러다 경찰의 최루탄 난사에 쫓겨 학교 안쪽으
로 뛰어 들어가는 순간 SY-44최루탄 10여 발이 학생들에게 직격으로
날아왔고, 이 중 하나가 이한열의 머리를 강타했다.

피를 흘리며 쓰러진 이한열을 동료 학생들이 급히 세브란스 병원으
로 옮겼으나 그는 곧 의식을 잃고 몸도 차갑게 굳어졌다. 학생들은 "한
열이를 살려내라"는 구호를 외치며 시위에 나서고, 많은 시민들도 시위

에 합세했다. 혼수상태에 빠진 이한열은 7월 5일 뇌손상으로 사망했다. '이한열 최루탄 피격 사건'은 6월 정국의 뇌관이 되었다.

'민주헌법 쟁취 국민운동본부'(국본)는 전국 주요 도시에서 '최루탄 추방대회'를 개최, 이한열이 최루탄에 맞아 혼수상태에 빠진 것에 분노하고, 독재정권의 초강경 시위 진압을 규탄했다. 특히 6월 18일 집회에는 전국에서 150만 명이 참가한 것으로 집계되었다.

이한열 피격에 대한 항의 시위는 학생과 시민이 함께한 데다, 서울과 지방 도시로 이어져 거대한 6월항쟁을 촉발하는 계기가 되었다.

> 6월 9일에 있은 각 대학의 6·10 국민대회 참가 결의대회에서 경찰의 과잉대응으로 연세대 학생 이한열이 중태에 빠진 것은 6월항쟁의 불꽃을 계속 지피는 활화산으로 승화했다. 전두환 정권의 초강경 탄압의 연속선상에서 박종철이 사망한 것이 6월항쟁의 문턱까지 군부독재타도 민주정부수립 투쟁을 이끌어왔고 끝내 6·10 국민대회를 갖게 했는데, 또 한 학생이 중태에 빠졌던바 박종철의 죽음과 함께 6월항쟁 기간 내내 투쟁을 타오르게 하는 데 기축적인 힘으로 작용했다.[70]

시위 학생들을 무차별 학살하는 권력은 합법적인 정권일 수 없다. 유신권력과 5공 정권은 국민의 정당한 동의를 받지 못한 권력이어서 실체적으로는 존재해도 정통성과 합법성을 확보하지 못한 도당(徒黨)에 불과했다. 때문에 정체성의 위기에 몰린 5공 수뇌부는 시민의 저항에 고문과 살상을 가리지 않는 만행을 서슴지 않은 것이다.

6월 10일부터 노태우의 6·29 항복선언이 나오기까지 약 20일 동안 계속된 민주화 시위는 경찰의 원천봉쇄에도 불구하고 전국 각지에서 들불처럼 일어나 반독재 투쟁으로 전개되었다. '국본'은 6월 26일 평화 대행진을 감행하여 전국 33개 도시, 4개 군·읍 지역에서 1백여만 명이 시위에 참가하고, 경찰서 2개소, 파출소 29개소, 민정당 지구당사 4개 소 등이 파괴 또는 방화되었으며 3천467명이 연행되었다. 이날 전두환 정부는 서울에 170개 중대 2만 5천 명을 배치하고 전국적으로는 10여 만 명을 투입해 철통 방어에 나섰으나, 해일처럼 밀려오는 시위대를 막 아내지 못했다. 1919년의 3·1 만세시위와 1960년 4·19를 방불케 하 는 범국민적인 저항운동이었다. 6월항쟁으로 전두환 정권은 실질적인 종말을 맞았다.

위기에 몰린 전두환 정권에서는 계엄령 선포 등 비상조치설이 흘 러나왔다. 실제로 전두환은 6월 18일을 전후하여 계엄을 검토한 것으 로 밝혀졌다. 미국 측이 여러 채널을 통해 군 병력 투입을 자제시키려 는 움직임을 보인 것은 사실이지만, 계엄령 선포와 군 병력 투입을 막 은 결정적인 요인은 전국에서 동시다발적으로 벌어진 국민항쟁이었다. 1979년 부마항쟁과 1980년 광주항쟁은 제한된 특정 지역에서 일어났 기 때문에 박정희와 전두환은 군 병력을 투입해 진압할 수 있었다. 하 지만 이번에는 상황이 달랐다.

1980년 5월 70만 인구의 광주를 장악하지 못하고 계엄군이 한때 외 각으로 밀려났던 사실에 비추어 보면 인구 1천만이 사는 서울 전역에 서 벌어진 시위를 진압하자면 수도권의 군 병력으로는 어림없는 일이 었다. 만약 군 병력 투입으로 진압할 수 있다고 판단했다면 그들은 조금 도 망설이지 않았을 것이다. 백 번이고 천 번이고 그렇게 했을 것이다.

결국 6월항쟁에서 계엄령을 막은 것은 미국의 자비심도 아니요, 전두환의 개과천선도 아닌 바로 한국 국민의 자각과 실천의지로부터 솟아오른 거대한 힘이었던 것이다. 6월항쟁이 분출한 힘은 전두환이 사용할 수 있는 군대, 경찰력을 위시한 그 모든 종류의 폭력을 뛰어넘는 것이었기 때문이다.[71]

전두환을 정점으로 하는 한국의 수구·보수 세력은 노도와 같은 민중의 궐기 앞에 넋을 잃고 있다가 간신히 노태우의 6·29선언을 통해 직선제 개헌 등으로 국면을 호도하고자 했다. 부마항쟁 등 반유신 투쟁이 10·26사태로 가라앉고 말았듯이, 6월 민중항쟁도 혁명의 비등점까지 끓어올랐다가 6·29선언으로 국면의 전환을 맞게 되었다. 한국의 정치군부와 보수 세력은 강경국면과 유화국면을 적절히 활용하면서 정권을 도둑질하고 유지해온 만큼 정치적 술수에서는 따라갈 세력이 없었다.

노태우의 6·29선언은 위기 탈출을 위한 유화책이었다. 야당과 재야가 6·29선언을 받아들이면서 6월항쟁의 국민적 민주화 열기는 체제 내로 수용되고, 10월 27일 국민투표를 거쳐 직선제 개헌안이 확정되었다. 이에 따라 정국은 급속히 제13대 대통령선거 국면으로 바뀌었다.

세상이 바뀌는 것 같았다. 폭압과 살육의 시대가 어느새 대화와 타협의 시대로 변하고 있었다. 야당이 속속 창당되고 기회주의 언론은 온통 차기 대권과 대선의 향방 관련 기사로 신문과 방송을 도배하다시피 했다. 죽은 자들과 감옥에 들어가 있는 양심수들은 잊히고, 산 자와 갇히지 않은 사람들이 제각기 이념과 이해와 입지를 좇아 분주하게 움직였다. 여전히 경주교도소에 갇힌 김근태는 6월항쟁을 주도한 민중의 위대한 역량을 믿으면서도 바깥소식에, 그리고 자신의 처지에 희망과 좌절, 안도와 비감을 동시에 갖게 되었다.

8월 28일 아내에게 보낸 '자유·석방 앞에서 의연함, 태연함은 태풍 속의 낙엽이지요'라는 제목의 편지에서 그는 자신의 심경을 밝히고 있다.

바깥세상에 대한 그리움, 바깥소식이 동반하는 설렘과 안타까움이 마음을 흔들어놓은 탓도 있겠지만, 이 높은 담벼락 안에서의 삶이 영혼을 무척 피폐케 만드는 것 같소. 이 시대의 징표인 적나라한 폭력, 제도화된 폭력과 경멸이 한껏 도드라지고 있는 이곳에서의 살아냄, 그리고 분노와 항거 이런 것들이 끊임없이 긴장될 것을 요구해왔고, 그 때문에 꽤 바빴던 것도 같구려. 지난 2년 말이오. (……)

나갈 것 같으면서도 풀리지 않는 이 상태, 이런 우리 마음을 뭐라 말해야 할지요. 지난 7월 10일과 8·15의 내 심정은 참으로 복잡 미묘했소. 내 차례는 아직 안 되었다고 스스로 말하고 자신에게 타일러왔는데도, 열렸다 허무하게 도로 닫히는 교도소 정문을 바라보고 있자니 다리에 힘이 빠지고 휘청거리는 것 같았소. 곧 몸져누울 지경이었소. 차마 그럴 수는 없어 버티었지만 말이오.[72]

야권의 분열, 분노와 좌절

이 대목에 이르면 약간의 설명이 필요하다. 7월 10일과 8·15에 양심수와 일반범에 대한 정부의 감형·출소 조처가 있었다. 김근태도 대상자 명단에 오르내렸으나 끝내 배제되었다. 수인들에게 3·1절과 광복절이 특히 기다려지는 것은 특사라는 '성은'을 기대하기 때문이다.

노태우의 6·29선언에는 직선제 개헌과 더불어 '김대중 사면복권과 시국관련 사범 석방'이 포함되었다. 그래서 두 차례에 걸쳐 '시국사범'이 석방되었지만 김근태는 비껴갔다.

나가는 사람들에 대해 진심으로 축하해줘야 한다고 생각하면서도 그것을 어른답게 해내지 못했다오. 결국 나는 못 나가고 말았구나 하는 그 냉엄한 사실에 짓눌려 허둥대고 만 것이지요.

이번은 아니지만 여하튼 나가는 것이 가까웠으니 여러 가지를 미리 깊이 생각해두고자 하면서 이 민주화의 변화는 무엇인가, 이 과정 속에서 우리는 그리고 나는 무엇이고 참된 민주화와 민족자주를 위해서 우리는 나는, 어떤 마음을 가져야 하고 무엇을 해야 하며 어떤 것은 하지 말아야 하는지 등을 헤아리느라고 무척 바빴다오.

간혹 생각이 엉키거나 잠자리에 들 때쯤이면 혹시 내가 모르는 사이에 새로운 변수가 등장하여 빨리 나가게 되는 것은 아닐까, 그런 것은 아닐까 하며 조바심 치고 가슴 저려 하다가 자신을 돌아보곤 실소도 하였소. 시계는 네 편이야, 대범해야지라고 중얼거리기도 했다오.

그러나 말이오. 자유·평등·석방 앞에서 의연함, 대범함, 어른다움 등은 한낱 태풍 속의 낙엽일 뿐이었소. 여러 가지 논리적인 숙고 과정 속에서 진짜 커지고 커져왔던 것은 폭발할 듯한 해방에의 갈망, 자유에의 그리움이었소.

거기에는 아무런 이유가 없고 그냥 원색적인 해방에의 욕구만 있었던 것이오. 나가고 싶은 것이오. 이곳을 떠나가고 싶었던 것이오. 뻔히 예상되었던 것인데도 이런 강렬한 욕구가 차단되었던 그때의 충격은 굉장한 것이었소. 나는 통째로 교환되었던 것이오.[73]

이 대목에 이르면 김근태의 소박한 인간적 감성과 만나게 된다. 왜 안 그렇겠는가. 누군들 감옥에서 풀려나길 바라지 않겠는가. 행여나 하며 '조바심 치고', '가슴 저려' 하는 수인의 모습에서 투사 김근태가 아닌 보통 사람 김근태가 눈에 선하게 그려진다. 그는 혁명가나 투사이기 전에 평범한 인간이었다.

김근태의 이 편지에서 놓치고 싶지 않은 대목이 있다. 이른바 '부산 미문화원 방화사건'의 주역 김부식·김은숙·김현장 등이 경주교도소에서 수감생활을 했다는 사실을 알고 그 심경을 적은 대목이다.

내가 이곳 경주에 와서 꽤 괜찮아 했던 가장 큰 이유 하나는 은숙이가 여기서 살다가 나갔다는 사실이었소. 그것을 알게 된 순간 묘한 안도감과 구원 비슷한 감정을 갖게 되었소. 어찌 보면 얄팍하고 뻔뻔스런 것일 수 있는데 은숙이가 고생하던 그곳에서 나도 고생 좀 했다는 사실이 성립하게 된 것이오. 나중에 나가서 은숙이, 부식이, 현장이를 볼 때 말을 틀 건덕지가 생겨준 것이지.

그네들이 결단을 내리고 투쟁할 때, 갇히고 매 맞고 외로워할 때, 앞 세대로서 선배로서 나는 아무것도 한 것이 없었소. 광주사태 이래로 눈물 많은 사내가 되어 쥐죽은 듯 엎어져 있었을 때 그네들은 일어섰고, 나는 또 그저 눈물만 흘릴 뿐이었소. 죄책감으로부터 벗어날 조그만 꼬투리가 우연히 생기게 된 것을 다행스럽게 생각해왔소. 이 경주에 와서 말이오.[74]

직선제 헌법이 마련되고 대선 일정이 잡히면서 대선 후보가 속속 등장했다. 집권당의 노태우와 야권에서 김영삼·김대중·김종필의 이른바 '1노3김'이 자웅을 겨루게 되었다. 민주화 진영에서는 야권 후보의 단일화를 이루기 위해 노력하고 다수 국민도 간절히 바랐으나, 결국 김영삼과 김대중이 독자 출마를 강행하면서 야권은 분열상을 드러냈다.

재야·시민단체들도 분열되었다. 후보 단일화와 독자 후보 출마 문제를 놓고 격렬한 토론과 논쟁이 벌어지기도 하고, 이념·노선에 따라 각자도생에 나서기도 했다. 김근태의 고민은 날로 깊어갔다. 민청련도 의견일치를 보지 못한 상태에서 분열하고 있다는 소식이었다.

그는 옥중에서 고문 후유증에 시달리면서 옥중투쟁을 조직해냈으며 또한 바깥 현실에 대한 관심과 고민을 게을리 하지 않았다. 6월항쟁을 직시했으며 그 후 대통령선거를 둘러싼 운동권 논쟁에도 적극적으로 자신의 입장을 피력했다.

그의 옥중 메시지는 1987년 12·16 대선을 앞두고 세 차례 나왔다. 당시 경주교도소에 수감 중이던 그는 부인 인재근 씨가 면회 올 때마다 자신의 입장을 받아쓰게 했다. 10월 16일과 28일, 11월 4일의 메시지가 바로 그것이다. 10월 26일의 첫 메시지에서 그는 김대중 씨를 '범국민적 대통령후보'로 추대한다는 입장을 밝혔다. 김씨의 비판적 지지 천명으로 그는 출옥 후 상당한 궁지에 몰리게 된다. 김근태 씨는 이에 대해 이렇게 말한다. "아직 당시 어떤 입장이 옳았는가에 대한 평가를 유보할 필요가 있다. 왜냐하면 앞으로 실천 과정에서 그것은 판단될 것이다."[75]

김근태는 대단히 함축적인 발언을 했다. 자신이 양김 중에서 김대중을 지지한 것을 두고 "앞으로 실천 과정"에서 평가할 문제라고 말한 것이다.

김근태의 메시지 때문이라고 하기는 어렵지만 6월항쟁을 이끈 핵심적 재야연합 세력인 민통련에서는 회원 투표를 거쳐 김대중 후보를 지지하기로 결정했다. 핵심 재야 세력은 김대중을 선택적으로 지지하고 지원에 나섰다. 하지만 5공 정권의 각종 부정과 관권동원, 야권 후보의 난립으로 결국 노태우가 대통령에 당선되고 말았다.

김근태의 실망은 컸다. 5공 폭압 세력이 교활한 정치적 술책으로 6·29를 제의하고, 야권과 재야가 이를 덥석 받아들이면서 국민의 혁명적 열기가 체제 내로 순화되고, 후보 난립으로 군부독재 청산의 절호의 기회를 놓치게 되었다는 안타까움이었다.

로버트 케네디 인권상 수상

6월항쟁의 열기 속에서 인재근은 남편과 함께 로버트 케네디 인권상 수상 후보자로 추천된 사실을 알았다. 그런 상이 있다는 것도 몰랐던 그에게는 전혀 뜻밖의 소식이었다. 부인 인재근이 가수 이미자의 노래 테이프 중간에 남편의 고문당한 진술을 녹음해 미국 인권단체에 보낸 것이 국제사회에 알려지게 되었다.

김대중 선생 비서진들에게서 얼핏 들으니 로버트 케네디 인권상 수상 후
보자로 우리 부부가 추천되었다고 하였다. 그 당시 그 상에 대한 정보도
전혀 없었고 별로 심각하게 생각하지도 않았다. 그러나 미국과 관련되어
있기 때문에 추천하는 정도도 별로 바람직하지 않다는 생각이 들어 어렵
게 전화로 김대중 선생께 사양하는 뜻을 전했다.[76]

인재근은 옥중의 남편과 이 상을 수상해야 하는지를 두고 오랫동안
상의했다. 부부는 미국이 그동안 한국에서 자행한 여러 가지 범죄적 행
위를 생각하니 미국인이 주는 상을 받는다는 데 우선 거부감이 들었던
것이다. 한국전쟁과 민족 분단은 물론 한국민의 반대를 무시하고 자신
들의 이익에 가장 잘 부합하는 이승만·박정희·전두환·노태우 정권을
지지해준 미국이었다. "한국민들은 들쥐와 같다"는 따위의 망언으로
이 나라 국민들에게 씻을 수 없는 상처를 준 미국이었다. 특히 광주학
살을 떠올리면 미국에 대해서는 무엇보다 분노부터 치밀었다.

6월항쟁으로 따낸 대통령 직선제로 인해 대통령 후보 단일화가 초미의
관심사로 대두되었고, 우리 본부가 우리의 주체 역량과 여러 가지 상황을
고려하여 김대중 씨 비판적 지지를 표명할 당시 공교롭게 이 상의 수상자
로 우리가 선정되었다는 것을 알게 되었다. 참으로 난처한 일이었다.
국내에 이러한 사정도 있었지만 원칙적으로 "미국이 과연 우리에게 무엇
인가" 하는 문제가 더욱 우리를 어렵게 하였다. 조국의 분단은 누구에 의

1988년 케리 케네디 대표로부터 '로버트 케네디 인권상'을 받은 인재근 여사와 자녀들.

해 이루어진 것이며, 6·25전쟁은 왜 발발한 것이며, 그리고 그 이후 현재까지 미국은 우리에게 어떻게 해오고 있느냐에 대해서 아주 심각하게 생각해보았다. 그리고 우리는 그동안 간과했었던 많은 사실들을 새삼 깨닫게 되었다.[77]

김근태 부부는 특히 광주항쟁과 관련된 부분에 이르러서는 분노를 삭이기 어려웠다. 곁들여서 '인권상'은 자신들보다 훨씬 큰 희생을 바친 동지들에게 돌려져야 옳다는 생각이 들었다.

하지만 이들 부부는 여러 날을 고심한 끝에 결국 상을 받기로 결정했다. 케네디 인권상은 미국 대통령 후보였던 로버트 케네디를 추모하는 취지에서 제3세계 인권운동가에게 주어지는 상인데다, 수상을 주관하는 케네디 재단은 비교적 양심 세력이 이끌고 있어서 이 재단의 활동을 지지하고 싶은 마음도 있었다. 더불어 한국 민주화운동에 세계인의 관심과 격려가 쏟아질 수 있을 것으로 기대했다.

하지만 부부는 11월 20일 워싱턴에서 거행되는 시상식에는 참가하지 못했다. 김근태는 옥중에 있었고, 인재근은 노태우 정부가 여권을 발급해주지 않았기 때문이다. 다음 해 4월 로버트 케네디 추모사업회에서 이 상을 주기 위해 방한하기로 했지만, 정부는 그들의 비자 발급까지 거부해 이것도 무산되었다. 뒤늦게 외교적 문제로 비화될 것 같자 정부는 어쩔 수 없이 비자 발급을 승인할 수밖에 없었고, 마침내 1988년 5월 4일 가톨릭센터 강당에서 수상식이 거행되었다. 김근태는 여전히 옥중에 있었기 때문에 인재근 혼자 상을 받았다. 만감이 교차되는 수상이었다. 로버트 케네디 인권상 수상으로 김근태는 국제적인 양심수로 알려지게 되었다. 상금은 전액 인권단체에 기부했다.

2년 10개월 만의 출소

김근태는 1988년 6월 30일 2년 10개월간의 옥고를 치르고 김천교도소에서 출소했다. 가석방이었다. 정치적 지형 변화에 따른 조처였지만, 정부는 6·29선언 2주년의 은사라고 생색을 냈다.

4월 26일 실시된 제13대 총선에서 노태우의 민자당이 과반수 의석 확보에 실패하면서 여소야대 정국으로 바뀌었다. 김대중의 평화민주당(평민당), 김영삼의 통일민주당(민주당), 김종필의 신민주공화당(공화당)

의 순위로 야3당이 일정한 의석을 갖고 포진했다.

모처럼 야당이 주도하는 가운데 5공청산과 민주화 추진이 정국의 화두가 되었다. 야당들은 사안에 따라 연대 혹은 합종을 택해가면서 경쟁적으로 정치개혁에 나섰다. 하지만 9월 17일부터 10월 2일까지 열린 제24회 서울올림픽으로 정치 현안은 스포츠 제전에 빨려들고 말았다.

김근태는 모진 고문과 3년여의 옥고로 망가진 건강을 추스르는 한편 다시 행동에 나섰다. 첫 발언은 10월 22일 서울대 민추위 위원장 문용식 사건이 고문에 의한 조작이었다는 사실을 폭로하는 기자회견이었다. 문용식과 박문식 등은 1984년 10월 7일 민주화추진위원회(일명 깃발 그룹)를 결성, 문용식이 위원장으로 선출되었다. 민추위는 하부조직 건설에 나서 서울대·연세대·성균관대·고려대 등의 민주화투쟁위원회가 주축이 되어 전국민주화투쟁학생연합(민투학련)을 결성하기에 이른다.

민투학련 소속 대학생들은 1984년 11월 14일 민정당 중앙당사를 점거, 농성을 시작하면서 민중생존권 보장과 14개 항의 민주화 조치를 요구했다. 학생들은 또 민정당 재집권 저지 투쟁을 비롯하여 격렬한 반독재 투쟁을 벌였다. 공안 당국은 1985년 5월 23일 민족통일·민주쟁취·민중해방투쟁위원회 소속 대학생들의 미문화원 점거농성 사건 등을 민추위가 배후 조종한 것으로 판단하고, 문용식 등을 체포하여 모진 고문을 자행했다. 김근태가 이 사건이 고문에 의해 날조되었음을 폭로한 것이다.

김근태가 석방되었을 때에는 민청련은 정치상황의 변화와 주요 간부들의 장기 구속 등으로 거의 활동이 정지된 상태였다. 김근태로서는

1988년 6월 김천교도소에서 석방된 김근태가
장영달 부의장의 손을 잡고 마중 나온
지인들에게 손 흔들어 인사하고 있다.

안타까운 노릇이었으나 시대 상황의 변화에는 어찌할 방법이 없었다.

5·3 인천항쟁 이후 주요 간부들의 구속과 수배로 민청련의 역량은 이전
보다 상대적으로 낮아졌다. 반면에 6·29선언으로 독재정권의 폭압적 성
격이 약화됨으로써 열려진 공간은 엄청난 대중의 정치적 진출을 가져왔다.
이런 상황에서 민청련은 탄압시기에 보여왔던 민주화운동 진영에서의
선도적·지도적 역할을 유지할 수 없었다. (⋯⋯) 내부적으로는, 1986년
초에 회원들이 대거 탈퇴한 데다가 김근태 전 의장, 김병곤 전 상임위원
장을 비롯한 지도부 간부가 장기간 구속 상태에 있었고, 외부적으로는
5·3 인천항쟁을 빌미로 한 민통련을 비롯한 민주화운동 단체에 대한 대

1988년 6월 김천교도소를 나온 김근태가 부인 인재근과 어깨동무한 채 구호를 외치고 있다.

대적인 탄압과 11월의 건국대 항쟁으로 대학생들이 대량 구속되는 등 탄압국면 속에서 공개정치투쟁을 표방하는 민청련의 활동 입지가 협소해질 수밖에 없었다.[78]

김근태는 민청련의 쇠락에 실망하면서도 절망하진 않았다. 새로운 희망을 걸었다. 먼저 더 이상 자신과 같은 고문 피해자가 생기지 않도록 하기 위해서는 고문 경찰을 찾아내 세상에 알리는 일이 시급했다. 12월 15일 서울고법에서 재정신청이 받아들여졌다. 그리고 민가협의 현상수배 조치로 이근안 전경감이 전국에 수배되기에 이르렀다. 역시 정치지형의 변화 때문이었다.

올림픽이 끝나고 정국은 일해재단 청문회를 시작으로 5공비리 청문회로 이어졌다. 노량진 수산시장 비리 사건으로 전두환의 형 전기환과 사촌동생 그리고 전두환의 처남 이창석이 공금횡령 혐의로 각각 구속되었다. 11월 23일 전두환·이순자 부부는 대국민 사과문을 발표한 뒤 강원도 인제군 백담사로 유배되었다.

새로운 정치질서가 잡혀가고 전두환이 몰락하면서, 세상의 관심은 전두환의 후계자 노태우와 김대중·김영삼·김종필의 이른바 '3김'에 쏠렸다. 그리고 반독재투쟁을 '적당히' 했던 운동권 출신 중에 누군가는 야당에 들어가 '투사'가 되었다. 이 무렵 김근태의 심경은 할프단 라스무센의 「나를 두렵게 하는 것은」이라는 시의 내용 그대로가 아니었을까 싶다.

나를 두렵게 하는 것은 고문 가해자도
다시 일어설 수 없는 몸도 아니다
죽음을 가져오는 라이플의 총신도
벽에 드리운 그림자도
땅거미 지는 저녁도 아니다
희미하게 빛나는
고통의 별들이 무수히 달려들 때
나를 두렵게 하는 것은
무자비하고 무감각한 세상 사람들의
눈먼 냉담함이다.[79]

김근태는 이 해 9월 말 도서출판 중원문화를 통해 고문과 옥중기록을 묶어 『남영동』을 간행했다. 독재정권의 야만적인 고문 실상, 옥중 편

1988년 6월 30일 민청련 사무실에서 석방
기념 인터뷰를 하는 김근태 선생.

지와 민청련 기관지 《민주화의 길》에 썼던 주요 논설 등을 실었다. 이 책은 한국민주화운동사와 고문의 야만성을 폭로한 5공 시대의 대표적 고발문학으로 꼽히는 책이 되었다.

이 책은 문익환의 「근태가 살던 방이란다」라는 서시에 이어, 제1부 '무릎을 꿇고 살기보다 서서 죽기 원한다'에 '예고되고 계획된 구속' '인간도살장 남영동, 그곳에서 있었던 한 맺힌 내력' '서울구치소' '지식인이여, 법관들이여' '나는 처벌받을 수 없다'를, 그리고 제2부 '민주화여, 민주화여, 민주화여!'에 '이제 나는 다시 일어나' '민주주의를 향한 진군'을 싣고, 문익환 목사의 '김근태 동지를 알자'를 발문으로 실었다.

이 책은 원래 1987년 9월 김근태가 아직 경주교도소에 수감돼 있을

즈음 민청련에서 『김근태 고문 및 옥중기록—이제 다시 일어나』라는
제목으로 중원문화를 통해 출판한 것을 제목을 바꾸어 재간한 것이다.
민청련은 서문에서 "고문이 남긴 육체적·정신적 폐허상태를 추스르며
다시 깨어 일어나는 한 인간의 회생과 재기의 처절한 과정을 그의 기록
을 통해 밝혀내고자" 간행했다고 밝혔다. 서문은 이어진다.

민청련 전 의장 김근태 동지는 다른 어떤 점보다 인격적으로 고결한 사람
이다. 한 단체의 대표로서, 남편으로서, 두 자녀의 아버지로서 그의 절실
한 모습을 이 책을 통해 찾아볼 수 있다. 우리는 김근태 동지의 이러한 진
실성을 통하여 참 용기가 무엇인가를 깨닫게 된다.[80]

전민련, 그리고 노태우 정권의 공안통치 본색

김근태는 달라진 상황에서, 그러나 본질적으로는 변하지 않은 군부정
권의 향방을 주시하면서 새로운 도전을 모색했다. 그는 어떠한 절망에
서도 희망을 포기하지 않는 끈질긴 투지를 갖고 있었다.

많은 정치인들이 즐겨 쓰는 말 중의 하나지만 김근태는 유난히 '희망'이라
는 단어를 자주 거론하는 정치인이다. 그가 정치에 입문하기 전인 1995년
에 출간한 책의 제목도 『희망의 근거』다. 그런데 익숙한 일상의 언어가
시인의 손을 거치면서 새로운 생명력을 얻게 되듯이 김근태의 입을 통해
서 전달되는 희망은 전혀 다른 감동으로 다가온다.[81]

이승만에 의해 출산되고, 박정희에게 양육되어, 마침내 전두환·노태우로 이어지면서 괴물로 성장한 정치군부와 이들에 빌붙어 실세가 되고 치부에 성공한 보수 세력은, 당연하겠지만 민주화의 의지를 전혀 보이지 않았다. 1989년 1월 노태우 정부는 헝가리와 수교를 맺고, 동구 공산권 국가와 첫 국교를 수립하는 등 열린 외교정책을 펴는 듯했다. 하지만 반냉전 의식은 전혀 바뀌지 않았다.

김근태는 진정한 민주화만이 통일을 가져오고, 평화통일만이 민중의 생존권을 보장하는 길이라는 확고한 신념을 갖고 있었다. 따라서 노태우 군부정권과 타협적인 보수야당을 견제할 수 있는 강력한 재야단체의 필요성을 절감했다. 이를 위해서는 우선 대선과 총선 과정에서 분열 양상을 보였던 민족민주운동 단체들을 시급히 결속해야 했다.

반유신, 반5공 투쟁 과정에서 청년학생운동뿐 아니라 노동자·농민·여성 등 기층민중 세력이 성장했다. 값진 희생이 따랐지만, 그동안 소수 운동권에 머물렀던 반독재 시민저항운동이 뿌리를 내릴 수 있었다. 이를 바탕으로 노태우 6공 정권에서는 다양한 시민단체가 결성되고 저항운동도 그만큼 튼실해졌다.

전국민족민주운동연합(전민련)의 탄생은 그런 기반 위에서 가능한 것이었다.

한 평자는 전민련의 창립과 관련, 그 의미를 다음과 같이 썼다.

전민련은 분열과 무기력에 고개를 돌리고 있던 이 땅 민중들에게 희망과 신심을 안겨줄 강력한 단합된 구국운동 조직이고, 불신과 대립을 깨끗이 청산하고 단결과 투쟁의 길에 나선 모든 애국자·애국단체들의 합일된

1989년 1월 21일 전민련 창립선언문을
읽고 있는 김근태 당시 정책실장.

의지의 결실체이며, 각계각층에서 비약적으로 성장하고 있는 대중운동
발전의 요구에 화답한 조직적 총화이다.

이제 전민련의 건설로 대중운동 속에 확고한 구심이 마련되어 우리 구국
운동이 일대 전진을 기하게 되었고, 각계 민중에게는 전민련이라는 민중
운동의 견인차, 응원군이 생겨남으로 해서 더욱 날카로운 불패의 투쟁의
무기를 갖추게 되었으며, 미-노태우 독재에게는 자신들의 패퇴와 종말을
앞당길 화약고이자, 저들의 매국적 소행을 가로막을 바위산이 등장한 것
이 되었다.[82]

전국민족민주운동연합(전민련)은 1989년 1월 21일 창립대회를 열고, 상임공동의장에 이부영, 공동의장에 이창복을 선출했다. 민통련의 발전적 해체와 재야·노동자·농민 등 8개 전국 단위 부문운동 단체와 전국 12개 지역 단체 및 2백여 개의 개별 단체가 참여하는 해방 이후 가장 규모가 큰 구국운동조직이라는 거대 협의체였다.

이날 전민련 대의원 총 1천103명 중 726명이 참석하고, 시민·학생 등 5천여 명이 참관한 가운데 창립대회가 열렸다. 노동운동 영역 대의원 250명, 농민운동 대의원 230명을 비롯하여 청년·교육·종교·여성·비판적 지식인 등이 다수 참여했다.

6·29선언 1주기의 '정치적 선물공세'의 일환으로 1988년 6월 30일, 2년 10개월 만에 가석방으로 출소한 김근태 씨는 대선을 거치면서 민통련이 자중지란을 겪다가 결국 와해되고 말자 다시 운동진영을 결집, 대중투쟁을 펼칠 상시적인 공동투쟁체 건설이 시급하다고 판단, 이부영 씨 등 출소한 40대 인사들과 함께 전민련 건설 논의를 해나갔다.[83]

전민련은 창립대회의 결성선언문과 사업계획 발표를 통해 대북관계 및 5공청산 등 대내외 정치문제에 대해 제도정치권과는 다른 방향으로 영향력을 적극 행사할 것임을 천명했다.

전민련은 1988년의 3가지 과제를 목표로 제시했다. 첫째, 5공청산과 광주학살 책임자 처단 투쟁을 통해 노 정권의 동요의 폭을 극대화한다. 둘째, 대중투쟁에 대한 지원을 강화하고 정치투쟁으로서의 진전을 위한 반민주악법 개폐 투쟁을 전개한다. 셋째, 미국과 노태우 일당의 기만적 북

방정책의 본질을 폭로하고, 두 개의 한국 정책을 저지한다.[84]

전민련은 이와 같은 목표 아래 5공청산과 광주학살 원흉 처단 투쟁, 반민주악법 개폐 투쟁, 조국통일 촉진 투쟁 등을 줄기차게 전개했다. 전민련은 창립 다음날인 1월 22일 1만 5천여 명이 참가한 가운데 서울 대학로에서 '노태우 정권의 민중운동 탄압 및 폭력테러 규탄대회'를 시 작으로, 2월 18일에는 '광주학살 5공비리 민중생존권탄압 책임자 노태 우·부시 규탄 국민투쟁 기간'을 선포하여 6공 정권의 폭압에 정면으로 맞서 저항했다.

2월 27일에는 전민련 회원 30여 명이 "부시 방한 결사반대" 등을 요 구하며 광화문 교보빌딩 앞에서 미대사관 쪽으로 전진하다가 전원 연 행되었다. 3월 14일 전민련 주최로 8개 단체가 연합하여 '노 정권 퇴진 을 위한 공동투쟁본부'(공투본부) 결성식을 가진데 이어 3월 19일에는 공투본부 주최로 5천여 명이 한양대 노천극장에서 '노태우 정권 불신 임투쟁 선포대회'를 열고 가두시위를 전개했다. 또 4월 2일에는 노운 련·서총련 소속 회원 등 1천여 명과 함께 동국대에서 '현대중공업노조 에 대한 강제진압 규탄대회'를 열었다.

1989년 대정부 투쟁의 중심에는 전민련이 있었다. 전민련은 시민조 직과 노동운동 단체들과 함께 전두환 체포, 5공청산, 노태우 퇴진, 노동 탄압 중지 등 핵심 이슈를 제시하면서 6공 정권을 압박했다. 여기에는 김근태의 조직 장악력과 정세분석 능력에 힘입은 바가 적지 않았다.

그는 "대선 시기의 전술적 차이를 전면에 내세우지 말고 중층적 타협을

1989년 2월 25일 미 대통령 부시 방한 항의 시위현장에서
무장경찰에 둘러싸여 연행되는 전민련의 김근태.

통해 신속히 공동체를 건설해야 한다"고 주장했고, 그의 이 '선건설 후내
부투쟁' 논리는 당시 운동의 통합을 요구하는 운동진영 내부의 정세와 결
합하면서 강한 설득력을 가져나갔다. 그 후 전국적으로 지역민족민주협
의회가 결성되면서 결국 1989년 1월 전민련 발족을 가져오게 된다.

그가 출소한 직후인 1988년 7월 성남민청련 창립대회에서 '80년대 후반
민족민주운동 현황과 과제'라는 주제로 연설한 '2개의 전선론'은 현재까
지 상당한 반향을 일으키고 있다. 민족민주연구소의 채만수 소장은 "그
동안 추상적인 차원에서 전개되어온 통일전선론을 크게 진전시킨 것"으
로 평가했다.

그는 이 강연에서 운동 상황을 "민족민주전선, 즉 애국전선의 건설을 둘
러싸고 진통을 겪고 있다"고 파악하고, 애국전선의 건설에 관한 문제에

서 "민족민주운동 전선의 즉각적인 건설을 주장하는 소시민적 포퓰리즘
과 국민운동 수준에서의 연합을 주장하는 영향을 경계해야 한다"고 주장
하며 다음과 같이 2개의 전선론을 폈다.

"현재 민족민주운동은 기층의 민중운동 역량과 재야운동의 일부로 구성
되어 있다. 국민운동은 보수야권으로 불리는 제도정치권 그리고 재야운
동의 일부를 포함하고 있다. 이 양자는 민주화 실천 목표와 운동 방식에
도 큰 차이를 보인다. 우리의 운동에는 명백한 두 개의 전선이 형성되어
있다. 민족민주전선과 국민전선이다. 이 양자의 관계는 민족민주전선이
기본모순, 국민전선이 현시기 주요모순이라고 말할 수 있다."

이 강연은 향후 전민련의 위상과 발전전망에 상당한 영향을 미친다.[85]

김근태는 이론가이면서 전략가였다. 반군사정권, 반외세 투쟁을 위
해서는 명료한 이론과 함께 조직과 연대를 이룰 수 있는 치밀한 전략이
필요하다는 인식의 소산이었다. 재야·청년운동이 거칠게 조직되어 단
발적으로 투쟁하다가 와해되곤 했던 과거의 경험을 되풀이할 수 없다
는 뼈아픈 성찰의 결과였다.

그는 정책실장으로서 전민련의 이념과 조직을 총괄하면서 노태우
정권과 치열하게 싸웠다. 위기에 몰린 노태우 정권은 예의 공안정국을
조성하여 다시 파쇼적인 통치로 본색을 드러냈다. 전민련 고문인 문익
환 목사가 1989년 3월 25일 정경모·유원호와 함께 베이징을 경유하여
평양에 도착하고, 이에 앞서 3월 20일 작가 황석영이 방북한 사건 등을
공안정국의 빌미로 삼았다. 문익환은 평양공항에서 입북성명을 발표하
여 "일찍부터 평양을 방문하여 김일성 주석과 만나 마음을 열고 민족

의 장래를 기탄없이 이야기하고 싶은 희망을 갖고 있었다"고 말했다. 문 목사는 김일성과 회담을 하는 등 10일간의 방북 일정을 마친 뒤 귀환했다.

정부는 문 목사 일행이 귀환하자마자 미리 발부받아둔 사전 구속영장을 집행하여 김포공항에서 구속·수감했다. 이 사건은 공안정국의 신호탄이 되었다. 4월 12일 이부영·조성우·권형택·이재오·이창복·배종렬·지선 스님 등 전민련 간부들을 국보법 위반 혐의로 구속했다.

14일에는 《한겨레》 논설고문인 리영희 교수를 북한 취재 계획과 관련하여 역시 국보법 위반 혐의로 구속하고, 5월 1일에는 김대중 평민당 총재를 문익환 방북 사건 관련 혐의로 소환했다. 노태우 정권은 제1야당 총재까지 소환하는 등 공포 분위기를 조성하면서 위기 국면을 역전시키려 들었다.

4월 12일 전민련 의장단 등 간부들이 구속될 때 김근태는 빠져 있었다. 외형상 고위 간부가 아니었기 때문이다. 전민련 창립 당시 그는 정책실장이었다. 김근태는 의장단과 간부들이 구속되면서 조직이 흔들리자 전민련 집행위원장으로 선임되었다. 조직을 유지하고 폭압적인 공안통치를 일삼는 노태우 정권과 맞서기 위해서는 김근태가 다시 전면에 나서야 한다는 회원들의 요구가 빗발쳤다. 하지만 이것은 다시 십자가를 지게 되는 고난의 길이었다.

김근태의 능력과 역량, 전민련과 민주화운동 진영에서의 위상을 꿰고 있는 공안당국이 그를 방치할 리 없었다. 그들은 쇠덫을 놓고 기다리고 있었고, 외부 환경은 다시 5공 시대를 방불케 하는 상황이 되었다.

1989년 5월 3일 부산동의대 사태로 경찰관 7명이 사망하고, 6월

27일 평민당 소속 서경원 의원이 방북한 데 이어, 6월 30일에는 전대협 대표 임수경이 제3국을 통해 평양 청년학생축전에 참가했다. 7월 7일에는 남한의 전대협과 북한의 조선학생위원회가 남북통일을 위해 공동 투쟁할 것을 다짐하는 내용의 '남북학생 공동선언문'을 발표했다. 임수경은 8월 15일 문규현 신부와 함께 판문점을 통해 귀환하다가 체포되었다.

'현대판 민족개조론자'

김근태는 1989년 여러 가지 활동을 하면서 《노동문학》에 칼럼 몇 편을 기고했다. 노동운동 출신으로 노동자와 노동운동에 각별한 관심과 애정을 갖고 있던 그로서는 짧은 칼럼이지만 열과 성을 다해 쓴 글이다.

4월호에는 '민주운동가'라는 직함으로 「현대판 민족개조론자」라는 제목의 칼럼을 실었다. 이 책에는 고은·노무현·신경림·박현채·윤구병·이호철·이오덕·유시춘 등 낯익은 필자들이 함께했다. 김근태의 글은 민족의식, 민족자주의 얼이 깃든 보기 드문 격문이었다.

반미감정은 열등감의 소산이라고 주장하는 사람들이 있다. 그중에는 한국민을 대표하여 미국에 가 있는 대사도 한몫 끼고 있다. 미국 텔레비전에 나가서 그렇게 말했다.

그렇다. 분명히 말하자면 이렇다. 반미감정은 열등감으로부터 해방되기 위한 격렬한 정서이며, 또한 우리에게 열등감을 강요하고 강제해온 외세에 대한 단호한 '거부'이다. 그에 대한 올바르고 과학적인 인식의 출발인 것이다. 이른바 반미감정은 한때 유행하는 그런 감정이 아닌 것이다. 무차별한 농축산물 수입 개방 압력 앞에 맞서 싸우는 근로농민 계층, 가파른 원화절상 압력으로 고통 받는 중소기업주들, 합법적인 노조운동을 비열하게 탄압하는 미국 자본에 맞서 분노하고 있는 노동자들이 이렇게 여기에 굳세게 모여 있지 않은가.

우리를 깔보고 모욕하고 괴롭히며 때로는 때리기까지 하는 저들에 대항하여 올림픽 스타디움에서, 이태원 밤거리에 2천여 명의 시민이 모여 노래를 그토록 비장하게 부르고 있지 않은가. 행패 부리는 미군 병사들에 대해, 그들을 싸안고 도는 경찰들에 대해 새벽 2시 이태원 거리에서 그렇게 애국가로 대항하고 있는 것이다.

김근태는 화성군 사례 등을 예시하고 곧 '본론'으로 진입한다.

이런 우릴 보고도 여전히 위컴은 들쥐라고 말할 것인가. 나는 그게 궁금하다. 박정희 군사파쇼 시대에, 전두환의 초기에 우리는 들쥐처럼 눈을 내리깔고 어깨는 축 늘어뜨린 채 그렇게 살아왔는지 모른다. 그런데 우리의 눈을 뜨게 하고 결단코 더 이상 들쥐일 수는 없게 만든 장본인이야말로 위컴이고 글라이스틴이며 그러그러한 양키들인 것이다. 1980년 서울의 봄의 좌절에서, 광주사태에서 드러났던 추악한 그들의 모습이 우리 내부의 자존심에 불을 질러버린 것이다. 타오르는 불길 속에서 우리는 부시방한 반대를 소리 높여 외쳤던 것이다.

그런데도 불구하고 여전히 우리를 들쥐로 고정시키려는 집단이 있다. 그들은 누구인가? 민중을 억누르고 빼앗는 정치군부, 특권적 관료집단이 그들이다. 프란츠 파농이 비웃어주었던 검은 피부, 흰 가면과 똑같은 누런 피부, 흰 가면을 쓰고 있는 집단들이다.

이들은 일제 치하에서 자치를 구걸하고 민족개조론을 주장했던 반민족 세력의 후예인 것이다. 민족의 절대독립을 외치고 실천했던 위대한 애국자와 민중을 배반했던 수치스런 매국노들의 후예이다. 현대판 민족개조론자로서 여전히 "아직 우리는 열등합니다. 제발 너그럽게 봐주십시오" 하고 있는 것이다.

우리가 어떻게 이런 꼴불견을 더 이상 봐줄 수 있단 말인가. 도저히 안 될 일이다. 그렇지 않은가.[86]

김근태는 이 해 6월호에는 다시 「우리, 일어서야 한다」라는 제목의 칼럼을 썼다. 노태우 정권이 겉으로는 유화책을 내걸면서 이면에서는 수많은 청년학생, 민주인사, 노동자 들을 구속한 사례를 비판하면서 다음과 같이 쓴다.

우리에게 1989년 5월은 1980년 5월이 되고 있다. '광주'는 아직도 끝나지 않았다. 아니 '광주'는 아직도 계속되고 있는 것이다. 이철규 형제의 처참한 죽음 속에서 '광주'는 저처럼 계속되고 있는 것이다. 1980년 합수부처럼 1989년의 합수부는 우리에게 '광주'를 강제하고 있는 것이다. 어떻게 해야 하나. 귀 틀어막고 눈 내리깔고 비겁자처럼 또 그렇게 살아야 하는 것인가.

김근태는 이 글에서 '이철규 변사사건'을 언급한다. 1989년 5월 1일 조선대 교지《민주조선》창간호와 관련, 전남지역 합수부의 지명수배를 받아오던 교지 편집위원장 이철규(전자공학과 4년)가 광주시 북구 청옥동 제4수원지에서 변사체로 발견되었다. 정국은 타살이냐 실족사냐를 놓고 치열한 공방이 벌어지고, 정부는 사인규명을 요구하는 시위 학생들을 대량 검거했다.

이철규 형제의 죽음은 무엇인가. 그것은 또 다른 '죽음의 광주'인 것이다. 우리는 그것을 위대한 광주, 항쟁하는 광주로 발전시켜야 한다. 그를 위해서 그 죽음의 진상을 철저히 규명해야 한다. 플랑크톤이니 과학이니 하면서 우리에게 머뭇거림을 강제해오는 저들의 시꺼먼 의도를 단호히 거부해야 된다. 우리는 일어서야 한다. 수백 수천 명이 감옥에 갈 각오를 하면서 다시 나아가야 한다. 공장과 농촌에서 학교·교회·절에서 그리고 거리에서, 거리거리에서 광범한 대중집회와 시위를 조직해내야 한다. 특히 공장과 농촌에서 또한 거리에서 노동자와 근로농민이 주동이 되어 일어서야 한다.

광주와 이철규 죽음의 진상규명을 요구하고, 그 책임자 처벌을 관철시키는 힘은 여기에 있다. 노동조건을 개선하고 생산비 보장을 요구하는 투쟁도 중요하지만, 그것을 근원적으로 제약하고 있는 지배권력의 탐욕과 증오심을 분쇄하는 곳에서만 승리의 길이 열리는 것이다. (……)

이것은 가능한가. 절대로 가능하다. 누가 감히 가능하지 않다고 말할 수 있겠는가. 전진하고 있는 민주의 저 굳센 발자국 소리가, 우렁찬 함성이 저렇게 파도 치고 있지 않은가.[87]

김근태가 석방되고 다시 활동을 시작할 무렵인 1988년 9월 민청련은 부설기관으로 '민족민주운동연구소'를 설립했다. "민족민주운동의 과학적 이론 정립과 정책 수립 역량의 제고에 보탬이 되고", "민주통일민중운동연합과 민주화실천가족운동협의회의 후원 하에 연구소를 설립한다"고 취지를 밝혔다.

연구소는 1989년 4월 《민족민주운동》 창간호를 발행하면서, '한국 경제의 성장과 민족민주운동의 진로'를 탐색하는 기획좌담을 머리기사로 실었다. 김근태를 비롯하여 신철영(서울 노동운동단체협의회 사무국장), 정태윤(진보정치연합 공동대표), 채만수(민족민주운동연구소 소장, 사회)가 참석했다. 주제는 '경제성장과 민민운동의 진로'였으나 토론 내용은 한국 경제의 실상과 자본 문제, 노동·농민 문제의 심각성, 그리고 이러한 상황에서 민민운동의 역할 등이 폭넓게 논의되었다.

이 좌담에서 김근태는 대단히 중요한 발언을 했다. 상과대학 출신으로 한국 경제의 실상을 전문가의 시각으로 분석하고 대안을 제시한 것이다.

주의해야 할 것은, 이런 부분적인 획득, 몇 가지 개량화 조치, 이런 것들이 남한 사회의 현재 조건에서 앞으로 지속적으로 획득될 수 있을 것인가 하는 것인데, 이러한 것에 대해서 저는 '그렇지 않다'고 말하고 싶습니다. 다른 나라의 역사적 경험에서도 그렇고, 우리의 경험 속에서 현재의 상부구조·하부구조의 실제적인 조건에 비춰 봐도, 그런 단계적인 개량을 통해서 민중들의 삶이 향상되고 인간의 행복이 보장될 수 있는, 그런 길로 나아갈 수 있다고 볼 수 없고, 그렇게 봐서도 안 된다고 생각합니다. 그렇게 보는 것이 개량주의이고, 그런 개량주의는 우리의 조건 속에서 불가피하게 파탄에 직면하게 될 것이라고 생각합니다.[88]

김근태는 당시의 시국을 수구 세력의 전략적 개량화 조치로 평가하면서 대단히 불안한 국면으로 인식한다.

지배세력이 결정적인 궁지에 몰리고 있는가 하는 문제는 그들의 입장에서 지금의 상황을 획기적으로 역전시킬 필요가 있겠는가의 문제인데, 이것과 관련하여 우리의 입장에서는, 지금의 민중운동이 몇 가지 개량조치 속에서 변혁운동 쪽으로 이끌려올 것인지 아니면 체제 내화되는 개량주의적 운동으로 갈지가 아직 모호한 상태에 있지 않느냐 생각합니다. 그래서 이것을 둘러싼 쟁투가 지금 실제로 날카롭게 제기되고 있지 않느냐 하는 판단이 있어야 할 것입니다. (……) 열린 공간에서는 탄압을 대비해야 되고 탄압시기에는 열림을 위해서 투쟁해야 하는 것이 운동에 참여하는 사람으로서 균형된 자세가 아닌가 생각이 됩니다.[89]

공안통치와 '합법정당론'

노태우 정권이 방북인사들을 용공으로 매도하고, 족벌신문·어용방송들은 덩달아 붉은 색칠을 하면서 한국 사회는 살얼음판의 공안정국이 조성되었다. 음모가들에게는 일을 꾸밀 절호의 기회였다.

여소야대의 정국에서 내키지 않는 민주화의 물결에 휩쓸리게 된 민주정의당의 노태우, 대선 패배와 더불어 총선에서도 제2야당으로 밀린 통일민주당의 김영삼, 제3야당에서 존재감을 잃어가던 신민주공화당의 김종필이 공안 분위기를 틈타 야합하면서, 정계는 다시 한 번 지각변동을 일으켰다.

1990년 1월 22일 이들 세 사람은 3당 야합을 통해 거대여당 민주자유당(민자당)을 창당했다. 6월항쟁으로 어렵게 돌린 역사의 물굽이가 다시 역류하는 반동이었다. 3당 야합은 정치지형의 변화뿐만 아니라 총체적인 민주화의 역류와 보수화를 불러왔다.

5공청산은 물 건너가고 부동산 가격 폭등 사태, 물가고, 증시 침체, 토지공개념 후퇴와 금융실명제 보류 등 경제난국이 가속화되었다. 거대 여당으로 변신해 오만불손해진 민자당 정권은 임시국회에서 방송법, 국군조직법, 광주관련법, 추경예산 등을 날치기로 처리하는 등 일당 독재식 국정운영으로 일관했다.

전민련은 안팎의 시련에 직면하게 되었다. 1989년 4월부터 몰아닥친 공안정국의 탄압 속에서, 영등포을구 재선거를 둘러싸고 이견이 발생한 데 이어, 5월부터 이른바 '합법정당논쟁'이라는 내부적 혼란에 빠져든 것이다. 합법정당논쟁은 전민련 내부 각 정파 간에 불신을 불러왔다. 이우재·장기표·조춘구 등은 전민련에서 합법정당 건설의 필요성을 제기했다.

이들은 1989년 9월 26일 전민련 2차 중앙위원회에서 전민련을 탈퇴하고, '새 정당 창건을 위한 임시연락사무소'를 설치하면서 민중정당 건설의 주체들을 결집하기 시작했다. 이후 연락사무소는 이미 1989년 9월 민중의당과 한겨레민주당이 통합하여 결성한 '진보적 대중정당 건설을 위한 준비모임'과 통합, '진보정당 결성을 위한 정치연합'을 발족시켰다.

이후 전민련 2차 대의원대회에서 합법정당 건설안이 부결된 후 1990년 3월 12일 계훈제·박형규·이소선·백기완 등 전민련 고문 4인이 '민중의 정당 건설을 위한 민주연합추진위원회'(민연추) 결성을 제안, 3월 21일 진보정당 준비모임 측이 기자회견을 통해 민연추 결성에 동참할 것을 발표함으로써 4월 13일 447명의 민연추 추진위원이 참가, 백기완·이우재·고영구 등 공동대표를 선출하는 등 공식적인 체계를 갖추고 출범했다. 이로써 전민련은 분열되고 말았다.

김근태는 '합법정당 시기상조론'을 펴면서 잔류를 선언했다. "신식민지 파쇼의 본질은 변하지 않았으며 따라서 민족민주세력의 정치세력화는 합법정당의 건설이 아니라 민족민주전선의 강화와 제도정치 공간에서 공개 정치부대를 구축, 단일한 민주연합당을 추동시켜야 한다"는 것이었다. 그러나 합법정당을 주장한 그룹은 대의원대회의 반대에도 불구하고 전민련을 박차고 나가 민중정당을 결성해버리고 말았다.

결국 40대 인사들이 중심이 되어 자주·민주·통일을 목표로 출범한 전민련 지도부는 뿔뿔이 흩어져 김근태만 '외롭게' 남게 된 것이다. 전민련 잔류를 선언한 그는 그 후 어수선한 조직을 재정비, 민족민주전선을 구축하던 도중 당국에 의해 구속되고 만 것이다.[90]

김근태는 '남은 자'들과 5월 9일 전국 18개 지역에서 회원·시민 20만여 명이 참가하는 가운데 '민자당 해체 노태우 정권 퇴진 국민궐

기대회'를 개최했다. 이날 시위로 전국 21개 도시에서 1천192명이 연행되어 그중 55명이 구속되고, 79명이 불구속 입건되었다. 이날 저녁 김근태는 전민련 주최로 제주에 강연을 하러 갔다가 시위 주동 및 전민련 결성과 관련, 국가보안법 위반 혐의로 체포되었다. 뒤늦게 전민련 결성 선언문과 사업계획서가 국보법 위반이라는 혐의였다. 노태우 정부가 갑자기 김근태를 구속한 것은 그가 평민당·작은 민주당·재야를 통합하여 거대 민자당에 대항할 준비를 하고 있었기 때문이었다. 당시 김근태는 이 작업에 몰두해 이미 상당한 성과를 이룬 상태였다.

민자당 합당의 야합성을 규탄하고 흔들리는 민생문제를 효과적으로 제기하기 위해서 전민련 결성 이후 성장하고 있던 각급 대중단체를 전민련의 주도로 국민연합에 결집시켰다. 전교조·전농·전노협·전대협 등이 두루 포괄되어 있었다. 어느 정도 모양을 갖추고 기세 또한 만만치 않았다. 이 국민연합 조직을 갖고 노태우 정권의 실정에 맞서기 시작했다. 상당한 국민적 공감대가 형성되었다.

일부 간부들이 나감으로써 위상이 저하되기는 했지만 그러나 아직 정치적 영향력이 전민련에 남아 있었다. 당시 나는 재야 일부의 역량과 평민당, 작은 민주당이 정치적 통합을 이루어 민주연합당을 만들자고 제안했다. 전민련 내부의 정치역량을 우선 설득하고 전민련 바깥에 있는 민주대연합을 찬성하는 분들에게 간곡히 요청했다. 함께 참여하도록 말이다. 또한 독자정당을 추진하고 있는 사람들에게도 참여를 권유하였다. (……)
머지않아 비공식적으로나마 각 부문의 합석이 기대되는 시점에서 권력은 나를 구속했다. 이런 논의의 진전 자체를 차단하고자 했다. 1990년

5월 공안정국에서 나는 이처럼 다시 구속되었던 것이다.[91]

김근태가 '합법정당' 창당에 참여하지 않고 전민련에 잔류한 것은 타협을 모르는 외골수거나 시대의 흐름을 외면할 만큼 완고해서가 아니었다. 노태우 군부정권의 본질을 꿰뚫고 있었던 그로서는 보수야당의 기회주의적 속성을 감안할 때 그들에게 뭔가를 기대하기는 어려웠고, 오직 강력한 재야 세력과의 연합을 통해 활로를 개척해야 한다는 전략에서였다.

6공화국의 공간에서 특히 3당 야합으로 만들어진 거대 민자당이 지배하는 체제에서, 전민련 이탈파들이 추진한 '합법정당론'은 설 자리가 없었다. 실제로 '민중당'과 '한겨레민주당' 등 진보정당들은 원내 진출에 실패하면서 뚜렷한 역할을 하지 못했다. 전민련 또한 반신불수가 되어 공안정국과 1991년의 이른바 '분신정국'에 효율적으로 대처하지 못했다. 역량의 분산 때문이었다.

김근태는 1990년 4월 9일 《월간 말》이 주최한 '민족민주운동 어떻게 재편할 것인가'라는 주제의 긴급토론에서 당시 시국을 심각한 위기로 분석했다. "지금 우리 운동은 위기 상황을 맞고 있습니다. 지배세력은 부분적인 의사개량화조치를 통해 민족민주운동의 전투적인 부분과 변혁적·원칙적 관점을 유지하는 운동에 대해 집중적인 탄압을 가하고 있음에도 우리는 이 탄압 앞에서 대응조차 제대로 못하고 있으며, 심지어 전략계획조차 크게 동요되고 있는 실정입니다"라고 분석·평가했다. 그의 분석은 정확했고 곧 현실로 나타났다.

두 번째 감옥행

한번은 검찰에서 이런 일이 있었다. 10년 정도 손아래였을 그 검사 이름
이 문성우였던가. 신문조서를 받겠다고 했다. 진술거부 사실을 기록으
로 남기겠다는 것이었다. 그렇다면 좋다, 우선 포승과 수갑을 풀어야 하
지 않겠는가 했더니 그것은 교도관의 권한이고 자기는 권한이 없다는 것
이었다. 검사실 내에서 지휘권은 당신에게 있다. 그리고 재판정에서와 마
찬가지로 조서의 임의성 성립을 위해서 수갑과 포승을 풀어야 하지 않겠
는가 물으니 되풀이하여 그것은 교도관의 권한이라고만 했다. 그 전에 이
검사방에 왔을 때는 언제나 수갑과 포승을 풀었는데, 위에서 한번 본때를
보여주라는 지시가 있었을 것이라는 생각이 들었다. 나는 진술을 거부한
다. 이것을 고지한 이상 퇴거할 자유가 없다. 이렇게 포박한 상태로 진술
을 거부하고 있는 나에게 무의미한 질문을 하는 것은 피고인에 대한 학대
행위라고 하면서 신랄한 말싸움을 1시간 정도 벌였다. 그 후 다시는 나를
불러내지 않았다.

도저히 재판을 받을 수가 없었다. 첫 공판에 나가 모두진술을 통해 이것
은 정치적 보복이기 때문에 나는 '재판받을 권리'를 포기하겠다고 선언하
고 나와버렸다. 결과는 예상대로였다. 7년 구형에 3년 선고였다. 거의 같
은 죄목(?)으로 재판받았던 이부영 씨는 10월, 이창복 씨는 1년을 선고 받
은 것에 비해 중형이었다. 재판 거부에 대한 보복이었다.[92]

김근태는 1990년 5월 9일 민자당 반대 시위 및 전민련 결성과 관련
하여 구속되어 서대문경찰서 유치장에 구금되었다. 그리고 5월 13일

검사의 기소장과 판사의 판결문이 복사한 듯 똑같은 엉터리 재판에서 7년 구형에 3년 징역형을 선고 받고, 항소와 상고심에서 2년형으로 감형되었다. 김근태는 과격, 급진, 선동적이라는 검사와 판사의 지적에 대해, 미국 작가 마이클 무어의 "진실은 선동적인 것처럼 보이고, 상식은 급진적인 것이 되었다"는 말을 전하면서 안양교도소에서 두 번째 옥살이를 시작했다. 이번에도 국보법 7조 1항과 집시법 위반 혐의가 적용되었다.

김근태의 서울대 상대 한참 선배이기도 한 민족경제학자 박현채는 "역사에 충실한 삶이란 오늘에 있어 보상받지 아니하고, 오늘에 있어 보상받길 원하지 않는 삶이다"고 다짐하면서 '역사에 충실한' 삶을 살았다. 김근태도 다르지 않았다. 정계진출의 유혹을 뿌리치면서 첫 번째는 민청련에서, 두 번째는 전민련에서 충실히 활동하다가 다시 갇히는 신세가 되었다.

처음에는 안양교도소에 수감되었다. 서울과는 그리 멀지 않아서 부인과 동지들이 면회 오는 데 크게 힘들지 않았다. 별 두 개가 되면서 옥살이의 이력도 붙은 데다, 수사와 재판 과정에서 육체적 고문을 당하지도 않아 그냥저냥 견딜 만했다.

1991년 1월 초 안양교도소에서 그는 딸 병민에게 편지를 썼다. 이때 병민은 어느새 아홉 살 소녀로 자라 있었다.

귀여운 우리 아가씨, 병민아!
편지가 늦어서 미안하다. 너한테서 온 두 통의 편지는 받았고, 하나는 지금 오고 있는 중이란다. 그동안 서울에서 안양으로 아버지가 이사를 해서

1990년 5월 9일 서울 명동성당 입구 계단에서
민자당 해체 및 노태우 정권 퇴진을 위한 국민
궐기대회를 주도한 혐의를 받고 연행되는 김근태.

그렇단다. 주로 아버지의 게으름 탓이지만 지난 6개월여의 교도소 생활
중 이 편지가 내가 쓰는 첫 번째 편지이다.

있잖니, 병민아, 사람이 너무 말을 많이 하면 속이 텅 비고 메마르게 되
는 법인데, 지난 2년 동안 아버지는 끊임없이 말을 해야 했고, 그것도 같
은 얘기를 반복해야 하는 위치에 있었다. 그래서 침묵하고자 했다. 그런
데 그 영향이 너에게까지 가고 말았구나. 답장을 안 한다고 네가 울었다
는 얘기를 듣고 지금 부랴부랴 방에 돌아와 이렇게 편지를 쓰고 있다. 이
해해줄 수 있겠니, 병민아.

네가 보낸 두 번째 편지에 '예감'이라는 단어가 있었다. 그것을 아주 정확
하게 사용한 네 글을 보면서 아버지는 매우 자랑스러웠단다. 면회 때 엄
마와 아버지 친구들에게 이 얘기를 하면서 마구 웃었단다. 그랬더니 모두

속으로는 아버지의 기분을 알아주면서도 그러는 나보고 "푼수" "얼간이"
라고 놀려대더라. 아마 다른 경우에 이런 얘기 들으면 언짢았겠지만 그래
도 상관없이 아버지는 낄낄대고 웃었다.

병민아, 그래 네 예감대로 아버지는 올해 안에는 못 나갈 것 같다. 너와
네 오빠 병준이, 엄마 등 사랑하는 우리끼리 함께 얼굴 보면서 살지 못하
는 것은 슬픔이지.

자상한 아빠가 귀염둥이 딸에게 보낸 편지에는 보통 사람의 꿈이 배
어 있다. 그 무렵 병민이 교통사고를 당했다는 소식을 들은 김근태의
편지는 이어진다.

그런 이 아버지가 어느 날인가, 네가 차와 부딪쳤다는 얘기를 들었을 때
어떠했겠는지 상상할 수 있겠니. 막막함이었다. 뒷머리가 뻣뻣해지고 등
에 식은땀이 흐르는 것이었다.

너도 잘 알겠지만 사람의 생명은 정말로 귀중하다. 그것은 절대 자체이고
거기에 부담을 주고 위해를 가하는 모든 것은 악이고, 우리는 그것과 맞
서 싸워야 한다. 네 말대로 네가 옳았다고 아버지는 믿으며 운전기사가
잘못한 것이겠지만 이와 같은 일이 비슷하게라도 앞으로는 절대로 있어
서는 안 된다. 그렇지, 병민아, 교통질서는 사람 간의 약속인데도 서로 갈
길이 바쁘다고 때로 욕심을 내다가 교통사고가 일어나 사람이 다치는 끔
찍한 일이 일어나는데 그것을 네가 미리 방비하도록 해야 된단다.

병민아, 시험을 잘 봤다면서. 그래 수고했다. 그리고 축하한다. 너의 두 번
째 편지의 맨 앞에 시험 얘기가 있었지. 그것을 보면서 여러 가지를 생각

해보았다. 자신의 일을 책임 있게 해야 한다고 너희들에게 말했던 일, 어쩌다가 너희들을 야단쳤던 일, 그리고 몇 번인가 때리기조차 했던 일을 되돌아보게 되었다.

혹시 너희들이 아버지의 얘기를 시험 점수 잘 따야 한다는 것으로 받아들이는 것은 아닌가 싶어 착잡해졌다. 이런 말 저런 말이 있었지만 말이다. 물론 학교 공부를 우습게 생각해도 좋다는 얘기는 아니다. 그러나 시험 점수 잘 받기 위해서 아등바등하고 친구들과도 잘 안 놀고 미워하기까지 하고 자기 하고 싶은 일도 모두 하지 않는 그런 것은 아버지는 정말로 반대한다.[93]

김근태는 1월 15일 두 번째로 병민이에게 편지를 썼다. 그리고 가족이 면회 온다는 소식에 가슴 두근거리며 그날을 기다린다고 했다. 1월 하순경에 김근태는 충남 홍성교도소로 이감되었다.

우리 조잘이 아가씨에게.

보통 사람들은 자기 별명을 부르면 싫어하는데 병민이 너는 스스로 "나는 조잘인데요"라고 아무렇지도 않게 당연하다는 듯이 얘기해서 더욱 귀엽고 예쁜 아가씨란다.

너의 조잘거림은 아빠에겐 종달새보다 더 아름다운 소리란다. 이건 나뿐만 아니고, 엄마는 물론 큰아버지, 할머니, 고모 그리고 지은, 하정이, 정은이 언니들 모두에게 그렇단다. 네가 보내준 편지를 읽고 또 읽으면서 거기에 너의 조잘거림과 깔깔대는 웃음이 배어 있는 것 같아 자꾸 귀를 기울이게 되는구나, 병민아!

"할 얘기가 많은 데 편지만 쓰면 뭔지 모르겠어"라고 하는 네 표현은 너무나 절절하게 아버지 가슴에 메아리를 치는구나. 그래 자신의 생각, 하고 싶은 말, 느낌을 마치 살아 있는 듯이 글로 쓰는 것은 쉬운 일이 아니란다. 가끔 신경질이 날 정도로 막힐 때도 있지.

큰아버지가 소설가잖니(김근태의 형 김국태를 말함-인용자). 우리 사는 얘기를 생생하게 그리고 재미있게 쓰는 것이 소설인데, 그것을 쓰는 것이 피가 마르는 듯한 일이라고 하는 말 너 들어본 적 없니? 그런데 넌 말이야, 편지에 아주 짧은 문장으로 아빠가 잘 알아듣게 그리고 껄껄거리게 그렇게 썼구나. '뭔지 모르겠어' 하는 말은 결과적으로 괜한 소리가 된 것 같구나. (……)

너희들 껴안아보지 못하는 것 빼고는 이 안에서 나름대로 바쁘게 그리고 보람 있게 지내고 있단다. 그것을 너희에게 보여주고 싶었다. 병민아, 옛날 엄마하고 연애할 때처럼 너희들이 온다고 하니까 기다려지고 가슴이 두근거리고 했단다. 예쁜, 병민아.

그래 잘 있어라, 추운 날씨에.[94]

김근태는 홍성교도소로 이감된 뒤인 1월 28일, '너희들이 흘렸던 눈물 속에는'이라는 제목을 붙여 편지를 썼다. 홍성교도소의 제1신이다.

거꾸로 불러볼까, 병민아, 병준아!

어제 되돌아가는 너희들, 풀죽은 모습이었냐, 아니면 화가 머리끝까지 올라 고무풍선처럼 탱탱해졌냐? 틀림없이 병민이는 풍선처럼 되어 머리에서 김이 모락모락 났을 것 같고, 병준이는 아버지처럼 입이 쭉 빠져 댓

발쯤 나오지 않았을까.

너희들이 여기까지 내려올 줄 몰랐다. 지난 일요일 엄마가 면회 왔을 때 수요일에 오겠다고 했지만 너희들 얘기는 없었거든.

어제는 전혀 몰랐다가 엄마가 사 넣어준 음식물을 보고서 사실을 파악하게 되었다. 혈압이 올라 씩씩거리다가 겨우 가라앉고 책상 모서리에서 이 편지를 쓰고 있다.

그래 그것은 좌절감이다. 팍팍한 거부의 손길은 마음을 아득하게 하지. 그리고 분노의 불길을 타오르게 하지.

병준아, 병민아. 사람은 화를 낼 줄 알아야 한다. 그렇게 해야 할 때 그러지 못하는 것은 경멸받아 마땅한 노예로 전락하는 것이다. 다만 일정한 절제와 냉정한 판단을 동반하면서 그렇게 해야 하겠지. 그렇게 되면 큰 힘이 거기서 솟아나게 마련이란다. 그럴 때 우리 삶 앞에 가로놓여 있는 암초와 매복적 기습에 쓰러지지 않고 나아갈 수 있게 되는 것이란다. 거기에 새로운 창조의 자리가 마련될 수 있는 것이란다.

쓰다 두었다가 며칠 후 다시 펜을 잡게 되었다. 그사이 어저께(27일) 엄마가 내려왔다 갔다. 그 편에 너희들이 흘렸던 눈물 얘기를 들었다. 아버지는 이렇게 생각한다. 너희들이 흘렸던 눈물 속에는 슬픔과 절망도 있었겠지만 또한 분노도 있었을 것이라고 말이다. 병민이의 눈물은 분함이었고 병준이의 눈물은 가슴 아픔이었을 것이라고. 그리고 그것들은 너희들이 이미 부딪친 바 있던 어두움이었을 것이라고……

여기까지 내려왔던 너희들을 만나보지 못한 것이 가슴 쓰리고 또한 아쉽구나. 하지만 바로 저 담벼락 바깥에 여전히 남아 있을 너희들의 흔적과 마음을 느끼고자 하며, 그로써 이 겨울 추위 속에서 가슴에 온기를 품고

자 한다.[95]

교도소 규칙에 따라 면회 시간이 제한되었다. 먼 길을 달려 병준이와 병민이는 엄마와 함께 홍성교도소에까지 아빠를 만나러 왔다가 잠깐 만나고 되돌아가야만 했다. 옥중의 아비는 되돌아가는 아내와 자식들을 그리면서 옥문의 쇠창살을 붙잡는다.

옥중에서 어린 자식을 그리며

양심수들은 감옥에 갇혀 지내며 때로는 시인이 되기도 하고, 때로는 학자가 되기도 한다. 김근태도 다르지 않았다. 아내와 자식들에게 쓰는 편지에는 시적인 감상과 철학적인 성찰이 담기곤 했다. 한국의 근현대사에 관심이 많은 김근태는 어느 때는 역사학자가 되기도 했다. 1991년 3월 27일 홍성교도소에서 쓴 '너의 망설임을 이해한다'는 편지의 일부이다.

병준이, 병민이에게,

어제 돌아가는 길에 비 맞지 않았는지 모르겠구나.

저녁 무렵부터 부슬비가 소리도 없이 내려 땅거죽을 촉촉이 적시더구나.

이 비가 걷히고 나면 완연한 봄이 우리 앞에 다가설 듯하구나. 땅 위에 조금씩 고여 있는 물 위로 소곤소곤 내리는 빗줄기를 쳐다보면서 이곳에서 너희들과 함께 불렀던 노래를 혼자서 불러보았다.

이번에는 〈라쿠카라차〉, 지난번에는 〈등대지기〉였지. 경쾌하지만 약간 부르기는 어려운 〈라쿠카라차〉를 잘도 부르더구나. 아버지는 가사도 잊어버리고 박자도 놓쳐서 당황하고 있는 사이 너희들은 배짱 좋게 주욱 앞으로 나갔지.

그런데 이번보다는 지난번에 불렀던 〈등대지기〉가 더 마음에 들더구나. 그 노래를 부르면서 여러 가지 느낌이 아버지 가슴에 담겼단다. 그중에 몇 가지만 얘기해보겠다.

우선 그런 노래를 너희들과 함께 부르게 되었다는 것의 확인이 상당히 신나는 일이다. 언젠가 너희들이 엄마와 아버지에게 축복으로 와 태어난 후 포대기에 쌓여 배고프다고 "음매음매", 똥 쌌다고, 오줌 쌌다고 "음매음매" 하다가 참으로 별안간 너희들 입에서 "엄마" "아빠" 하는 부름이 외쳐졌을 때 우리는 상기되었다.

신기하고 그리고 고맙기도 하고, 그러면서 이젠 진짜 아버지가 되었구나 의식하게 되면서 책임감을 새롭게 갖게 되었다.

그런데 이번에는 그런 느낌에다가 너희들이 이렇게 컸구나 하는 대견함, 우리 한 사람 한 사람이 자기 목소리로 노래를 하면서도 또 그것이 서로 함께 어울리도록 신경 쓰는 데에서 보이는 동료감, 그것을 너희들과 함께 노래로서 확인하는 것은 아버지에게 여간한 뿌듯함이 아니었다. 그리고 이렇게 아버지가 감옥에 들락날락하는 데도 너희들이 스스로 밝게 커가는 모습이 보여 고맙고 기뻤단다.

얘들아. 아버지도 너희들만 했을 때 〈등대지기〉를 좋아해서 자주 불렀고, 그 후 커 어른이 된 뒤에도 외롭고 눈물이 날 것 같으면 그 노래를 부르곤 했단다. 그 노래 분위기는 명랑하지 않고 약간 슬프지 않니? 너희들은 어떠냐?

멀고 험한 바다에 나갔다가 돌아오는 배에게 캄캄한 어둠 속에서 등대의 번쩍이는 불빛은 분명히 희망이겠지. 고난과 절망 속에서 한줄기 날카로운 희망일 게다. 그런데 그 희망의 불빛을 지켜주는 등대지기는 여간 외로운 것이 아니란다. 사람들이 살고 있는 동네에서 뚝 떨어져 참으면서 살아가야 하는 것이란다.

그렇게 참으면서, 외롭게 살면서도 견뎌낼 수 있는 힘, 그것은 정말 어려운 일이란다. 그래서 그만큼 훌륭한 일이지. 그러면 이러한 힘은 어디에서 오는 것일까. 너희들은 이미 알고 있을 것이라고 믿는다. 그것은 사람에 대한 사랑, 어둠 속에서 두려워하고 절망하는 사람들에게 따뜻한 손길을 내미는 아름답고도 큰 마음에서 오는 것이지.[96]

인도의 독립운동가 네루가 감옥에서 편지를 통해 딸에게 세계사 교육을 시켰듯이 김근태도 홍성교도소에서 어둠을 밝히는 '등대지기' 이야기를 통해 역사의 어둠을 뚫고 새날을 열고자 한 인물들을 이야기한다.

그런데 말이야. 그렇게 하는 모든 것들이 자랑스러우면서도 그러나 역시 등대지기는 사람이어서 밀려드는 외로움을 어쩔 수 없어 이 노래를 불렀고, 노래를 통해 우리로부터 위로의 말을 구하고 있는 것은 아닐까 하는 생각을 해본다.

병준아, 병민아. 조금만 더 아버지 얘기에 귀를 기울여줄래. 나는 이렇게 생각한다. 노래의 등대지기는 실제의 등대지기이기도 하지만 이 세상 속에서, 사람들 사이에서 희망과 믿음의 불빛을 사르고자 애태우고, 그를 위하여 자기를 희생하고 지금도 하고 있는 귀중한 사람들, 세상의 어둠을 몰아내고자 봉화를 들었던 그 사람들 모두를 말하는 것은 아닐까 싶구나. 김병곤 아저씨, 전태일 아저씨 등이 그렇고 너희들이 잘 아는 문익환 할 아버지 또한 우리 모두의 등대지기라고 생각되는구나.

지난 백여 년 동안 그러니까 너희들이 보지 못한 친할아버지가 1901년에 태어나셨는데, 그 한 20~30여 년 전부터(1870년경부터) 지금까지 우리 7천만 겨레는 이루 말할 수 없는 어려움을 겪어왔단다. 자존심이 짓밟히고, 노예 비슷하게도 되고 매 맞고, 죽고, 헤어지고…… 참을 수 없는 지옥의 나날들이었다.

그리고 그 기간 동안 먼저 제 맘대로 하는 왕을 쫓아내고 민주사회를 이룬 나라들, 그와 더불어 공장을 세우고 경제를 발전시키고, 힘센 군대를 만든 나라들이 있었는데, 이들이 그만 교만해져 다른 나라, 다른 겨레를 짓밟고, 쳐들어가고 하여 미움과 전쟁이 그치지 않은 추악하고 혼란스런 백여 년이었다.

이 백여 년 동안 우리 겨레의 등대지기가 되었던 분들이 유관순 누나, 안중근 의사, 신채호, 한용운, 홍범도 장군이다. 또 있구나. 전봉준·김옥균 선생 등이 그분들이다. 다른 나라 사람이지만 중국의 손문, 인도의 네루와 간디 등도 그렇다. 이런 분들의 등대지기 역할로 우리 민중의 배가 암초에, 세계 인류가 증오로 인해 죽고 죽이는 참혹한 지옥에 빠지는 것을 피할 수 있었다.[97]

김근태는 현재의 '등대지기'로 김병곤·전태일·문익환을 들고, 근현대사에서는 유관순·안중근·신채호·한용운·홍범도·전봉준·김옥균, 외국인으로는 중국의 쑨원, 인도의 네루·간디를 예시했다. 어린 자식들에게 쓴 편지여서 김근태의 역사철학이 담긴 것이라고 단정하긴 어렵지만, 역사관의 일면이 드러난다.

김근태가 5월 중순에 두 자식에게 쓴 '빨래를 하다 보면'은 특이하다면 특이한 서신이다. '인병준과 인병민에게'라고 아들과 딸에게 엄마의 성씨를 붙인 것이다. 최근에는 부모의 성씨를 함께 쓰는 사람이 많지만, 90년대 초에 자식들에게 어머니의 성씨를 쓰는 경우는 찾기 어려웠다.

김근태는 대단한 남녀평등주의자였다. 아내에게도 꼭 경어를 사용하고, 국회의원·장관이 되었을 때에도 젊은 비서와 여직원에게 하대하지 않았다. 다음은 보건복지부장관 시절 연극인 손숙과의 인터뷰 내용이다.

손: 아내를 인재근 씨라고 호칭하세요?
김: 기분이 나면 '재근아' 그러고, 보통은 '인재근' 그러죠.
인: 저는 김근태 씨라고도 하고, 누구 아빠 하기도 하고, 화나면 '김꼰대' 그래요. (웃음) 애들도 그렇게 들어서인지 그냥 엄마라고 안 하고 인재근 엄마 그래요.[98]

'고무신을 거꾸로 신을 자유'

김근태 부부에게는 보통 부부와는 다른 '비화'가 적지 않다. 노동운동과 민주화운동의 '평생 동지'인 까닭이다. 옥중에서 남편은 부인에게

'고무신을 거꾸로 신을 자유'를 주는 편지를 썼고, 이것이 '운동권' 인사들에게 알려지면서 화제가 되었다.

김근태가 1차 감옥생활을 할 때의 일이다. 감옥에서 아내의 두 번째 생일을 맞은 '기념'으로 편지를 썼다. 편지가 지극히 '황당한' 내용이었다.

당신의 생일이어서 좋은 날인 오늘 나는 자유를 돌려드리겠소. 생일선물로서는 최상인 신발을 거꾸로 신을 수 있는 자유 말이오. 선택의 자유, 떠날 수 있는 그 자유 말이오. 끝으로 당신의 생일을 재삼 축하하면서……

김근태는 민주화운동의 최전선에서 활동하면서 '진반 농반'으로 아내에게 말하곤 했다. "징역 가게 되어, 5년 이상 옥살이를 하게 되면 상대방을 결단코 자유롭게 하겠다. 무조건 이혼서류에 도장을 찍고 일체의 면회, 편지를 단절시키겠다. 부담과 동정의 대상이 되는 삶을 살지 않겠다." 그런데 공교롭게 5년 징역형을 선고 받고 수형 생활 2년 차가 되는 아내의 생일날에 '신발을 거꾸로 신을 자유'를 주겠다는 편지를 쓴 것이다. 아내 인재근의 '답신'이다.

물론 징역 생활 1년을 넘기고, 대법원 판결을 받은 뒤 감옥 안에 있는 사람의 심정은 이해하지만 이 마지막 대목은 나를 열 받게 만들었다.
이 편지를 받은 그날 밤 나는 앞뒤를 모두 채운 5장의 편지를 남편에게 썼다. 주제는 신발을 거꾸로 신을 자유는 언제고 나 자신에게 있음을 알리는 것이었다. 우리가 10년간 같이 살아오는 동안 어려웠던 일, 특히 섭섭했던 일 등을 속사포처럼 쏟아내었다. 특히 두 아이를 낳아 키우면서

1990년 8월 23일 양손에 포승줄을 한 채
밝은 미소를 짓는 김근태의 모습.

나의 활동이 중단된 것에 대해서 제일 많이 썼던 것 같다. 나의 이 편지의
마지막은 이렇게 끝났다.

"여보! 나의 소원은 남자 파출부를 두고 사는 것이에요."

그 후 되도록 빠른 시일 내에 면회를 가려고 노력했고, 나는 두 아이를 데
리고 대관령 고개를 굽이굽이 넘어 남편을 찾아갔다. 아이들을 데려가면
특별면회라는 것을 하게 된다.

나는 남편을 보자마자 "아니 그 자유가 누구 자유인데 되돌려주고 말고
해. 김근태 씨!"라고 쏟아냈다.

남편은 쑥스러워하면서 "당신이 너무 바빠서 그런 자유가 있다는 것을
잊어버릴까 봐 알려줬어!" 하며 웃었다.[99]

다시 앞으로 돌아가서 '인병준과 인병민에게' 쓴 편지를 살펴보자. 빨래하면서 느낀 생각을, 아이들에게 스스럼없이 적었다.

여기서 이번 징역살이는 밝고 명랑하게 살려고 하고 있단다. 그러나 애들아, 그래도 어쩔 수 없는 일인지 지내다 보면 가슴에는 설움이 고이곤 하는구나. 너희들이 보고 싶고, 너희들을 껴안고 싶고, 그리고 자유로운 공기도 실컷 마시며 저 높은 하늘로 힘껏 머리를 젖혀 바라보고 싶구나. 너희들하고 엄마와 함께 말이다.

바로 그런 기분이 될 때 이럴 때쯤 나는 빨래를 한다. 정신없이 빨래를 하다 보면 비누거품과 함께 헹구는 물과 함께 눈물처럼 고여 있던 슬픔이 나에게서 빠져나가버리는 것이 느껴진다. 그리고 보너스처럼 그와 함께 노곤함, 유쾌한 피곤함도 몰려오고 말이다. 이러고 나면 며칠 동안 랄랄라 하면서 산단다. 아주 쾌활하게 말이다.

그러나 빨래는 쉬운 것이 아니다. 쪼그려 앉아서 하니까 허리가 아프고, 또 빨래가 많으면 어깻죽지와 등도 뻑적지근할 때도 있고 심한 경우 특히 담요 같은 것을 빨고 난 다음에는 몸살기 같은 것으로 인해 드러눕게 되기도 할 때가 있다.[100]

김근태는 빨래하는 일을 통해 아이들에게 남녀차별 문제와, 남녀평등을 가르친다.

아빠가 남녀차별 문제, 남녀평등의 문제에 대해 생각하고 공부한 것은 사람이 사는 이 세상을 어떻게 하면 보다 밝고 사랑스럽고 눈물과 한숨 그리고 원한이 없는 곳으로 만들 수 있을까 하는 마음에서였다.

또한 이런 방향으로 아빠가 많이 나아가게 된 것은 엄마에게 잘해주고 싶고, 잘 보이고 싶은 마음에서 비롯된 것이기도 하지만 또한 함께 결혼해 살면서 너희들 남매가 그렇듯이 엄마와 아빠도 서로 대립갈등하면서 타협하고, 물러서고 하며 배우면서 그렇게 된 것이다.

또 그런 생각에서 할머니도 생각해보고, 지금 부천에 살아 계시는 엄마의 엄마, 방순이 할머니의 아름다운 마음과 자신에 찬 생활을 보면서 한층 깊어진 것이다.[101]

세상에 어느 아빠가 딸을 귀여워하지 않고 사랑하지 않을까마는 김근태의 딸 사랑은 각별했다. "(남편이) 딸을 어찌나 예뻐하는지 꼭 자기만 딸 있는 거 같아요. 시집도 안 보낼 거래요. 딸에도 아빠 앞에서는 듣기 좋으라고 시집 안 간다고 하는데 제가 슬쩍 '너 어느 날 갑자기 뒤통수 치고 갈 거지?' 했더니 '물론이죠' 하더라구요"[102] 할 만큼 딸을 사랑했다.

김근태의 남다른 딸 사랑의 편지 한 꼭지를 더 소개한다. 5월에 병민의 생일날 쓴 '드높은 자존심은 흉이 아니다'는 제목의 편지다.

병민에게

네 말따나 병민이와 아빠는 짝꿍이란다. 병준이와 엄마가 그런 만큼, 그만큼 아니 그 이상으로 병민이 너를 좋아하고 사랑한단다.

어느 땐가 엄마가 와서 네 흉을 보던 때가 생각나는구나. 네가 괜히 징징거리고 짜면서 "내 편을 들어줄 아빠는 감옥에 가 있고……"라면서 꼴이

가관이라고 하더라. 이 얘기를 들으면서 나는 콧등이 찡하면서 매캐해졌었다. 아, 우리 병민이가 이렇게 커가는구나. 이렇게 아빠가 멀리 자주 떨어져 있는데도 잘 자라고 있고, 또 그런 식으로 기억해주고 있고 말이다. 병민아. 부모들은 자식들의 변화를 보고 느끼면서 감동을 받곤 한단다. 그리고 그런 변화를 자랑스러워하고 말이다.[103]

김근태는 딸에게 보내는 편지를 통해, 세상의 모든 여성들에게 당당하고 떳떳하게 살아갈 것을 바라는 메시지를 전한다.

병민이 너는 네 일을 네가 스스로 하고 또 그에 대해 책임질 줄 알기 때문에 그런 드높은 자존심은 흉이 아니라 자랑이 되고 아름다움이 되는 것이다. 이러한 병민이를 아빠는 자유인이라고 부르지 않을 수 없다.
노예처럼 아무에게나 머리를 숙이고 대신 동정을 받는 그런 사람과는 전연 관계가 없는 독립된 사람이지. 병민이는 아빠가 어른이 되어서야 비로소 가까워지고자 노력하고 있는 자유인에 벌써 한쪽 발을 들여놓고 있는 것이라고 믿고 싶구나. 이런 의미에서도 또 병민이와 이 아빠는 정말 친구이고, 서로 사랑하는 사이라고 말할 수 있을 게다. 너는 어떻게 생각하니, 병민아.[104]

딸 얘기만 하다 보니 아들에 대해서는 무관심했는가 싶겠지만, 역시 어느 부모가 아들, 딸 차별해서 사랑하겠는가. 이 무렵 병준은 열두 살짜리 초등학교 6학년이었다. 어릴 적부터 가정의 풍파를 겪어서인지, 그 나이에도 무척 어른스러웠다. 김근태는 8월 16일 병준에게 편지를 썼다. '한 줄기 바람처럼 향기로운 너의 노래'라는 제목을 달았다. 병준이 면회를 와서 불러준 노래를 듣고 감동한 것이다.

병준에게.

지난번에 내려와 병준이 네가 불러준 노래 정말 잘 들었다. 워낙 노래를 잘한다고 생각하고 있었지만 그날은 더욱 각별한 것 같았다. 네 노래를 들으면서 노래에 빨려 들어갔고 괜히 콧등이 시큰해지면서 네 노래에 공명되어 아버지 가슴 속에서는 어떤 떨림의 물결이 일어났다.

처음 듣는 노래여서 그 가사가 정확히 어떤 내용인지, 또 곡조의 어디에 아름다움의 무게가 집중되어 있는지 가늠이 잘되지는 않았다. 그럼에도 이런 것들이 느껴졌다. 상당히 긴 노래인데도 지루하게 생각되지 않았고, 비교적 밝고 명랑하며 또 호소력도 있는 멜로디를 갖고 있는 노래구나라고 말이다. (……)

병준이의 시원한 한줄기 바람 같았던 노래를 생각하면서, 지난날 아버지의 어둡고 슬프고 서러웠던 노래들, 그리고 실패했던 노래 〈사랑의 미로〉를 되돌아보았다. 그리고 노래는 무엇인가, 그리고 음악은 무엇인가도 약간 생각해보았다.

결론은 이렇다. 노래는, 음악은 정말 해볼 만한 것이다. 특히 병준이처럼 재능이 있는 경우에는 정말로 고려해볼 만한 것이 아닐까 여겨진다. 물론 그 결정은 병준이 네가 하는 것이고……

그러나 큰 성취를 이루고자 하는 경우에는 열정과 노력이 재능 못지않게 중요한 것임은 말할 필요도 없는 것이다. 내년엔 중학생이 되는 병준이가 깊이 생각해볼 만한 일일 것이다.[105]

'서정시인' 혹은 '사회학자' 김근태

김근태는 대단한 문장가다. 편지 글의 면면을 읽다 보면 '투사'로서는 어울리지 않을 듯한 서정적이고 서사적인 문장과 곳곳에서 마주치게 된다. 리얼리즘 문학 작품으로도 손색이 없는 구절이 글의 품격을 높여 준다. 다음은 '겨울감옥' 추위의 정황을 그린 대목이다.

인재근 씨에게.

정월 추위를 타는 모양입니다. 손이 다시 시리고, 자꾸만 허리춤 사이로 들어갑니다. 더욱 묘한 것은 해가 훤하게 밝은데도 바람이 팽팽해서 어수선하고 약간 불안한 듯한 분위기입니다.

간밤은 참으로 뒤숭숭했습니다. 한숨이 두껍게 내려쌓여 있는 4동 뒤 좁은 마당을 돌개바람이 사납게 휘저었고 비닐 창문을 쉬지 않고 덜컹덜컹 흔들어댔습니다. 바람으로 어수선한 밤에 넓은 방에 늦도록 혼자 앉아 있는 것이 청승맞을 듯싶어 일찍 잠자리에 들었습니다. 침낭 속으로 잠 속으로 기어들어갔습니다.

시간이 어떻게 되었는지는 모르나 한밤중에 바람 소리, 창문 덜컹거리는 소리로 인해 나의 얄팍한 잠에서 끌려나왔습니다. 어사무사한 경계에서 버둥대다가 결국 눈을 뜨고 말았습니다. 마침 아랫배도 탱탱하게 되어 더 버티기도 어려웠습니다. 그렇게 깨고 나서 다시 잠이 들지 못해 머리가 멍한 상태입니다.[106]

다음은 신 새벽 감옥 담장 위로 치솟은 나무들을 바라보며 느낀 소회다. 마치 잘 다듬은 한 편의 산문 같다.

새벽 미명에 자리에서 일어나 비닐 창문을 열고 내다보는 이곳의 풍경은 매일 좋구려. 거친 시멘트 선, 건물의 사나운 직각이 시야를 찢고 들어오지만 거기에 별로 신경 쓰이지는 않는구려. 때때로는 답답하게 느껴지는 담장 훨씬 위로 까마득하게 치솟아 올라간 20여 년 이상 묵은 나무들이 그렇게 정답게 다가올 수가 없소.

마치 머리를 기웃거리며 아는 체하고 내 방을 들여다보려고 하는 것 같다오. 거칠 것 없이 시원하게 크면서도 미루나무처럼 본때 없이 그리하여 허전하고 허망하게 기다란 그런 모습이 아니고, 희끄무레한 새벽하늘을 뒤로하고 약간씩 구불텅구불텅 틀면서 다시 올라가고 그러다가 줄기를 내어 함께 위로 솟구쳐 오른, 빙 둘러쳐진 나무들 모습이 아주 친근하게 느껴지는구려.

여기에 갇혀 있던 사람들의 한과 한숨이 저렇게 나무를 굽이치게 만든 것이 아닐까 싶기도 하오. 당신과 만나서 살아온 지난날들이 미명에 그 진짜 모습을 드러내는 저 나무처럼 여겨지는구려. 짧지 않은 세월을 저렇게 쭉 밀고 올라왔고, 그러면서 정답고 또한 구불텅한 굽이와 옹이도 없지 않았던 세월이었지요.[107]

다음은 몇 해 전에 세상을 뜨신 어머니에 대한 '사모곡'이다.

꿈결처럼 다가오는 뿌연 저 인왕산 중턱의 색깔 변화가 어머니를 생각하게 하는구려. 우리 어머니는 피리를 잘 불었다오. 버들피리, 보리피리 모두 말이오. 봄은 어머니의 피리 소리를 타고 널리 퍼져나갔던 것이오. 물오른 버드나무 가지를 잘라 새끼손가락만 하게 하고, 입에 무는 부분은 껍질을 살짝 벗긴다오. 먼저 만든 것은 나를 주시고, 또 하나를 만들어 입에 무셔서 적절한 위치를 잡으시는 것이오.

그 곡조가 어떤 것이었는지는 모르겠으나 내 입 속과 귓가에서는 뱅뱅 돌고 있지. 끊어질 듯 이어지고, 또 뭔가를 호소하고 거듭 호소하면서 반복되고, 변주도 되는 것 같았소. 그럴 때 어머니 표정, 나는 아직도 생생하게 떠올릴 수 있다오. 눈길은 아득히 먼 곳으로 가버리고, 몸은 점점 야위어 가는 듯싶고, 그러면서도 생기가 도는 우리 어머니였다오. 이때의 어머니를 제일 사랑했던 것이오.[108]

다음은 '진눈깨비'에 관한 단상이다. 국어사전에서는 "비가 섞여 내리는 눈"이라고 풀이한다. 김근태의 해석은 철학적이다.

며칠 전에 어둑어둑해질 무렵부터 진눈깨비가 내리기 시작했습니다. 그 내리는 모양도 그렇지만, 이름부터가 약간 재미있고 짓궂은 듯하면서 또 한편으로는 아귀가 안 맞고 김빠지는 느낌이 듭니다. 눈이 질다는 것이 형용 모순이면서도 말이 되는 것이 재미있고, 도대체 '깨비'라고 붙은 것들이 모조리 약간은 채신머리없고, 방정을 떠는데 그러면서도 악의나 잔인함은 상당히 배제되어 있는 듯이 여겨집니다. 방아깨비, 허깨비, 도깨비 같은 것들이 그것들인데 이 반열에 진눈깨비도 끼어 있는 게 아닌가 싶습니다.

그러나 이 철늦은 진눈깨비를 바라보면서 내 마음은 재미있다든지 장난

치고 싶다든지 하는 그런 기분이 아니었습니다. 스산한 느낌이었습니다. 쇠창살에 갇혀 제압당하고 그 쇠창살 위에 다시 촘촘히 그물눈의 쇠철망을 덧씌워 시원스런 시야도 차단당하여 내리고 있는 진눈깨비를 한참 쳐다보고 있으면 눈이 마침내 가물가물해지는 짜증스러움이 마음을 복잡하게 하였습니다.[109]

다음은 생전에 김병곤의 셋방을 찾아가서 함께 민청련 일을 하자고 제안하던 날, 기쁘면서도 한편으로는 쓸쓸했던 심정을 그린 글인데, 집안 풍경 묘사 속에 그 복잡한 감정이 잘 녹아 있는 글이다.

그런 약속을 한 곳은 원효로의 어디쯤인가, 창고 같은 2층에 병곤이가 살 때였습니다. 마루엔 애들 기저귀가 치렁치렁 걸려 있었고, 문숙 씬 식사 준비한다고 종종걸음을 치고 있었지요. 그 얘기를 들으면서 나는 기쁘고 자랑스러웠지만, 동시에 가슴 저 밑바닥에서 솟구쳐 오르는 아픔, 그리고 슬픔으로 옆구리가 결리는 듯했습니다. 앞으로 어떻게 살아갈 건지, 뭐 대단한 계획이야 있을까만, 그래도 봉급 받아서 뭣인가 해보려고 하고 있었을 텐데, 아무런 대책 없이 그렇게 떠나는 병곤이가 과연 잘하는 것이고 그것을 권하는 나는 또 무엇인가 하는 상념에 흔들렸습니다. 그날 문숙 씨를 정면으로 쳐다보지 못하고 외면하고 앉아 있다가 옆걸음을 쳐 나왔던 것이 아직 기억에 생생합니다.[110]

이처럼 서정시인 또는 서사시인의 모습을 보여주다가도 다음과 같은 대목에 이르면 '민중론'을 주창하는 치열한 사회학자의 모습으로 돌

김근태가 부인 인재근에게 보낸 편지로 한국 사회변동과 민주화운동 노선들에 관한 내용을 담고 있다.

아가기도 한다.

민중은, 그리고 대중은 사회와 역사의 주인이고 또 더욱 그렇게 되어야 겠지요. 그러나 오늘의 민중이, 대중이 이미 자동적으로 그러한 능동적이고 주체적인 주인이 되어 있다고 하는 주장에 대해 나는 여전히 어느 정도 비판적이고 회의적이기까지 합니다. 물론 이 원인은 그들에게 있는 것은 아니지요. 장애를 타고 넘어 스스로 사회와 역사의 주인이 되어야 하는 그 책임은, 그 과제는 민중 자신에게 짐 지워져 있는 것이지요. 이것은 만만치 않은 일이라고 해야 할 것입니다. 여기에 그것을 매개하고 안내하는 그 역할이 바로 운동과 활동가의 임무인 것이지요. 여기에 민중과 활

김근태가 옥중에서 부인 인재근에게
보낸 편지로 깨알 같은 글씨들이
인상적이다.

동가, 대중과 운동 사이에 팽팽하고 긴장되면서 창조적인 변증법적 통일
이 요구되는 것입니다. 또한 구호는 필요하지만, 단순한 그것의 반복으로
써 문제가 해결되는 것은 아닐 것입니다.[111]

그런가 하면 김근태는 뜨거운 피의 혁명가다. 혁명가 중에는 시인의
품성을 가진 사람이 적지 않았다. 김근태는 낭만주의적인 변혁운동가,
또는 사회혁명가였다.

그러나 나는 약간 달리 판단하고, 달리 주장했습니다. 단지 1단 기사로 나
거나 아니면 뭉개져버렸던 투쟁의 소식이 못지않게 중요하다. 그와 같은

탄압의 시기에 모든 투쟁은 자기희생과 헌신을 요구하고 있으며, 그리하여 거기엔 높은 도덕성이 살아 있다. 우리는 대중의 마음속으로 전파하고 전염시켜야 된다. 이것이 무엇보다 중요하고 또한 중시되어야 하는 것이며, 민주변혁의 시작은 오직 그럴 때 그곳에서만 이루어질 수 있다. 그리고 그런 관점에서의 민생 문제 접근은 자칫하면 협소하게 될 수도 있고, 의도와는 다르게 민중을 수동적이고 이기적인 차원에 붙박아놓는 결과가 될 수도 있다고 나는 주장하였습니다.[112]

하지만 김근태 역시 여리고 흔들리는 연약한 자연의 산물인 보통 사람이다. 독재정권의 폭압에 맞서 그 부당함에 저항하다가 가족과 친구들로부터 떨어져 철창에 갇힌 수인이 되었을 뿐, 그의 본성은 더불어 살아가기를 원하는 순하고 선한 이웃이었다.

우리는 아무도 일생 동안 거침없이 자기의 십자가를 메고 늠름하고 당당하게 이 세상을 살아갈 수는 없다고 생각합니다. 힘에 겨워 쓰러져 무르팍 깨지고 하염없이 눈물 흘릴 때가 있고, 외로운, 지독히 외로운 곳에 넘어져 신음할 때가 있습니다. 감옥에 갇힐 때마다 나는 그런 것 같습니다. 그리고 내가 보는 다른 분들도 대충 나와 비슷하다고 생각되는군요.
우리는 서로 위로가 필요합니다. 그런 취약함을 고백하는 속에서의 약함의 연대가 함께할 때마다 우리의 강한 연대인 신념과 이상이 오만과 허위의 나락에 떨어지는 것을 방지할 수 있습니다. 아니 그럴 때마다 우리는 저 앞을 향해서 나아갈 수 있습니다. 여기에서야 구원이 있을 수 있습니다.[113]

3부

정치와 영혼,
1992-2002

　"민주화운동에 오랫동안 몸담아온 것 때문에 어떤 사람들은 나에게서 강경한 투사라는 인상을 먼저 떠올립니다. (……) 내가 꿈꾸는 이상적인 모습은 도덕적인 자신감에서 오는 자유로움을 갖추고 균형감각을 잃지 않는 것입니다. 부드러우면서도 힘이 있는 것입니다. 진지하게 고민하며 더 나은 내일에의 비전을 가질 만큼 지혜로운 사람이 되는 것입니다. 물론 지금 내가 그런 것은 절대로 아닙니다. 그러나 그렇게 되려고 노력은 하고 있다고 감히 말씀드립니다."

ㅡ『희망은 힘이 세다』에서 인용

7장

민주대연합을
향해,

국회의원
김근태

만기 출옥

짙은 어둠이 깔린 1992년 8월 12일 0시 30분, 소낙비가 세차게 내리고 있었다. 이윽고 옥문이 열리고 2년 3개월 옥살이를 한 김근태가 얼굴에 환한 미소를 띠우고 홍성교도소 정문을 천천히 걸어 나왔다. 인재근과 가족이 함께했다.

김근태가 2년 실형을 선고 받고도 3개월을 더 산 것은 이른바 '미결 통산'을 제외한 때문이었다. 군사정권의 철저한 보복이 자행된 것이다. 양심수의 경우 수형 일수가 줄어든 경우는 있어도 늘어난 일은 없었다.

환영객들이 부른 〈임을 위한 행진곡〉이 빗속에서 더욱 비장하게 들렸다. "사랑도 명예도 이름도 남김없이/ 한평생 나가자던 뜨거운 맹세/

1992년 8월 12일 무동을 타고 홍성교도소를 나오고 있는 김근태.

세월은 흘러가도 산천은 안다/ 깨어나서 외치는 뜨거운 함성/ 앞서서 나가니 산자여 따르라/ 앞서서 나가니 산자여 따르라."

서울·부산·광주·대구·청주에서 밤길을 달려온 선후배와 동료 150여 명이 그의 출소를 지켜보았다. 환영객 중에는 김병걸·고광석·지선 스님·최민화·김희택·유기홍·장기표 등 재야의 동지와, 장영달·이해찬·원혜영·신계륜 등 민주당 관계자, 손학규·정운찬 등 학계 인사가 포함되었다. 특별히 미국인 에드워드 베이커의 모습도 눈에 띄었다.

비가 내리는 가운데 민족민주운동연구소 최민화 소장의 사회로 한밤중에 '김근태 석방 환영대회'가 열렸다. 교도소 당국은 그의 석방에 전국에서 민주인사들이 몰려올 것을 우려하여 출감 시간을 한밤중으로 택했지만, 전국에서 사람들이 몰려들었고, 빗속에서 환영대회가 열렸다.

김근태는 인사말에서 "문익환·임수경·문규현 등 통일운동과 민주화·노동운동을 하다가 옥살이를 하는 분들을 남겨둔 채 석방되어 이들에게 송구스럽다"면서, 정부에 이들의 조속한 석방을 촉구했다. 목이 메어 간간히 연설이 중단되기도 했으나, 그는 옥중에서 더욱 단련되고 다듬어진 언어를 통해 출감소감을 밝혔다. 빗줄기는 그치지 않았다.

김근태는 어느새 45세의 중년이었다. 30~40대를 온통 수배와 고문, 옥고를 치르느라 청춘을 박해 속에서 보낸 것이다.

그가 출소되기 전에 실시된 제14대 총선(3월 24일)에서 민자당은 과반수 의석 확보에 실패했다. 민자당 149, 민주당 97, 국민당 31, 무소속 21석이었다. 이런 가운데 정국은 대통령선거전으로 치닫고 있었다. 정주영이 국민당을 창당하여 총선에 참여한데 이어 대통령 후보에 나서고, 당권투쟁 끝에 김영삼이 민자당 후보가 되었다. 그리고 통합민주당에서는 김대중이 입후보했다. 정국은 바야흐로 대선국면으로 접어들어 삼복 무더위를 무색케 하는 선거 열기로 후끈 달아올랐다.

국민의 관심은 1987년의 대선에서 분열했던 '민주화의 동지' 김영삼·김대중이 두 번째 맞붙어 자웅을 겨루는 상황에 모아졌다. 달라진 것이라면 김영삼이 군부세력과 협력하여 창당한 여당의 후보가 되었다는 점이었다. 김근태는 그가 3당 야합으로 군부세력과 손을 잡을 때부터 크게 실망하면서 그에 대한 가치판단을 달리하게 되었다.

김근태가 옥중에 있을 때 남북관계를 비롯해, 대공산권 관계에서 큰 변화가 진행되고 있었다. 1990년 7월 20일 노태우의 '남북 간의 민족대교류를 위한 특별선언' 발표에 이어, 9월 14일 남북고위급회담이 서울에서 개최되고, 9월 30일 소련과 국교를 수립했다. 1991년 9월 17일 남북한이 유엔에 동시 가입하고, 12월 13일 남북고위급회담에서 '남북한 간 화해와 불가침 및 교류협력에 관한 합의서'가 채택되었다.

이어서 '남북비핵화선언'도 채택되었다. 바야흐로 남북 간에는 대화가 진척되고, 그동안 동서냉전의 틈바구니에 갇혀 있던 한국은 이제 공산권과도 교류를 트게 되었다. 노태우 정권으로서는 역행하기 어려운 국제정세의 변화에 따른 불가피한 선택이었다.

김근태는 출소 6일 뒤인 8월 18일 서울 외신기자클럽 초청으로 서울 프레스센터에서 기자회견을 갖고 '민주대연합을 통한 민주정부 수립의 길로'라는 제목의 기조연설을 한 뒤 질문을 받았다. 그는 이 자리에서 자신이 투옥된 것은 노태우 정권이 자행한 정치보복이었다고 밝혔다.

1990년 1월 3당 야합으로 민자당이 만들어진 이후 부동산 가격 인상, 물가폭등, 민주화의 정체, 개혁정책의 폐기 등으로 초래된 총체적 난국 속에서 항의하는 민중을 침묵시키려고 결행된 탄압이다. 독자 정당 창당에 반대하며, 민자당 야합에 대응하기 위해 내가 구속된 후 시도되었던 평민당, 민주당, 재야 3자의 통합된 수권민주정당(야당) 창설 추진에 대한 권력의 사전 예방적 정치보복이었다.[1]

이 연설문은 김근태가 오랫동안 옥중에서 생각을 거듭해온 민족 문제, 민주주의, 민중생활 등 담론과 1990년대 한국 사회가 추구해야 할 방향을 제시하고 있다. 3년여 동안 다듬어진 시국관이고 정치철학이었다.

연설문에 나타난 내용을 보면 김근태는 운동가에서 정책평론가로 변신한 모습을 보인다. 어느 대목에서는 경륜과 철학도 제시한다. 5년여 동안 옥중에서 지적으로 연마한 결과이며, 깊은 사유의 산물이다. 다음의 몇 대목에 주목해보자.

문익환 목사, 문규현 신부, 임수경 대표 등은 단순히 북한을 방문하여 북한 사람을 접촉했다는 이유 때문에 중형으로 처벌되고, 권력층 인사나 재계 인사들은 아무런 법적 구속 없이 북한을 방문하고 북한 사람을 접촉하고 있는 이런 이중적 상황은 법치주의와 정면충돌하는 것이다.

비록 개인적 자유의 신장, 인권의 부분적 개선이 있고, 총선거가 시행되고 있다는 점에서 일정한 진전이 있지만, 그것은 여전히 민주주의는 아니며, 고압적 권위주의로부터 상대적으로 완화된 권위주위로 변화한 것이라고 해야 할 것이다. 따라서 민주주의의 실현은 지금도 우리 운동의 가장 중요한 목표이다.

한반도에서의 통일은 누구도 침해하고 간섭할 수 없는 우리 민족의 권리이다. 아직 통일방안, 과정, 절차에 대한 구체적이고 심각한 논의가 이루어지고 있지는 않다. 주한미군의 존재와 그 지위에 대한 검토 또한 의미있는 수준까지 나아가지 못했다. 그러나 기본합의서, 그리고 남쪽 정부의 한민족공동체 통일방안과 북쪽 정부의 고려연방제안을 토대로 하여 그 공통점, 접근 가능한 유사점과 차이점을 비교하여본다면 잠정적으로 이러한 결론을 얻을 수 있다. 연방제 성격을 가미한 국가연합과 국가연합적 성격을 가미한 연방제 사이의 어떤 지점에서 통일방안은 성립될 수 있을 것이다.

통일된 한반도는 소극적으로 본다면 지역의 세력관계에서 균형추의 역할을 할 수 있으며, 일본의 민주 세력과 더불어 지역 내의 민주 발전에 기여할 수 있게 될 것이다. 그리고 또한 중국의 경제성장과 발전을 얼마만큼 도울 수도 있으며, 그런 과정에서 개발독재식의 지나친 경제주의적 편향을 수정하고 극복하는 것을 지원할 수 있을 것이다.

야권의 승리를 통한 민주정부 수립만이 민주주의 실현을 전면적으로 담보할 수 있다. 그러나 현재의 상황과 조건에서 이것은 민주당의 힘만으로 이루어질 수가 없다. 민자당은 지방자치단체장 선거를 거부함으로써 대통령선거에서 행정권의 광범한 개입을 이미 추구하고 고무하고 있는 셈이다. 언론에 대해서도 협조요청이라는 이름으로 광범한 개입과 간섭이 본격화되고 있다.

재야는 이제 자신의 오만했던 점과 분열을 반성하고 있다. 이것을 토대로 전체 재야 세력의 통일·단결을 곧 국민회의 결성을 통해 실현해낼 것이다. 나는 여기에 겸허하게 그러면서 책임 있게 결합할 작정이다. 하지만 국민회의가 성과 있게 결성되더라도 지난 시기와 비슷한 정치적 영향력은 되찾기 어렵다는 것을 우리 자신도 알고 있다. 그러나 통합된 기초 위에서 우리가 노력한다면 일정한 부분을 복원할 수 있을 것이라고 생각한다.[2]

다시 '민주대연합론'

김근태는 출소 직후《월간 말》과 가진 인터뷰에서, 자신이 그동안 줄기차게 제기해온 정권교체를 위한 '민주대연합론'을 개진했다. 옥중에서 오랫동안 고민해본 결과 야당의 일각까지 가세한 수구 세력을 깨는 데는 민주대연합밖에 달리 방법이 없었다는 것이다.

민주연합의 내용은 사회과학적으로는 기층민중과 중간 제계층, 그리고 민족적 입장의 자본가가 상호 동맹세력으로 재배치되는 것을 의미한다. 이것이 현상적으로는 재야와 제도야권의 결합으로 표현되는 것이다. 우리 운동의 현 단계 전략적 목표인 자주·민주·통일을 이룩하기 위한 운동의 상호 대치선은 외세와 국내 지배세력을 한편으로 하고 재야와 제도야권의 연합세력을 한편으로 하는 대립으로 돼야 하며 이럴 때 어느 정도 승산 있는 싸움이 가능하다.

따라서 재야 세력은 비제도권에서 자신의 본대를 꾸리고 이 본대를 확장시키는 과정에서 일부가 제도권에 들어가 제도야당 내부에 교두보를 확보하며, 이러한 민족민주 세력의 의원단이 의회에서 민중적 대의를 널리 알리고, 대중운동을 엄호하는 활동을 전개하는 것이다. 이것이 이전까지 주장해온 이른바 '제도야당의 민주연합당으로의 개변'을 의미하는 것이다.

물론 그렇다고 이것으로 민주연합이 완성되는 것은 아니다. 여전히 민주연합당의 주도권은 역사적으로 형성돼온 제도야당의 지도부에 남아 있다. 따라서 재야는 비제도권에 공개정치조직을 결성해 재야의 연합전선을 형성하고 향후 민주연합당으로 개편되는 제도야당과 다시 연대하고 연합해 민주대연합의 완성태를 만들어가야 한다고 생각한다.

올바른 민주연합이란 선거 과정뿐만 아니라 만일 투표에서 이기고 개표에서 질 경우 대중운동을 통해 국민주권을 지키기 위해서도 절대 필요한 것이다. 그런데도 기존의 '정치세력화' 주장은, 재야는 이미 역사적으로 정치세력으로 받아들여지고 있는데도 불구하고 재야의 일부가 제도권

내에 어떻게 자기의 교두보를 구축하는가의 문제를 정치세력화로 잘못 해석함으로써 실천적인 패배를 겪었다. 따라서 과거 "독자 정당 결성이 올바르냐 틀리냐, 지금 가능하냐 불가능하냐"로 논쟁한 것은 전제부터가 오류였다고 생각한다.[3]

김근태의 '민주대연합론'은 많은 재야인사와 진보적 정당 세력에서 크게 공감을 불러일으켰다. 재야 중에서는 제도정치권의 참여를 사갈시하는 부류가 있었고, 제도권에서도 이들의 참여를 못마땅해하는 부류가 있었다. 하지만 해방 이후, 더 멀리는 일제강점기에 친일 협력자들을 모체로 하여 인적·물적 기반을 구축해온 보수기득권 세력에 맞서 민주정권을 수립하기 위해서는 재야와 양심적 제도야당의 연대가 필수적이었다.

김근태는 혁명주의자이기보다는 개혁론자였다. 의회를 통해 민중이 주인이 되는 민주주의를 이루고, 이를 바탕으로 통일로 가야 한다는 입장이었다. 이를 위해서는 민주대연합이 중요하다는 주장을 폈다.

기자가 물었다. "1987년 김대중 씨를 지지했는데 지금은 통합민주당과 김대중 대표에 대해서 어떻게 생각하는가?"

민주당의 성격은 중간 제계층, 민족자본가 일부의 이익을 대변하고 있다고 본다. 역사적으로는 분단을 옹호하는 세력으로 출발했지만 지난 시기 지배세력의 일방적인 탄압 때문에 압박을 받아 반독재 투쟁에 나섰고, 따라서 지배세력을 이탈한 국민들의 기대가 한때 제도야당에 대한 기대로 이어지기도 했다. 그러나 1987년 야권분열로 민주정부 수립이 실패로 돌아가자 대중은 야당에 실망하고 재야 민족민주운동에 기대를 모았는데, 재야는 불행히도 전민련 시절 관념적 조급성으로 인해 선배 운동가들을 분리시켜내고 운동 내부의 분화를 분열로 처리해버리는 정치력의 빈곤을 증명해 보이고 말았다.

결국 1987년 대선의 분열을 극복하지 못한 재야에 대해 국민들도 지지를 철회해버렸던 것이다. 문제는 이런 상태에서 대중이 공적 영역에서의 책임을 철회하고 사적 이해관계의 축으로 옮겨 자기의 이익만 추구하는 것을 정당화할 때 파시즘의 물적 기초가 될 수도 있다는 점이다. 광역선거 전후 나타난 무서운 침묵과 정치적 무관심은 유신 중후기의 공포를 연상시키는 것이었다. 이것이 지난해 평민·민주당의 통합으로 일부 복원되었지만, 아직도 충분히 회복되었다고 생각하지는 않는다.

지금 대선 승리의 묘수가 따로 있는 건 아니다. 또 이대로 가면 패배한다는 견해에도 동의하지 않는다. 중요한 것은 대중이 마지못해서 후보를 선택하게 해서는 안 된다는 점이다. 이런 점에서 민주대연합의 최대주주인 민주당의 김대중 대표는 이러한 책임을 면할 수 없다. 지배세력이 조장한 지역패권주의에 의해 분열된 대중의 힘을 이끌어내려면 이런 교착국면에서 지도자의 도덕적인 결단과 자기희생이 필요하다. 그리고 국민대중이 주관적으로나 객관적으로나 승리하는 민주대연합이 이루어져 수권의 준비가 다 이루어졌다는 일체감을 가질 수 있도록 해야 한다. 이런 점에선 대선 승리를 위한 김대중 대표의 자기희생이 결국 궁극적인 승리를 가져올 수도 있다는 점을 지적하고 싶다.[4]

김근태는 '민주대연합의 최대주주'인 김대중의 존재나 가치를 부정하지는 않으면서 "도덕적 결단과 자기희생론"을 완곡한 표현으로 제기했다. 향후 진로와 관련해서는 "민주대연합을 위해 동지들과 상의해 결정하겠다"고 말했다.

김근태는 다시 활동에 나섰다. 그의 위상은 이미 재야의 중진 지도자로서 손색이 없었다. 이론과 전략 그리고 투쟁 면에서 그를 따를 사람이 많지 않았다.

'국민회의' 결성

김근태는 1992년 10월 재야인사들과 '민주대개혁과 민주정부 수립을 위한 국민회의'(국민회의)를 결성하고 위원장에 선임되었다. 대선을 코앞에 둔 시점이었다. 보수대연합 함대인 민자당은 5, 6공의 모든 자원, 심지어 박정희의 유산까지 동원하여 정권 재창출에 혈안이 되었다.

반면에 초라해진 민주당은 다시 김대중을 내세워 혈투를 전개했지만 역부족이었다. 보수언론·검찰·관료·재벌이 총동원되고, 부산 복집기관장회의를 통한 관권개입은 물론, 나중에 드러났지만 재벌에서 3천억 원을 김영삼에게 지원하는 등 상상을 초월하는 금권선거를 치렀다.

김근태는 1992년 9월 17일 《정세연구》지의 초청을 받고 '90년대 민족민주운동의 방향'이라는 주제의 대담을 가졌다. 대선 정국에서 이번에도 야권은 분열되고, 심지어 과거 학생운동과 재야의 지도자급 인사 중에 민자당 후보 진영에 참여한 이도 적지 않았다.

이 대담에서 김근태는 재야 단체의 문제점으로 급진적 관념론과 세력관계에 대한 올바르지 평가를 꼽고 이어서 몇 가지 문제를 더 제기했다.

우리가 유리할 때 준비하지 않으면 그것은 불리한 시기로 반전되는 상황 속에서 굉장히 많은 희생을 내게 된다는 것을 알 수 있습니다. 이를테면 전쟁에서 공격할 때는 사상자가 별로 발생하지 않지만 후퇴할 때는 사상자가 많이 발생합니다. 왜냐하면 공격할 때는 사기가 충천하고 대오를 갖추어서 공격하는 데 반해, 후퇴할 때는 오합지졸 상태이기 때문입니다. 이러한 상태로부터 시급히 벗어나지 않으면 안 된다고 생각합니다.

만약 우리가 대오를 제대로 갖춰내지 못한다면 사상자가 굉장히 많이 발생할 것이고, 후퇴하는 대오 속에서 지배세력의 공격 앞에 동요하는 상황이 벌어질 것입니다. 따라서 우리 내부에서 반복해서 위기를 주장하는 것에 대해 단호히 대처해야 합니다.[5]

어느 나라나 보수 세력은 대단히 정략적인데 비해 진보 세력은 단순한 편이다. 한국의 사정도 크게 다르지 않았다. 4월혁명, 10·26 사태, 6월항쟁 그리고 김대중·노무현 집권기가 그렇다. 유리한 국면에서 대비하지 않다가 5·16 쿠데타와 5·17 변란, 6·29와 3당 야합 그리고 이명박의 민간파쇼를 불러왔다. 김근태는 이것을 우려한 것이다.

12월 19일 실시된 대통령선거는 예상대로 김영삼이 유효표의 41.4퍼센트를 얻어 33.4퍼센트를 득표한 김대중을 누르고 제14대 대통령에 당선되었다. 정주영 16.1, 박찬종 6.3, 이병호 0.2, 백기완 1퍼센트였다. 이번에도 정주영·박찬종·백기완 등 군소후보가 야권표를 갈라먹었다.

개표 결과를 지켜본 김대중은 김영삼에게 당선 축하를 전하고 정계 은퇴를 선언, 파란 많았던 정치 활동을 접었다. 그는 끝내 완고한 보수 와 지역의 벽을 넘지 못했다. 김근태의 실망은 적지 않았다. 이번에도 야권후보 단일화에 실패한 데 대한 무거운 책임감을 느껴야 했다. 대선 이 끝난 뒤 김근태는 선거법 위반 혐의로 검찰과 경찰에 두 차례 소환 되었다. 그리고 기소유예 처분을 받았다.

김근태는 진보민주 세력이 보수야합 세력에 패배한 데 대한 허탈과 좌절감을 쉽게 떨치기 어려웠다. 한 언론과의 인터뷰에서 "김근태 위원 장은 선거 평가 이야기가 나오자 매우 고통스러운 표정을 지었다. 그리 고 선거 이후 심한 허탈감 속에서 힘든 나날을 보내왔음"을 솔직히 고 백했다. 그는 새로운 모색은 "쓰라림 속에서의 모색이 되어야 한다"고 이야기했다. "솔직하고 겸허하게 이 사태를 받아들이자. 섣부른 합리론 으로 이 고통을 외면하려 한다면 더 큰 좌절을 만들 것이다." 김근태는 대선 패배 뒤 한 언론과의 인터뷰에서 이렇게 심경을 밝히고, 이어서 패배의 이유를 다음과 같이 진단했다.

표의 흐름과 결과를 보면서 느껴지는 것은 국민대중의 도덕적 판단이 마 비된 것이 아니냐는 생각이다. 예를 들면 부산기관장 대책회의를 이야기 할 수 있다. 이 사건은 지배집단의 도덕성과 정치적인 의식이라는 것이 얼마나 엉망인가 여실히 드러난 사건인데 이 부분에 대하여 국민은 표로 응징하지 않았다.

영남지역에서는 위기감을 조성하여 오히려 몰표를 가져오고 수도권은 이를 응징하지 않았다. 또 지배세력은 색깔론을 통해서, 일정한 바람과 변화에 대한 두려움의 이중성을 가진 중간층이나, 심지어 생활수준과 소비수준이 나아졌다고 생각하는 기층민중의 동요를 일으키면서 안정희구 심리를 도출해냈는데 이것도 참 어이가 없다. 아파트에서 지배세력의 몰표가 나왔다. 도대체 아파트 17평, 20평을 가진 사람들, 상대적으로 이야기해서 20~30평을 가진 사람들이 정권교체가 이루어졌을 때 자기들의 기득권에 부담과 손해가 올 것이 무엇이 있는가?[6]

'남은 자'들의 역할을 강조하며 기층민중에 한없는 애정을 가져왔던 그가 제14대 대선의 결과를 두고는 "국민의 도덕적 판단이 마비되지 않았는가" 하는 격한 분노를 터뜨렸다.

하지만 김근태는 절망하지 않았다. 여전히 민중에 대한 신뢰를 떨치지 않았기 때문이다. 그러면서 패배의 원인을 냉정하게 성찰했다. 김근태의 특장 중 하나는 사안에 대한 냉철한 분석력이다. 여러 차례 좌절과 절망을 겪으면서도 매번 정확하고 냉철한 분석을 통해 대안을 마련하고 살아남을 수 있었다.

지난 대선 이전에 나는 이런 이야기를 한 적이 있다. 바이마르 공화국 후반기에 정치세력의 교착이 발생한 상황에서 상당한 부분이 공적 의사결정 과정으로부터 퇴각해버렸다. 지금 우리 사회의 상황은 이와 유사한 측면이 있다. 세계 사회의 일정한 변화, 국민 대중의 요구가 고조되었을 때 민주권력의 창출에 실패한 결과라고 생각되는 측면도 있지만 그에 못지않은 것은 민족민주운동이 짊어져야 할 자기 책무를 다하지 못한 것, 그중에서도 분열이 결정적이었다고 본다. 특히 분열이 제도정치세력화를 어떻게 이룰 것인가를 놓고 발생했는데, 대중들은 그런 분열 세력을 신뢰할 수 있는 대안 세력으로 인정하지 않는다.[7]

'통일시대민주주의국민회의' 창립

김영삼의 당선으로 외형상 32년의 군부독재를 끝내고 문민시대가 열리는 듯했지만, 김영삼이 노태우 정권에 참여한 것과 그를 둘러싼 수구세력의 면면으로 보아 진정한 민주정부 수립은 어렵다고 보았다. 그래서 김근태의 고민은 깊어갔다.

하여 이를 대체하는 차기 집권 세력의 형성이 무엇보다 중요한 과제라고 여겼다. 김대중이 떠난 민주당은 지도력의 부족으로 '배가 산으로 올라가는' 형국이었다. 김근태는 여러 날 동안 생각한 끝에 '정치적 국민운동론'을 제기했다.

김근태는 1993년 5월 13일 한 시민단체가 주최한 토론회에서 '정치적 국민운동체의 구상과 전망'이라는 주제를 발표했다. 그는 먼저 민족민주운동 세력의 문제점을 냉철하게 분석했다. 그리고 김영삼 정부가 내건 개혁과 신보수주의는 영국과 미국에서 실패한 것을 뒤늦게 수입한 정책모방이라 단정하면서, 그럼에도 대중에 대해 상당한 설득력과 포섭력을 발휘하고 있다는 점을 중시, 재야운동 진영의 새로운 역할론을 폈다. 범민주 세력의 연대를 위해서 그 방법론을 제시한 것이다.

이어 김근태는 자신이 주장하는 '정치적 국민운동체'의 성격을 다음과 같이 규정했다.

정치적 국민운동체의 위상은 공개, 비제도권에 위치해야 한다. 한편으로 사적 영역으로 퇴각하고 있는 대중의 관심을 공적(정치적) 영역으로 끌어내기 위해서 공개영역에 존재하고, 다른 한편 정치적 국민운동체는 그 자체가 독자 정당이나 제도야당과의 직접적인 결합을 위한 추진체가 아니라는 점에서 비제도권 영역에 존재하는 조직이다.

정치적 국민운동체는 대중조직의 주요 역량과 국민적 대표성을 갖는 인사, 재야 일선에서 운동해온 활동가, 진보적 지식인을 비롯한 전문가 역량, 양심적 종교인과 시민, 그리고 민주당 내의 진보블록까지도 포함할 수 있도록 그 틀을 확대해야 한다.[8]

김근태의 관심은 재야민주 세력을 정치적 대안 세력으로 묶는 작업이었다. 과거 일부 재야인사들이 진보정당운동에서 보여준 실패를 돌아보면서 제도정치권과 재야 세력의 조직적인 연계와 통합이 필요하다는 생각을 하게 된 것이다. 여러 날 동안 준비한 끝에 마침내 이를 위한 1단계 작업이 이루어졌다.

1994년 4월 23일 오후 충정로 동아일보사 18층 대강당에서 4백여 명의 재야인사들이 참석한 가운데 '통일시대민주주의국민회의'(국민회의)가 결성되었다. 최고지도부인 공동대표단에는 종교계 원로와 재야 원로 5명을 선출했다. 가톨릭 대표 김병상 신부, 개신교 대표 김상근 목사, 법조계 대표 한승헌 변호사, 재야여성 대표 김희선 전국연합자주통일위원장, 불교계 대표 조계종 개혁의 핵심인 지선 스님, 그리고 이 단체를 오랫동안 준비해온 김근태가 각각 선임되었다. 김근태는 실질적인 상임대표였다. 대변인에는 천정배 변호사가 임명되었다.

'국민회의'는 또 다른 재야 연합체인 '전국연합'을 흡수하지는 못했지만, 개인 자격으로 많은 명망가들이 참여했다. 시인 고은·김규동·신경림·문병란·도종환·신초혜, 소설가로는 천승세·조정래·윤정모·송영·김하기·정도상 등이 참여했고, 행사 당일 가수 신형원은 축가를 불렀다.

또한 영화인 장선우 감독, 화가 홍성남, 만화가 이희재, 오페라 연출가 문호근을 비롯한 문화예술계 인사와 전대협 2기 의장 오영식, 전대협 4기 대변인 김재웅, 전 고려대총학생회장 허인회 등 학생운동 지도자들도 다수 참여했다. 이밖에 상당수의 의사와 중소상공인, 교수, 변호사, 언론인 등이 참여하여, 과거의 재야단체와는 달리 폭넓은 광장이 되었다. 김근태는 '국민회의' 출범의 의미를 다음과 같이 피력했다.

1992년 대선 후 상황정리가 우선 필요했다. 첫째, 1992년 국민회의는 대선 패배로 무너졌고, 전국연합이나 기층민중운동 진영에서도 변화된 상황에 대한 논의가 합의되지 않았다. 둘째, 평가 결과 폭넓게 꾸리는 민주대연합이 필요하다고 결론내리고 민중 중심의 공감대를 가졌지만 구체적으로 어디로 가야 할지 정하지 못했다. 셋째, 김영삼 정권이 민중의 기본권 문제, 남북관계에서 아무런 진전을 보이지 못했을 뿐만 아니라 본질적인 변화가 없었다고 정리했다.[9]

실망스런 김영삼 정권

김근태는 1993년 7월 초 미국 미시건 대학의 초청으로 미국을 방문했다. 로버트 케네디상 수상자로 선정되고도 수상식에 참석하지 못했을 뿐 아니라 이어진 수배와 투옥으로 남들이 이웃집 드나들 듯하는 미국행이 쉽지 않았던 것이다. 미시건 대학이 여비 일체와 체류비까지 부담해 방미에 달리 신경 쓰지 않아도 되었다. 대신 미시건 대학에서 특별 강연을 하기로 했다.

김근태는 7월 10일 미시건 대학 대강당에서 많은 교수와 학생들이 참석한 가운데 '한국 민주주의의 전망'이라는 주제의 강연을 하고 청중의 질문도 받았다.

당시 국내에서는 공직자 재산공개와 노태우 정권의 최대 의혹 사건으로 떠오른 차세대 전투기 도입 의혹에 대한 감사원 감사 등 취임하자마자 개혁 드라이브를 건 김영삼 대통령이 국민적인 지지를 받고 있었다. 반면 김대중이 없는 민주당은 야당의 트레이드마크인 '개혁'을 정부 여당에 빼앗긴 채 야당으로서의 입지를 위협받고 있었다.

김근태는 이런 상황에서 한국 민주주의를 전망하는 연설문을 준비했다. 그는 대단히 합리적이어서 맹목적인 반대나 비난을 위한 비난 같은 것은 하지 않는 성품이었다. 그러나 현상적인 것과 본질적인 것, 가식적인 것과 진실한 것을 구분하고 평가하는 예리한 지성을 갖췄다. 이 연설문에서도 그런 점을 발견하게 된다.

김영삼 정권 수립 이후 특히 개개인의 시민은 상당히 자유를 누리게 되었다. 위로부터의 개혁을 통해 더 이상 공포와 모욕감을 감수하지 않아도 되었다. 선거 과정에서 찬성과 반대 어떤 쪽이었던 간에 자신들이 직접 참여하여 이뤄진 결과로 수립된 정부이고, 민간 출신이 최고권력자가 됨으로써 그렇게 되었다. 여하튼 지난 시기보다는 많이 나아졌고, 이제 그 고통스런 대결과 도덕적·정치적 책무감으로부터 자유로워지고 싶은 대중적 분위기도 일조를 하는 것으로 보인다.

"이미 민주주의는 실현되고 있다"라는 지배적 언술의 반복과 일부 비판적인 운동그룹의 '지금은 진보적 수준을 향한 투쟁이 필요한 시점'이라는 주장도 결과적으로 더 이상 민주주의 실현을 둘러싼 논쟁과 대결은 불필요한 것이라는 분위기를 조성하게 만들었다.[10]

김영삼 정권이 그 전의 군사정권들과 같을 수는 없다. 인정할 것은 인정한 셈이다. 하지만 김근태는 겉으로는 개혁적으로 보이는 김영삼 정권의 실체를 들여다보면 본질적으로 군사정권과 별로 달라지지 않았음을 설명한다.

아직도 감옥에는 많은 정치범이 있다. 지난 시기 절차적 민주주의를 난폭하게 유린했던 국가보안법은 개폐되지 않았으며, 최고권력자는 앞으로도 계속 국보법을 유지하겠다고 천명하였다. 독소조항이 웅크리고 있는 집회와 시위에 관한 법률이나 노동관계법도 그대로이다. 이렇게 볼 때 최소한의 기본권이 어느 정도 보장되고 부분적 자유화는 실현되고 있으나 민주화가 이루어졌다고 하기는 어렵다고 해야 할 것이다.[11]

김근태는 두 차례나 국보법과 집시법의 희생자였고, 원래 노동운동 가 출신이기에 노동관계법의 독소조항이 노동자와 노동운동가들을 얼 마나 옥죄고 있는가를 누구보다 잘 알았다. 그래서 이 같은 악법이 개 폐되지 않고 있는 '문민정부'를 진정한 민주정부라고 부를 수 없었던 것이다. 그는 김영삼 정부의 '개혁'에 관해서도 예리한 메스를 가한다.

개혁이 지배적인 언술이 된 것은 김영삼 정권 성립 이후다. 오늘날 광범 위하게 주장되고 있는 '개혁'이라는 슬로건 속에는 시대정신이 관철되고 있는 측면과 이데올로기가 작동하고 있는 측면이 동시에 존재하고 있다. 이 양 측면은 반드시 상호배제적인 것은 아니지만 대립이 존재하고 있는 것 또한 사실이다.

우리 사회의 당면 요구로서의 진정한 '개혁'을 보다 힘차게 추진하기 위 해서는 그것은 이데올로기로서의 힘을 가질 수 있어야 한다. 그러나 개혁 이 주로 자기 자신을 정당화하는 수단으로서의 이데올로기가 될 때, 우리 는 비판적으로 주목할 수 있어야 한다. 현재의 조건상 그리고 힘의 관계 로 볼 때 지금 추진하고 있는 개혁 이외에 다른 대안이 존재하지 않으며, 그런 개혁을 통해 민주주의는 전면적으로 실현될 수 있다는 함축이 그 속 에 담길 텐데 과연 그럴까? '개혁'이 이처럼 이데올로기가 될 때 그것은 개혁을 실질적으로 진전시키기보다 그것을 오히려 제한하고 망상적인 것으로 만들 가능성이 있다.[12]

김영삼 정부의 '개혁'을 이처럼 예리하게 분석한 학자·언론인·야당 정치인은 드물었다. 문민정부의 개혁 드라이브는 제도와 구조개혁이 아닌 현상에 머물고 있었다. 그나마 1년이 못 가서 국회 날치기, 남북갈등, 노동자 탄압 등 '유사문민정부'로서의 허상을 드러냈다.

> 1980년 광주민주화운동을 계기로 군부독재는 지역감정을 더욱 심화시켰다. 1980년 이후 광주는 민주화 실현의 대장정에서 희생양이었고, 저항의 근거지였다. 호남에 적대적인 지역감정은 이제 민주주의 실현을 반대하는 악성의 퇴영적 본질을 갖기에 이르렀다. 이렇다면 이것은 이미 인간의 내면에 있는 이성과 양심 그리고 민주적 가치에 대한 거부로까지 이어지고 있다 해야 할 것이다. 사실이 이런데도 1980년 광주민주화운동의 진상규명을 회피하면서 그것을 역사의 심판에 맡기겠다고 선언하는 이른바 '문민정부'를 우리는 뭐라고 해야 하겠는가?[13]

간디의 길에서 네루의 길로

1995년은 김근태에게 새로운 삶의 시발점이 되었다. 황량한 재야에서 척박한 야당인이 된 것이다. 수평적 정권교체를 경험하지 못한 한국의 정치풍토에서 재야와 야당 사이에 큰 장벽이 있는 것은 아니지만, 그래도 야당은 제도권에 속한다. 복수정당제가 헌법으로 보장된 국가에서 정당은 국가의 보호를 받는다.

하지만 들꽃 같은 영혼의 소유자가 시대정신을 구현하고자 들어선 야당은 재야와는 달랐다. 시대의식이 없는 출세주의자들이 많았고, 정치보다는 정략에 능한 정상배도 적지 않았다. 유신·5공 시대에 땀 한

1995년 2월 2일 민주당 부총재로 선출되고 나서 연설하는 모습.

방울 흘리지 않고 권력을 탐하는 기회주의자들, 돈 보따리나 한때의 지
명도로 비례대표를 받거나, 말뚝만 박아도 당선되는 지역에 공천을 받
아 선량 노릇을 하는 국회의원도 없지 않았다. 물론 반독재 투쟁에 몸
바쳐온 정통 야당인도 적지 않았다.

　사실 김근태에게는 그동안 정치인이 될 기회가 두 번 있었다. 한 번
은 1985년 2·12 총선 당시 김영삼으로부터 종로구 출마를 권유받았을
때고, 두 번째는 1991년 투옥 중일 때 김대중으로부터 신민당 부총재
를 제의받았을 때다. 물론 김근태는 두 번의 제의를 다 거절했다. 김영
삼의 경우는 앞에서 이미 언급했고, 김대중은 평민당에서 재야인사들
을 영입해 신민당으로 개편하면서 이우정, 조세형 두 의원을 특사로 보
내 김근태에게 입당을 제의했으나 김근태는 이 역시도 고사했다. 두 번

다 운동진영 내부의 조건이 성숙하지 못한 상태에서 개별적으로 정치권에 진출하는 것은 적절치 못하다는 판단 때문이었다.

그런데 이번에는 달랐다. 1994년까지 '마지막 재야'로 남아 있던 그는 1995년 초 평민당의 후신인 신민주연합당과 꼬마민주당이 통합해서 새민주당을 결성하자 부총재로 참여했다. 야당에 참여하기로 결정한 것이다. 김근태가 정치 참여, 바꿔 말해 야당에 입당하게 된 배경은 무엇일까. 진정한 민주세력의 집권을 위해서였다. 정국이 크게 요동치고 있었던 때이다.

한편 제14대 대선에서 패배한 뒤 정계 은퇴를 선언하고 영국 유학에 올랐던 김대중은 다음해인 1994년 귀국해 아태평화재단을 만들었다. 통일운동에 전념하기 위해서였다. 그 무렵 김영삼 정부는 화려한 스포트라이트를 받으며 개혁을 추진하던 집권 초기와 달리 급속히 보수화하면서 국정운영의 난맥상을 보이고 있었다. 최초의 문민정부가 위기를 맞은 것이다. 남북관계는 노태우 정부 때보다 훨씬 후퇴했고, 서민생계는 파탄 상태에 이르렀다. 여기에 각종 대형 참사까지 계속되면서 민심마저 흉흉해졌다. 국정을 바로잡을 대안 세력이 필요했다.

문민정부의 이러한 총체적 실패를 지켜보던 김대중은 스스로를 다시 대안 세력의 중심으로 세운 뒤, 6·27 지방자치선거를 야당의 압승으로 이끌었다. 자신감을 얻은 그는 1995년 7월 18일 정계 복귀를 선언하고 두 달 뒤 새정치국민회의를 창당한다. 새정치국민회의는 8월 11일 신당발기인대회에 이어 9월 5일 창당대회를 열었다. 이때 김대중은 김근태에게 신당에 참여할 것을 권유한다.

김근태는 새정치국민회의 부총재로 영입되었다. 민주당이 이기택 파와 반이기택 파로 분열되어 심한 갈등을 빚자 김근태는 민주당보다 김대중의 새정치국민회의에서 정권교체의 가능성을 찾게 된 것이다. 부총재에는 김근태를 비롯해, 김영배·박상규·신낙균·유재건·이종찬·정대철·조세형이 각각 선출되었다. 대부분 현역 의원이었다. 지도위원에는 권노갑·길승흠·김봉호·김상현·김태식·김희선·라종일·유준상·신순범·신용석·안동선·이용희·정영모·정희경·천용택·한광옥·허재영, 원내총무에는 신기하, 사무총장에는 조순형, 정책위의장에는 손세일, 지방자치위원장에는 장석화, 대변인에는 박지원이 각각 임명되었다. 이로써 김근태는 제1야당의 최고지도부에 진입하게 되었다. 48세, 정치인으로는 늦깎이였다.

> 간디가 가는 길이 있고 네루가 가는 길이 있습니다. 재야운동은 사회운동과 정치운동의 길이 있습니다. 상징적으로 말하면 사회운동의 길은 간디의 길이고 정치운동의 길은 네루의 길입니다. 이 두 길은 서로 다르지만 지원하고 협력하는 길입니다.[14]

김근태는 이제까지 걸어온 간디의 길에서 네루의 길로 접어들었다. 간디의 길과 네루의 길이 다른 것 같지만 그 목표와 지향은 다르지 않다. 김근태의 말을 더 들어보자.

> 물론 내 개인적으로 간디의 길과 네루의 길을 동시에 다 갈수는 없지요. 나는 이제 네루의 길을 가는 겁니다. 그런 전제 위에서 간디의 길을 가는 사람들과 호흡을 맞추고 함께할 생각입니다. 국민회의(재야 단체인 '통일시

대민주주의국민회의'-인용자)에서 김상근 목사님과 함세웅 신부님을 상임대
표로 하고 저를 공동대표의 한 사람으로 뽑은 것도 간디의 길에 대해 도
덕적 우위를 인정한 것이지요. 아직까지 우리 사회는 도덕적 정당성을 중
히 여겨야 합니다.[15]

김근태는 간디의 길과 네루의 길에 대해 많은 고심을 했다. 그리고
해방 뒤 김구 선생 곁에 네루와 같은 지도자가 없었던 것을 안타깝게
여겼다.

위대한 영혼 간디가 인도 독립을 위해 비폭력 저항운동을 벌이며 전국을
순회하고 죽음을 각오한 단식투쟁을 벌일 때, 위대한 현실주의자 네루는
간디의 그 숭고한 이상을 현실화하기 위해 정치를 했던 것입니다. 간디에
게는 간디의 길이, 네루에게는 네루의 길이 있었다고 생각합니다.
해방 뒤 통일정부 수립을 위해 혈혈단신으로 평양으로 떠나시던 김구 선
생의 모습을 나는 지금도 잊지 못합니다. 사진 속에서 선생의 모습은 어
쩐지 쓸쓸해 보였습니다. 만일 그때 김구 선생 곁에 네루와 같은 인물이
있었다면 어땠을까? 만일 그랬다면 우리 현대사는 크게 달라졌으리라고
생각합니다.[16]

김대중의 새정치국민회의에서

김근태가 새정치국민회의에 참여할 당시 야권은 크게 분열돼 있었다.

김대중이 신당을 창당하면서 신당 참여파와 신당에 참여하지 않은 통합민주당으로 나누어졌다. 민주당은 개혁신당과 통합하여 '통합민주당'(민주당)으로 발돋움하면서 이기택 대표를 제치고 김원기·장을병을 공동대표로 선출했다.

한편 1995년 12월 6일 김영삼의 민자당이 신한국당으로 당명을 바꾸어 여전히 여당이 되고, 김대중이 새정치국민회의를 창당, 제1야당으로 부상하면서 민주당은 제2야당으로 전락했다. 또 이 해 벽두 김종필이 의원내각제를 기치로 내걸고 자유민주연합(자민련)을 창당, 6·27 지방자치선거에서 크게 약진하면서 충청권을 기반으로 한 보수정당으로 자리매김했다. 언론에서 '신3김시대'라고 부를 만큼 세 김씨가 호각세를 이루게 된 것이다.

문제는 정통 야당 세력이 새정치국민회의와 민주당으로 분열한 것이었다. 김근태는 무엇보다 야권 통합의 중요성을 절감했다.

김근태는 사분오열, 자리멸렬 상태에서 노선투쟁에 빠진 민주당보다 새정치국민회의를 택해 정치를 시작했다. 그는 여전히 김대중을 통한 민주 세력의 집권이 가장 가능성 있는 대안이라고 생각했다. 이를 위해서는 야권의 통합이 급선무였다.

민주대연합이 이뤄지면 개혁과 민주주의가 힘을 얻고 한반도 상황도 크게 개선될 것입니다. 그러나 현실적인 난관 때문에 이것이 당장은 힘들기 때문에 그 대안으로 야권 통합을 주장한 것입니다. 강력한 야당은 김영삼 대통령의 수구화를 저지하고 그를 견인해 민주대연합을 끌어낼 가능성이 있습니다. 세대교체는 과거 양 김씨가 민주화 투쟁에 기여한 바를 냉소적으로 부정하지 않고, 대중을 동반하면서 신중하게 추진해야지, 형식에 매달리면 세대교체만 한다고 지역정치 구도나 낡은 정치행태가 타파되는 것이 아닙니다.[17]

'정치는 생물'이라는 말이 있듯이 한국의 정치판은 변화와 변동의 파고가 심한 편이다. 6월항쟁 이후 민주주의의 제도화가 어느 정도 정착되어가는 듯했지만 정당은 여전히 특정 인물 중심으로 개편되거나 운영되었다. 새정치국민회의도 다르지 않았다. 김대중 총재의 리더십에 크게 의존할 수밖에 없었다.

김영삼 정부는 김대중이 정계 복귀와 함께 신당을 창당하자 즉각 검찰을 이용해 탄압에 나섰다. 새정치국민회의 소속 박은태·최락도 의원과 최선길 노원구청장, 이창승 전주시장이 이런저런 이유로 구속되고, 종로구청장과 은평구청장 등에 대한 검찰의 수사가 진행되었다. 신당에 국회의원과 자치단체장들이 참여하는 것을 막으려는 일종의 정치적 보복 행위였다.

이즈음 민주당 박계동 의원의 폭로로 시작된 노태우 비자금 사건이 정계의 '뜨거운 감자'가 되었다. 이어서 5·18특별법 제정과 특검제 도입을 둘러싸고 정국은 또 한 차례 격랑에 빠져들었다.

새정치국민회의는 정치적 격랑 속에서도 정기국회가 끝난 연말에 지역구 조직책 선정 작업에 들어가 김근태는 20년 이상 살아온 서울 도봉구에 신청, 조직책으로 선정되었다. 이제 야당의 지구당위원장이 된 것이다.

김근태는 원외 지구당위원장과 제1야당의 부총재로서 정당(정치) 활동을 시작했다. 한국의 정당구조상 원외의 부총재는 발언권이나 영향력을 발휘하기가 쉽지 않다. 하지만 그는 원칙을 지키면서 새정치국민회의의 집권 채비에 정력을 쏟았다. 이 시기의 김근태를 한 언론인은 '개방적 명분주의자'로 분류했다.

> 1995년 천정배·유선호·김영환·박용석 씨 등 쟁쟁한 인사들을 이끌고 마지막 재야인사로 제도권에 진입할 때도 민주당 지분 10퍼센트를 인정받고 들어가는 등 적어도 형식적으로는 당시 김대중 총재와 대등한 협상 당사자 자격이었다.
>
> 정치권에 들어온 이후 자기 지분을 고집하지 않고 '정치를 배우는 자세'를 취했던 것은 김근태의 독특한 스타일이다. 일각에서는 이를 아마추어 출신의 정치력의 한계 탓으로 치부하기도 하지만, 본질적으로 근본을 중시하고 논리적 일관성을 추구하며 동시에 현실정치의 힘의 관계를 인정하는 실사구시형 성격 때문인 것으로 보인다. 말과 명분의 중요성을 강조하면서 현실 세계의 큰 변화에 민감하게 반응하는 점에서 그는 '개방적 명분주의자'로 분류될 수 있겠다.[18]

15대 국회의원 당선

김근태는 총선을 앞둔 1996년 3월 한 언론과의 인터뷰에서 제15대 총선의 중요성을 역설했다. 절차적 민주주의와 법치주의를 위해서는 새정치국민회의가 원내 제1당이 돼야 한다는 주장을 폈다.

두말할 필요 없이 이번 총선은 김영삼 정부에 대한 중간평가의 장입니다. 우리 국민은 이번엔 반드시 수평적 정권교체를 위한 발판을 마련해야 합니다. 우리의 정당은 정치노선에 따라 분류하기 어렵습니다. 나는 여야가 정치적 노선이나 역사적 뿌리에서 별로 다르지 않다는 지적에 동의합니다. 그럼에도 야당에 의한 정권교체가 중요한 의미를 갖는 것은, 그것이 되면 절차적 민주주의와 법치주의가 가능해지기 때문입니다. 독일과 프랑스도 브란트와 미테랑이 집권하면서 법치주의와 민주주의를 실현할 수 있었습니다.[19]

김근태는 총선 이후의 정국을 진단한다. 대단히 예리한 분석이라는 평이 따랐다.

대략 세 가지 시나리오를 생각해볼 수 있겠지요. 먼저 신한국당이 과반수에 훨씬 못 미치는 제1당이 되었을 경우입니다. 그렇게 되면 아마 민주당과 자민련, 무소속을 끌어들여 여소야대를 뒤집으려 할 겁니다. 두 번째는 새정치국민회의가 제1당이 되는 경우지요. 그러면 신한국당은 과거에 그랬던 것처럼 민주당, 자민련과 손을 잡고 3당 합당을 시도할 겁니다. 세 번째는 어떤 당이 제1당이 되든 상관없이 신한국당과 새정치국민회의가 대연정을 이루는 경우입니다. 실현 가능성은 별로 높지 않지만 그래도 이 길을 선택하는 것이 개혁을 위해 바람직하다고 봅니다.[20]

김근태는 진정으로 재야와 제도권 야당의 결합을 바랐다. 그것만이 비록 군사정권의 잔당들이지만 이미 공룡이 돼버린 수구세력을 견제하고 수평적 정권교체를 이룰 수 있다고 판단한 것이다.

총선 후에 격렬한 징계개편이 이루어질 겁니다. 그리고 수평적 정권교체를 실현하면 다시 한 번 기회가 올 겁니다. 솔직히 말해서 아직도 독자 정당을 주장하는 이유는 두 가지입니다. 먼저 주관적인 열정과 초조함이 그 내면에 있어요. 그런 한편 개인적인 입지를 생각하고 있는 거예요. 그게 명분으로 포장되어 있는데 참으로 걱정스러운 상황입니다. 모두 다 눈앞의 현실만 염두에 두고 있지 중장기적인 계획이 없어요. 난 사실 이 기획 자체가 잘못되었다고 생각해요. 과연 진보진영의 집권전략이라는 말이 성립할 수 있어요? 무슨 메시지를 전달하려고 하는 거야. 이건 일종의 거짓이야. 진정한 집권전략을 또다시 교란시키는 것이고.[21]

그는 아직도 재야 일각에서 독자 정당을 준비하고 있다는 것에 대해 준열하게 비판한다.

지난 시기 자기의 생활을 헌신하고 바쳤던 젊은이들에게 간곡히 충고하고 싶습니다. 깊은 고뇌를 하는 것은 좋지만 상식적인 기준으로 판단해야지요. 소위 진보진영이라면 70, 80년대에 군사독재와 몸으로 싸운 세력을 뜻하는 것 같은데 그들만으로 과연 집권이 가능하겠습니까?[22]

김근태는 1996년 4월 11일 실시된 제15대 총선에 출마해 서울 도봉갑구에서 당선되었다. 1995년에 사면복권이 되어 공직 후보에 나설 수 있었던 것이다. 신한국당의 양경자 의원을 누르고 원내 진출에 성공했다. 정치인으로서는 늦은 49세의 초선이다.

김근태는 당선되었으나 새정치국민회의는 의석을 크게 늘리지 못했다. 선거 결과 전국 253개 지역구 가운데 신한국당 121, 새정치국민회의 66, 자민련 41, 민주당 9, 무소속 16석이었다. 전국구는 신한국당 18, 새정치국민회의 13, 자민련 9, 민주당 6번까지 당선되었다.

새정치국민회의는 전통적인 텃밭으로 알려진 수도권에서 신한국당에 제1당을 내주는 수모를 당했다. 47개의 의석이 걸린 서울에서 겨우 18석을 차지, 27석을 얻은 신한국당에 패배한 것이다. 종로 이종찬, 중구 정대철, 성동을 조세형, 관악갑 한광옥, 중랑을 김덕규, 동작을 박실, 영등포갑 장석화 등 새정치국민회의 중진들이 줄줄이 낙선했다.

야권 분열과 한 해 전에 실시된 지방선거에서 새정치국민회의가 서울 지역을 거의 휩쓸다시피 한 데 대한 유권자의 견제심리가 작용한 것으로 풀이되었다.

현실정치에 뛰어든 재야 운동가

김근태는 초선 국회의원이 되어 국회 통일외무위원회에서 전반기 의정활동을 시작했다. 통일외무위는 국회의원들이 기피하는 상임위지만 그는 당당하게 이를 받아들이고 성실하게 의정활동에 임했다. 남북관계와 주변 4강 외교에 대한 전문지식을 높이고자 관련 자료를 섭렵한 덕분에 상임위의 정책질의 수준을 크게 높였다는 평가가 따랐다. 김근태는 국회도서관을 가장 많이 이용하는 의원 중 한 명이었다. 국회 외통위의 가장 뛰어난 의원에 선정되기도 했다.

후반기에는 재정경제위원회로 상임위가 바뀌었다. 재경위에서도 그의 활동은 돋보였다.

김 의원은 정치적 경력을 쌓기 위해 특유의 끈기와 성실로 의정활동에 전념하는 방식을 채택한 듯하다. 그는 15대 국회 전반기 의원평가에서 통일외무위원회의 가장 뛰어난 활동을 한 의원으로 선정됐다(《중앙일보》 제4회 의원평가).

후반기 들어 재경위로 상임위를 옮긴 김 의원은 국정감사에서 우리나라 법인(法人)의 기밀비·접대비의 규모를 밝혀내는 등 눈부신 활동력을 보여줬다. 한건주의나 비약적 성장보다 치밀한 사전준비와 실력 쌓기를 중시하는 장기전·지구전(持久戰)적 접근이라 할 수 있다. 말하자면 그는 '지구전적 인물'이다. 혹은 대기만성(大器晩成)형일 수도 있다.[23]

30여 년 동안 재야 투사로 활동했던 김근태로서는 현실정치인이 되어 지역구를 관리하고 민원을 챙기는 일에 서툴 수밖에 없었다. 또한 오랜 재야 활동으로 인해 대중성이 부족하다는 한계도 따랐다. 하지만 몸에 밴 성실성과 부드러운 심성, 공부하는 모습은 곧 여의도 정가에서 관심의 대상이 되고, 언론의 주목을 받기 시작했다.

김근태 의원을 몇 번 만나본 사람들에게 어떻게 생각하느냐고 물으면 '재야 출신치고는'이라는 말로 시작하는 게 보통이다. 역시 그의 트레이드마크는 '재야'라는 얘기다. 그러면서 '재야'라는 말이 주는 비타협성, 강경함, 완고함 같은 분위기는 거의 찾아볼 수 없다는 답변이 이어지곤 한다.

사실 '진지하고 매너가 부드러우면서 사고가 유연하고 합리적'이라는 김 의원에 대한 평가에 이의를 달 사람은 별로 없다. 단순한 국회의원이 아니라 한 시대의 리더가 되기를 꿈꾸는 정치인이라면 기본적으로 갖춰야 할 품성들을 그가 대체적으로 지니고 있다는 것이다.

그러나 기본 성품이 갖춰졌다는 것과 정치지도자로 성공하는 것은 별개의 문제다. 정치 리더로 발돋움하기 위해 가장 중요한 덕목 중 하나는 대중성이다. 타고난 대중성이 부족하면 대중적 이미지를 창조해내려는 노력도 리더를 꿈꾸는 정치인이 소홀히 할 수 없는 일이다.[24]

원칙과 정의를 주장하던 재야운동가에서 현실정치인으로 변신한 김근태에게는 정치인으로서 적응하는 것이 쉽지 않았다. 정치적 쇼를 할 줄도 모르고, 여느 정치인들처럼 언론을 활용하는 방법도 몰랐다.

정치인으로서 자신의 활동을 적극적으로 알리기 위해선 신문 사진과 TV 화면을 무시할 수 없다. 따라서 대부분의 정치인들은 보도사진에 자신의 모습이 잘 드러날 수 있는 자리를 선점하기 위해 신경전을 벌이기 마련이다.

그런 측면에서 김 부총재는 확실히 낙제생임에 틀림없다. 지난 3일 민주당 서울시장 경선대회를 참관할 때도 그는 단상 맨 뒷줄 한 귀퉁이에 겨우 자리를 잡았다. 다른 부총재들이 앞줄 중앙에 당당히 자리를 잡아 스포트라이트를 받은 것과 대조적인 모습이었다.

또 지난달 28일 이기택 총재 일행과 대구 가스폭발사고 현장을 방문했을 때도 그는 일행의 후미로 밀려 카메라 앵글에서 벗어나 있었다.

다소 소극적인 그의 태도에 대해 주변에서 조언도 많았다 한다. 특히 이해찬 의원으로부터는 "김 부총재가 소극적 모습을 보이는 것은 개인은 물론 국민회의와 재야 전체를 위해서도 바람직하지 않다. 과감히 앞에 나서야 한다"는 코치를 받기도 했다고.

그는 민주당에 입당한 국민회의(통일시대민주주의국민회의-인용자) 출신이 당내에 뿌리를 내릴 수 있도록 온갖 노력을 기울여왔다. 그가 통합협상에서 합의된 8월 전당대회 이후 부총재직 보장을 사양한 것도 이 때문이다. "처음부터 개인의 몫을 챙기는 것은 의미가 없다고 생각했습니다. 부총재직을 사양하는 대신 국민회의에 약속된 지분을 더욱 확고히 보장받기 위한 결심이었습니다."

그러나 그는 자신의 생각이 정치판에는 도저히 통하지 않을 만큼 순진했음을 인정해야 했다. (……) 좀처럼 감정을 드러내지 않는 차분한 성품의 김 부총재지만 이에 대해서는 "당내 현실은 참으로 야박한 것 같다"며 서운함을 감추지 못했다.[25]

'영혼을 지키면서' 걷는 정치인의 길

김근태의 심성이나 행동방식은 국회의원이 되고서도 크게 바뀌지 않았다. 그는 여전히 겸손하고 나서길 즐겨하지 않았다. 직업 정치인으로서는 바람직하지 못한 체질이다. 강준만 교수(전북대)는 그런 김근태를 이렇게 평가했다.

김 부총재가 너무 솔직한 면이 있다는 것 하나만큼은 지적해야겠다. 아니 그건 둔감한 것인지도 모른다. 그는 오로지 나라를 생각하는 마음으로 화를 냈겠지만, 나라 생각 이전에 중요한 게 개인의 밥그릇이라는 점을 간과하고 있는 것이다.[26]

김근태는 국회의원에 당선되고 제1야당 부총재 직함의 3선급 초선 의원으로서 항상 '영혼을 지키면서' 정치를 하고자 노력했다. 하지만 이것이 말처럼 그렇게 쉽지 않은 것이 한국의 정치판이다. 추상적이고 관념적인 강성 발언이 항상 언론과 여론의 주목을 끄는 환경에서 늘 온건하고 합리적인 발언을 하는 김근태는 매스컴에 조명을 받지도 못하고 묻히기 일쑤였다. 말뿐만 아니라 행동에서도 민첩하지 못한 사색형이어서 여의도 정가에서는 '햄릿'이라는 평이 나돌았다.

요즘 김근태 부총재에게는 별명이 하나 더 생겼다. '햄릿'이 그것이다. 늘 고뇌하고 망설이는 듯한 태도가 그런 이미지로 비쳐졌을 것이다. 그도 그럴 것이 짧은 정치인 생활 동안 그는 선택이 쉽지 않은 일들을 연속적으로 겪어야 했다. 민주당에 입당하고 얼마 되지 않아 김대중 총재가 정계에 복귀했고, 새정치국민회의가 창당되면서 민주당이 쪼개졌다. 그는 김 총재의 복귀와 신당 창당을 반대했지만 결국 새정치국민회의에 합류했다. 4·11 총선 이후에는 신한국당의 야권에 대한 차별적인 검찰 수사와 여소야대 뒤집기 정국이 전개되었다. 새정치국민회의는 자민련과 공조체제를 이루면서 대여투쟁에 나섰고, 두 당의 연대는 대선 후보 단일화 얘기가 나올 정도로 발전했다.

그는 과거 민주 세력을 탄압하던 보수 세력과 연합하는 문제를 놓고 고심하다가 결국 전술적으로 불가피한 일로 받아들였다. 신한국당의 법안 날치기를 규탄하는 노동자들과 민주 세력의 투쟁이 가속화되는 정국도 그를 곤혹스럽게 만들었다. 새정치국민회의는 뭐 하는 당이냐, 김근태는 도대체 뭐 하고 있는 거냐 하는 따가운 비판이 쏟아진다. 이래저래 그는 괴롭다.[27]

김근태는 그러나 '영혼을 지키면서' 정치를 하겠다는 초심을 바꾸지 않았다. 애초 권력을 탐해 정계에 입문한 것이 아니었기에 천박한 언술이나 대중에 영합하는 포퓰리즘에 기대는 것을 금기시했다.

정치권은 비판의 소지를 많이 안고 있다. 하지만 국민들이 야유와 냉소를 고집한다면 정치권은 아예 붕괴돼버릴 것이다. 정치권이 점차 발전되고 나아지고 있다는 점을 평가해주는 일도 중요하다. 희망을 갖고 격려와 기대를 아끼지 않았으면 한다. 개인적으로는 고뇌와 주저의 신경이었다. 좌절감도 깊었다. 반대로 투지도 생겼다. 정치세계는 나에게 '깊은 고뇌'와 '냉철한 교활함'도 요구하고 있다. 그러나 그 마지막은 '진실한 결단'일 것이다. 최선을 다해 노력할 작정이다. 그러면 이에 응답하는 시대적 분위기가 올 것이라 믿는다.[28]

진정한 민주주의 실현과 남북통일의 대업을 이루기 위해서는 수평적 정권교체가 필수적이라 판단하고, 과감히 제도권에 진출해 국회의원이 된 김근태였다. 정치인으로서 늘 맑은 이성으로 판단하고자 노력했다. 하지만 정치판은 이성보다는 감성이 판치는 곳이다. 김근태에게는 여간 적응하기가 쉽지 않은 곳이었다.

현실 제도정치는 여전히 낯선 동네이다. 대단한 관심과 추적이 오랫동안 있어왔고 군사독재에 대항해 함께 어깨를 걸고 수십 년 지내왔기 때문에 꽤 많이 안다고 내심 자부해왔는데도 그렇다. 우선 대표적인 지도급 인사들 말고는 안면이 있는 사람이 가뭄에 콩 나듯 드문드문해서 그렇겠지만 그것만은 아니다. 말하는 어법과 문법도 다르고 역사성도 분명히 다른 바가 있다. 늘 신문이나 방송에 어떻게 비쳐질 것인가를 의식해야만 하는 것도 또 다른 긴장과 마음의 준비를 필요로 한다.[29]

초선의원 김근태가 낯선 국회에서 '준비운동'을 하고 있을 즈음, 그가 예측한 대로 총선 뒤의 정국은 크게 요동치고 있었다. 김영삼 정부는 날이 갈수록 실정과 부패가 거듭되면서 검찰과 정보기관에 정권의 안위를 의탁하는 형국이 되었다.

정부 여당은 총선에서 과반수 의석 확보에 실패하면서 야당 및 무소속 영입 작전을 계속했다. 야권은 "정보기관이 나서서 사법처리를 들먹이며 공갈 협박을 하면서 야당과 무소속 의원들을 입당시키고 있다"고 비난할 만큼 정부 여당은 노골적으로 야당의 파괴 활동에 나섰다. 이로써 자민련은 정당 존립 자체가 위기에 몰리게 되었다. 실제로 민주당, 자민련, 무소속 의원 10여 명이 신한국당에 입당하는 사태가 빚어졌다.

김대중 새정치국민회의 총재와 김종필 자민련 총재는 회담을 거듭하면서 정부 여당의 '의원 빼가기'에 맞서 공동전선을 폈다. 하지만 김영삼 정부의 독주는 계속되었다. 1996년 12월 26일 새벽에 여당 단독으로 본회의를 소집해 안기부법과 노동관계법 등 11개 안건을 날치기로 처리하는 등 군사정권의 행태를 방불케 했다.

한때 김근태가 몸담았던 통합민주당은 총선에서 참패, 원내교섭단체조차 구성하지 못했으며, 그나마 정부 여당의 '당선자 빼내기 공작'으로 당선자 15명 중 5명이 이탈했다. 김원기·장을병 등 비주류가 '국민통합추진회의'(통추)를 발족시키자, 총선 후 전당대회에서 총재로 당선된 이기택 측은 이를 '해당행위'로 규정하는 등 민주당은 사실상 분당상태였다. 하지만 야권은 1997년 겨울의 대선을 앞두고, 분열과 이합집산을 거듭하면서도 야권 통합의 움직임을 보이기 시작했다.

> "도대체 야당에 들어간 김근태는 뭐 하고 있는 거냐" 하는 진보적 지식인들이나 재야운동을 하던 동료들의 질책하는 소리가 귀청을 때린다. 야당 출입 기자들도 왜 본격적으로 발언을 하지 않는가 하고 걱정과 우정의 신호를 보내기도 한다. 아직 낯설기도 하고 정치적 이해관계의 착종이 순차적으로 파악이 되지 않아 형광등처럼 껌벅껌벅하기도 한다. (……) 지금은 참고 기다리고 있다.
> 기회를 노리는 그런 방향이 아니라 보다 많은 책임 있는 사람들과 시민이 참여할 수 있는 통로와 다리를 어떻게 놓아갈 것인가를 준비하고 타진하고 결단할 그 시기를 기다리고 준비하고 있는 중이다.[30]

김근태는 대선을 앞두고 야권과 재야가 통합하는 '민주대통합'의 큰 그림을 구상하고 있었다.

'DJP 연대'의 갈등

사람이 출세하면 목이 굳어진다고들 한다. 특히 정치 속물들이 국회의원 배지를 달거나 청와대에 들어가면 목에 깁스를 하는 경우가 많다고 한다. 김근태는 늘 자성하는 마음으로 의정활동에 충실하고자 노력했다. 어려웠던 지난날을 잊지 않으려고 서민들의 생활에 각별한 관심을 보였다. 그래서 틈이 나면 지역구의 어려운 고아나 독거노인들을 찾았다. 그에게는 아픈 상처가 있었기 때문이다.

1980년 수배 중일 때 가족의 생계를 돌볼 겨를이 없었다. 크리스마스이브 날에 친구들이 가족을 격려하려고 김근태의 집을 찾았다가 단칸방에서 아내 인재근과 갓난아기 병준이 쓰러져 있는 것을 발견했다. 조금만 늦었으면 연탄가스 중독으로 사망했을지 모르는 아찔한 순간이었다. 이 소식을 뒤늦게야 들은 김근태는 평생을 서민들을 위해 살고자 마음을 다지고 다졌다.

그리고 도덕적 바탕에서 원칙과 상식을 지키면서 겸손한 자세로 정치활동을 하고자 노력했다. 이런 자세는 재선에 이어 장관이 되고서도 달라지지 않았다.

민주화운동에 오랫동안 몸담아온 것 때문에 어떤 사람들은 나에게서 강경한 투사라는 인상을 먼저 떠올립니다. 정계에 나온 뒤의 나의 모습이나 행보를 보고서 또 어떤 사람들은 진지하고 원만한 것은 좋은데 유약해 보인다, 너무 점잖고 도덕적이다, 논리적이어서 차가워 보인다고도 합니다. 최근에는 균형감각이 있고, 내재된 카리스마가 느껴진다는, 과분한 평가도 듣곤 합니다.

칭찬이든 비판이든 모두 달게 듣고자 합니다. 또한 반성도 하고 때론 힘도 얻습니다. 그런 평가들이 '나'라는 사람 됨됨이와 꼭 맞지 않을 수 있습니다. 그러나 또 크게 틀리는 것도 아니라고 생각합니다.

아무튼 내가 꿈꾸는 이상적인 모습은 도덕적인 자신감에서 오는 자유로움을 갖추고 균형감각을 잃지 않는 것입니다. 부드러우면서도 힘이 있는 것입니다. 진지하게 고민하며 더 나은 내일에의 비전을 가질 만큼 지혜로운 사람이 되는 것입니다. 물론 지금 내가 그런 것은 절대로 아닙니다. 그러나 그렇게 되려고 노력은 하고 있다고 감히 말씀드립니다.[31]

국회의원 김근태는 남다른 길을 걸었다. 그의 투명한 의정활동으로 우선 유관기관과 기업인들이 긴장했다. 그리고 여의도에 똬리를 틀고 있는 각종 로비스트들이 지레 겁을 먹었다. 그에게는 로비가 통하지 않는다는 소문이 돌았다. 그래서 후원금이 모이지 않았고, 명절 때면 국회의원회관에 산더미처럼 쌓이는 선물 꾸러미가 그의 방은 피해갔다.

새로운 정치는 어떻게 시작되는가. 나는 그 출발점이 정치자금의 투명성과 민주적 공천제도에 있다고 생각한다. 그래서 피감기관에는 후원회 초청장을 돌리지 않았다. 한 번도 촌지를 주지 않은 나를 이해해주는 기자들이 고맙다. 당론과 다르게도 투표할 수 있는 크로스보팅과 표결 내용을 그대로 공개하는 표결실명제를 통해서 정책 투명성을 높일 수 있게 되면 참으로 좋겠다.[32]

새정치국민회의 총재 김대중은 김영삼 정권의 야당 파괴를 막고 차기 집권을 위해 자민련 총재 김종필과의 연합을 서둘렀다. 두 총재는 5월 4일 국회에서 전격 회동하고 대여 공동투쟁을 다짐했다. 이것은 사실상 DJP 공조의 신호탄이 되었다. 두 김 총재는 검찰의 표적수사 중단, 과반수 확보 중단, 입당자의 원상회복을 촉구하면서, 이 같은 요구가 받아들여지지 않을 경우 15대 국회 원구성을 거부키로 합의했다.

또 5월 26일 서울 보라매공원에서 새정치국민회의는 자민련과 함께 대규모 합동집회를 열고 양당공조를 통해 '총선 민의 수호 투쟁'을 결의하고 등원 거부 투쟁을 전개했다. 두 당의 공조체제는 9월 정기국회에서 더욱 강화되어 10여 차례의 합동의총과 정책토론회, 양당 인사들 간의 식사모임 등으로 이어졌다.

1997년의 대선을 앞두고 김대중은 자민련이 후보 단일화의 조건으로 제시하는 의원내각제 개헌에 대해 "15대 국회에서는 어려우나 16대에 가서는 추진할 수도 있다. 국민이 원한다면 내각제 개헌을 선거공약으로 내걸 수 있다"는 등 유연한 자세를 보였다.

이와 관련 김근태는 고민에 빠져들었다. 수평적 정권교체를 오래전부터 절체절명의 가치로 추구해온 그였다. 박정희 정권 이래 36년 동안 철옹성을 쌓아오며 구축된 특정 지역의 패권주의를 깨뜨리는 일이 쉽지 않다는 현실정치의 장벽을 지켜보면서도, 5·16 군사 쿠데타와 유신정변의 핵심 중 한 사람인 김종필과의 정치연대는 받아들이기가 쉽지 않았다.

김근태는 의원총회와 기자회견을 통해 "내각제 개헌을 전제로 하는 자민련과의 후보 단일화에 찬성할 수 없다"고 천명했다. 당 부총재의 이 같은 발언은 새정치국민회의에 큰 파문을 일으켰고, 김대중은 곱지 않은 시선을 보냈다. 하지만 원칙과 대의를 중시해온 그로서는 하지 않을 수 없는 발언이었다. 김근태가 원칙과 타협, 이상과 현실, 가치와 실용 사이에서 고민하고 있을 때 대세는 이미 'DJP 연합'으로 기울어가고 있었다.

김근태는 민주당과의 통합을 서둘렀다. 자민련과의 연합도 중요하지만 정통 민주 세력의 연대가 더욱 필요하고 중요하다고 판단한 것이다. 더군다나 민주당은 김근태에게는 정치적 '친정'이기도 하고, 무엇보다 옛 재야 시절의 동지들 상당수가 둥지를 틀고 있는 곳이기도 했다. 하지만 이들은 총선에서 대부분 낙마하고, 당내 갈등과 분열로 심한 내홍을 앓고 있었다.

8장

'가장 뛰어난 국회의원'

김근태

당내의 비주류

김근태는 국회의원이 되고서도 당내에서 주류가 되지 못했다. 새정치
국민회의는 김대중을 중심으로 하는 동교동계가 일사불란하게 세력을
형성하고 주류가 되었다. 김상현·정대철 등 비주류가 있었지만, 경륜
과 투쟁, 경력 면에서 김대중의 상대가 되기 어려웠다.

김근태는 오래전부터 김대중의 역량이나 인격을 존중해왔으나 친동
교동계에 합류하지는 않았다. 대신 그는 비주류의 위치에서 비판과 견
제를 통해 당내 민주화를 추동하는 것이 자신의 임무라고 믿고 그 길을
택했다. 원칙과 정도를 중시해온 그의 경력으로 보아 당연한 일이었다.

새정치국민회의는 1997년 5월 19일 서울 잠실 체조경기장에서 전

당대회를 열어 대통령 후보와 총재를 선출하기로 뜻을 모았다. 하지만 선출 방식을 두고는 당내의 의견이 엇갈렸다. 누가 봐도 대세로 굳어진 김대중을 추대하자는 측과 민주정당의 전통을 살려 경선을 하자는 측으로 갈린 것이다.

김대중 추대 측은 하나마나인 경선으로 시간과 비용을 낭비하고, 집권 세력에 공작의 빌미를 줘서는 안 된다는 이유를 들었다. 이에 대해 비주류 측은 정권교체의 실현을 위해서는 국민경선이 필요하다고 맞섰다. 김근태는 당연히 국민경선제를 주장하는 쪽이었다. 언론을 통해 국민경선의 필요성을 밝히고 당기관지의 찬반 토론에도 나섰다. 당시 분위기에서는 쉽지 않은 일이었다. 그의 주장을 들어보자.

국민경선제는 야권에서 대통령 후보로 나서고자 하는 사람들이 합의하여 경선의 관리 주체를 만들고 후보로 등록한 다음, 등록한 후보들이 10~15개 권역을 순회하며 국민들의 지지와 참여를 호소하고 1일 당원으로 등록하는 선거인단을 모집하여 경선을 실시하는 것이다. 이때 각 권역은 인구비례에 의해 대의원 숫자가 배정되며 이 숫자를 가장 많이 확보한 후보가 야권의 단일후보로 확정되어 후보지명대회를 거친 뒤 본선에 나서게 된다.

이미 일본 신진당과 대만 민진당에서도 이와 유사한 국민참여경선을 실시해 성공을 거둔 바 있다. 두 나라에 비해 정치의식 수준이 뒤지지 않는 우리나라에서는 더 큰 성과가 있을 것이다. 야당 간의 정치적 흥정만으로 본선에서 승리 가능성을 높일 수는 없다.

국민경선제가 필요하다. 첫째, 야당이 나뉜 상태에서 후보가 난립하여 서로 대립하는 것보다 출마를 원하는 야당 후보가 공정한 관리 아래 국민경선을 통해 야권의 단일후보를 만들어내는 것이 야권의 힘의 소진을 막고 국민의 힘을 결집시키는 길이 될 것이다. 비용 문제는 경선 참여 후보 간의 약정과 선언을 통해 오히려 깨끗한 선거의 모범을 만들어나갈 수 있다.

둘째, 국민경선은 전국의 지역을 순회하며 시차를 두고 시행하는 것이며 국민과 언론의 감시 아래 치러지는 것이기 때문에 여당이나 안기부의 공작을 지나치게 우려할 필요는 없다고 본다. 이 과정에서 여당이나 안기부에 의한 공작이 발각될 경우 치명적인 타격을 입을 쪽은 오히려 여권일 것이기 때문에 쉽게 공작을 감행할 수 없을 것이다.

셋째, 정치와 정당의 쇄신을 이루고 국민이 정치의 주인으로, 정당의 주인으로 바로 서기 위해서는 국민과 정당, 정치의 거리가 좁혀져야 한다. 정치권에 대한 불신을 지우고 국민 스스로가 공직후보를 공천하는 제도의 정착이 정치의 선진화를 앞당길 것이다.

국민이 원하고 있다. 정권교체를 위해 야권이 단결하고 쇄신하여 수권 세력으로 결집되기를 원하고 있다. 우리가 이런 국민의 뜻을 받들어 정치쇄신과 정당쇄신을 이루고 야권의 후보를 공개적이고 엄정한 경선을 통해 단일화할 수 있다면 다가올 12월 대선에서 정권교체의 신화를 창조할 수 있을 것이다.[33]

결국 새정치국민회의는 경선제를 받아들여 전당대회를 열었다. 대의원 4천368명과 참관인 등 1만여 명이 운집한 가운데 열린 대회는 대선 후보 경선에서 김대중이 총 투표수 4천157표 중 3천223표(77.5%)를 얻어 967표(21.8%)를 얻은 정대철을 크게 눌렀다. 총재 선거에서도 김대중은 73.5퍼센트의 득표로 김상현을 압도했다. 새정치국민회의의 전당대회는 국민경선제를 채택함으로써 명분에서도 득을 얻었고 국민의 관심도 불러 모아 그야말로 흥행에 성공을 거둘 수 있었다. 김근태는 크게 보람을 느꼈다.

이날 전당대회에서는 부총재 11명도 선출했다. 김근태는 자력으로 입후보해 당선되었다. 이제 더 이상 외부에서 영입된 부총재가 아니라 당원들이 직접 뽑은 부총재가 된 것이다. 그것도 동교동계의 지원이나 비주류 측의 연합에 기대지 않고 순전히 당 대의원들의 선택으로, 자력에 의해 당선된 것이다.

새정치국민회의 대의원들은 유신과 5공 체제에서 온몸을 던져 싸우다가 입당한 김근태를 높이 평가하여, 계파의 소속감을 떠나서 그를 지지한 것이다.

김대중이 새정치국민회의의 대통령 후보로 선출되면서 대선 정국은 뜨겁게 달아올랐다. 신한국당은 보수언론을 동원해 대대적인 DJ 흠집 내기에 나섰다. 예의 색깔론과 천문학적인 정치자금 은닉설이었다. 신한국당 사무총장 강삼재는 김대중이 670억 원 규모의 비자금을 관리해왔다는 충격적인 내용을 폭로했다. 그러나 이는 허위로 밝혀졌다. 대선을 앞두고 벌이는 '아니면 말고' 식의 저질 폭로전의 대표적인 사례였다.

오히려 14대 대선 당시 신한국당이 기업들로부터 3천억 원 규모의 대선자금을 받은 사실이 여러 해 뒤에 드러나 충격을 주었다.

'수평적 정권교체'와 '정치개혁'

김근태는 7월 3일 열린 제184회 임시국회에서 새정치국민회의의 대표 연설자로 선정되었다. 정당 대표의 국회 기조연설은 오랜 관행으로, 국회의원이면 누구나 꿈꾸는 일이다. 하지만 총재나 부총재급이 아닌 평의원은 엄두도 낼 수 없는 기회다. 김근태는 의정생활 1년여 만에 제1야당의 대표로서 연설을 하게 되었다.

보좌관들의 도움을 받으면서 며칠 동안 대표연설문을 작성했다. 대선을 앞둔 시점이어서 국민회의의 당면 과제와 정책, 현실적 이슈를 많이 담았다. 대표연설은 개인의 정견이나 정책보다 당의 입장을 천명하는 기회이기 때문이다. 김근태는 그러면서도 자신의 정치철학을 제시하는 기회로 삼았다. 반응은 뜨거웠다. 그의 위상이 한층 돋보이는 성공적인 연설이었다. 내공이 있었기에 가능했다.

연설문 제목은 「'질서 있는 변화'로 '새 정치'를 열자」였다. 김근태는 이날 연설에서 정부에 "대선 자금, 한보 진실 밝히고 사과할 것", "중립 내각 구성하여 대선을 공정하게 관리할 것"과 "남북 국회회담", "두 전직 대통령의 사과와 용서·화해" "자민련과 공동집권 실현으로, 국민기대에 부응할 것" 등을 제시했다. 그의 연설을 간추려 들어보자.

존경하는 국민 여러분!

3당 야합이라는 태생적 한계를 지닌 신한국당 정권은 총체적으로 실패했습니다. 신한국당 정권은 정말로 엄청난 국민적 혼란과 국가적 혼돈을 낳고 말았습니다. 신한국당 정권에서 총리로, 당대표로, 장관으로 권력을 누려온 여당의 경선주자들은 하나같이 책임을 회피하고 있습니다. 뼈아픈 반성은커녕 모든 책임을 김영삼 대통령에게만 떠넘기면서 권력 잡는 일에만 몰두하고 있습니다. 유감스런 일입니다. 그런 태도로 국민을 속일 수 있다고 생각한다면 오산입니다. 여당 경선에 정책대결은 없습니다. 줄세우기와 세몰이, 지역감정도 노골적으로 조장하고 있습니다. 국민 분열 정권으로는 변화하는 세계에 적응할 수 없습니다.

무한경쟁의 국제화 시대에 한 나라의 외교 역량은 그 나라의 미래를 좌우합니다. 외교와 경제는 불가분의 관계에 놓여 있습니다. 외교 역량은 하루아침에 이루어지지 않습니다. 우리 당은 국제사회에서 오랜 교분과 일관된 태도로 실력을 인정받고 있습니다. 저희는 그런 실력을 바탕으로 국제무대의 중심에 서는 경제외교를 성공시킬 수 있습니다. 경제를 다시 일으키기 위해서는 무엇보다 국민들로부터 '다시 한 번 해보자'는 신명과 의욕이 생겨야 합니다.

다가오는 12월 대통령 선거에서 새로운 세기를 여는 정부를 선택하게 됩니다. 돈 안 드는 선거, 깨끗한 정치는 이제 움직일 수 없는 국민적 합의입니다. 이 점에서 선거방송의 공정성과 정치적 중립성의 확보는 정치의 민주적 발전을 위해서 무엇보다 중요합니다.

정치개혁특위의 여야 동수 구성 문제가 해결되지 않겠지만 우리는 일단 국회를 열자고 결단했습니다. 그러나 경기의 규칙에 해당하는 선거제도 개혁을 논의하는 정치개혁특위 구성을 일대일로 하는 것은 너무도 당연한 일입니다. 그것은 수십 년 동안 국회의 관행이기도 합니다. 이를 반대하는 신한국당 정권이 진정으로 정치제도 개혁에 나설 의지가 있는지 의구심을 갖게 합니다. 김영삼 대통령이 진정으로 정치개혁 의지가 있다면

'중대 결심' 운운할 것이 아니라 집권당 총재로서 정부 여당의 안을 먼저 국회에 내놓아야 합니다.

김영삼 대통령은 결자해지의 심정으로 1992년 대선 자금과 한보사태의 진상을 국민 앞에 밝히고 이해와 용서를 구해야 합니다. 정권 재창출의 미련을 버려야 합니다. 중립내각을 구성하여 다가올 대선을 공정하게 관리하겠다고 결단할 것을 촉구합니다. 그렇게 결단한다면 국민 모두 새로운 믿음을 갖게 될 것입니다.

우리는 전두환, 노태우 두 전직 대통령이 감옥에서 나와 평범한 시민의 삶을 살아가는 것을 반대하지 않습니다. 자신들이 지은 잘못을 진심으로 뉘우치고 역사와 국민 앞에 사과할 때 용서하고 화해할 수 있습니다.

국민 여러분, 질서 있는 변화를 두려워하지 맙시다. 기업하기 가장 어려운 나라에서 기업하기 가장 편한 나라로 변화되는 것을 두려워하지 마십시오. 구석구석 썩어서 돈이 아니고는 아무것도 통하지 않는 이 숨 막히는 사회에서 좀 공평하고 떳떳하게 살아갈 수 있는, 그런 정의로운 사회로의 변화, 남북 간 전쟁의 공포에서 평화와 통일의 시대가 열리는 변화, 세대 갈등에서 노·장·청이 하나로 화합하는 변화, 차별과 분열에서 화해와 통합으로 뭉쳐지는 변화, 행복한 가정이 되고 평화로운 나라가 되는 변화, 그리하여 신명나는 국민이 되고 신기운이 힘차게 세계 속으로 뻗어나가는 변화를 국민 여러분께서는 오히려 간절하게 바라고 계실 것입니다.

여당에서 야당으로, 야당에서 여당으로 정권을 교체할 줄 아는 나라만이 그런 변화를 기대할 수 있습니다. 특히 자유민주연합과 우리가 손잡고 두 당의 공동집권을 실현하여 국민과 시대적 요구에 부응하겠습니다. 국민 앞에 반드시 결실로 보답하겠습니다.[34]

김근태가 학생운동, 노동운동, 청년운동, 재야운동을 통해 추구해온 일관된 가치는 수평적 정권교체를 통해 '민주주의의 제도화'를 이루는 일이었다. 그리고 정치개혁을 통해 인권이 보장되고, 노동자들이 권리를 주장할 수 있고, 서민들의 생계가 보장되어야만, 이를 통해 평화통일이 가능하다고 보았다.

1997년 12월의 대선을 앞두고 김근태는 어느 때보다 정권교체의 가능성이 높다고 전망했다. 김영삼 정권의 정치·정책 실패로 국가경제가 위기에 직면해 있고, 중소상공인들과 서민생계가 파탄지경에 이른 상황에서 김대중 후보가 구원투수로 가장 적합하다고 판단했다. 김근태는 새정치국민회의 대통령선거 수도권대책위원회 공동위원장으로 임명되었다.

김근태는 대통령선거전에서 김대중의 당선을 위해 동분서주했다. 국회의원이자 새정치국민회의 부총재로서만이 아니라, 민주화운동의 리더로서 최선을 다해 뛰었다. 의정활동은 제쳐두더라도 지방유세와 언론 상대 토론회 등 가능한 노력을 아끼지 않았다. 권력에 대한 야심에서가 아니라 정권교체야말로 시대적 당위이고 사명이라고 인식했기 때문이다.

더 이상 분단·냉전·군부독재의 잔당들이 권력을 독식하면서 민주주의를 짓밟고, 민족사를 오염시키게 만들어서는 안 된다는 것이 김근태의 간절한 바람이었다. 그래서 그는 대선에서 최선을 다했다. 다행히 깨끗하고 꿋꿋하게 살아온 그의 행적이 많은 국민으로부터 사랑과 신뢰를 받았다. 이것은 대선에서 표로 연결되었을 터였다.

1997년 12월 18일 실시된 제15대 대선에서 새정치국민회의는 승리했다. 김대중 후보가 한나라당 이회창 후보를 누르고 당선된 것이다. 당초 이회창 후보가 집권 여당의 프리미엄을 업고 각종 여론조사에서 50퍼센트 이상의 승세를 잡았으나, 두 아들의 병역문제 등이 불거지고, 김영삼 정부의 경제실정으로 인해 IMF 외환위기가 터지면서 '준비된 대통령'을 내세운 김대중의 인기가 꾸준히 상승하여 중후반 이후에는 각종 여론조사에서 줄곧 1위를 기록했다.

제15대 대선도 과거 선거처럼 집권 세력에 의한 각종 용공음해와 불법·탈법 선거운동이 자행되었다. 특히 김대중 후보에 대한 극심한 매카시즘 공세가 전개되어 선거전을 정책 대결이 아닌 색깔론으로 몰아갔다. 보수족벌 언론사는 기사와 논평을 통해 노골적으로 특정인을 지지하거나 배척하면서 정치문제로까지 비화시키는 등 낯부끄러운 모습을 보였다.

이런 상황에서도 김대중 후보가 이길 수 있었던 것은 대규모 청중동원 연설회 대신 몇 차례에 걸친 TV 토론회를 통해 유권자들이 후보를 직접 검증할 수 있었기 때문이다. 게다가 경제위기를 맞아 이를 극복할 대안으로 김대중의 역량이 높이 평가되었다. 여기에 DJP 연합과 여당의 분열이 작용해 정부 수립 이래 최초의 수평적 정권교체가 이루어졌다.

그동안 이 땅에서는 창업과 쿠데타·혁명·정변·반정 등 여러 가지 형태의 권력 변환이 있었지만, 피지배 계층이 평화적 방법으로 권력을 교체한 것은 이번이 처음이었다. 1960년 민주당의 집권은 4월혁명 이후 '혁명 과정의 선거'로 취득한 정권교체이고, 1992년 김영삼의 문민정부 출범은 3당 야합으로 얻어진, 군사정권의 모태에서 발생한 것으로 수평적 정권교체로 보기는 어렵다는 것이 중론이다.

새정치국민회의의 대선 승리는 김대중의 승리이기도 했지만, 김근태의 승리이기도 했다. 그는 이를 위해 긴 세월 동안 모진 고문과 박해를 받으며 싸웠던 것이다. 평화적 정권교체와 정치개혁은 그의 오랜 꿈이자 소망이었다.

하지만 김대중 정부는 약체였다. 국회는 여전히 한나라당(대선 과정에서 신한국당이 이미지 쇄신을 위해 바꾼 당명)이 지배하고 지난 반세기 이상 군사정권과 유착하면서 성장해온 거대 족벌신문과 지식인 그룹, 그리고 "정권을 빼앗겼다"고 앙앙불락하는 특정 지역의 기득권 세력이 버티면서 사사건건 새 정부를 헐뜯었다.

'국민의 정부'의 권력은 탄생 때부터 많은 고민을 안고 출발했다. 김 대통령은 유효 투표의 40.3퍼센트의 지지로 당선되었다. 이회창 후보보다 겨우 39만 표 앞선 것이었다. 승부를 가른 이 39만 표는 김종필 총리의 지지기반인 충청권에서 나타난 김대중-이회창 후보 간 표차와 정확히 일치하는 수치다. 김 총리가 공동정권 탄생에 결정적인 기여를 했다는 점이 드러나는 부분이다.

이회창 총재가 이끄는 한나라당은 야당으로 입장이 바뀌었지만 여전히 원내 제1당으로 막강한 국회 권력을 갖고 있었다. 39만 표의 격차에서 짐작되듯 표의 동서 양분 현상은 과거와 조금도 다를 바 없었다. 지난해 6월의 지방선거와 두 차례의 재·보궐선거에서 이런 현상은 더욱 강화되었다. 말하자면 김대중 대통령의 권력은 소수정권인데다 그나마 권력이 나뉜 연합정권의 구조적 취약점을 고스란히 안고 있는 것이다.[35]

'북한에 강경 · 온건파가 있는가?'

김근태는 성정이 곱고 성실한 사람이다. 지나칠 만큼 꼼꼼하고 세심하여 의정활동에서도 품성 그대로를 보여주었다. 그가 발언에 나서면 국무위원들과 정부 인사들이 긴장하고, 기자들도 자리를 뜨지 않았다. 여야 동료 의원들도 그의 식견과 학식에 경의를 표하곤 했다. 한나라당 의원들은 강경 재야 출신인 김근태가 강성 발언을 쏟아낼 것이라며 잔뜩 경계했다가 지극히 합리적인 언행에 오히려 경애심을 갖게 되었다.

> 김 부총재는 '마지막 재야' 출신으로 과격할 것이란 선입견과는 달리 뛰어난 정책 대안 제시 능력으로 국민의 주목을 받고 있는 초선의원이다.[36]

김근태는 정권교체로 여야가 바뀐 이후 처음 맞은 1998년 국정감사에서 '의회 발전 시민봉사단' 및 피감기관이 선정한 재정경제위 최우수 의원으로 선정되었다. 여당이면서도 야당 의원보다 더욱 철저하고, 공정하게 국정을 감사한 것이 높이 평가된 것이다.

김근태는 제15대 국회 전반기 2년은 통일외무위원회에 소속되어 활동했다. 당시는 야당 의원이었다. 비록 이 분야의 전문가는 아니었으나 특유의 끈기와 노력으로 연구에 몰두해 상임위의 가장 비중 있는 의원으로 활약하면서 동료 의원들과 출입 기자들로부터 '베스트의원'에 선정되었다. 2년 동안 그가 통일외무위에서 행한 대정부 질의 중에서 몇 가지만 살펴보자.

김근태 말씀 잘 들었습니다. 정신대 문제에 대해서 좀 확인하겠습니다. 김영삼 대통령께서 배상을 요구하지 않겠다, 진실규명을 해야 된다고 한 말씀의 취지를 저는 이렇게 생각합니다. 일본의 일부 식자들이나 여론이 한국에서 돈을 달라고 그러는 것이다, 그래서 역사적 사실을 호도하고자 하는 공세에 대해서 그렇지 않다는 것을 밝히기 위해서 강조한 것이 아닌가 싶습니다. 다시 말하면 역사적 진실을 드러내기 위한 강조의 언급이었다고 생각합니다.

그렇다면 지난 일본 제국주의 치하에서 당시의 일본 공권력에 의해서 강제로 연행된 이른바 정신대위안부는 명백히 일본 제국주의 국가의 국가범죄다, 하는 인식은 우리 모두가 갖고 있고 김 대통령 또한 가지고 있는 것이지요. 확인해서 답변해주시면 좋겠습니다.

두 번째는 이것은 국가의 범죄이기 때문에 국가가 배상해야 되지만 국가의 배상을 요구하지 않겠다는 앞의 취지가 법적으로는 어떻게 해석되어야 하는지, 그러니까 국가배상권이 소멸됐다는 것인지, 국가배상권이 우리에게 있기는 하지만 국가배상을 요구하지 않겠다는 대통령으로서의 결단인지 이 점을 답변해주셨으면 좋겠습니다.

이것은 대통령의 권한 밖의 일이다, 또는 대통령의 의지와 결단으로 될 수 있는 일이 아니라고 주장하는 국제법 학자들도 있습니다.

마지막으로 외무부의 업무현황보고에 나온 대로 유엔인권소위 권고에 의하면 이것이 국가범죄이고 또 어떠한 경우에도 개인에 대한 배상을 하라고 했습니다.

우리 정부는 아까 차관께서 말씀하신 대로 개인적 차원에서의 배상은 권리가 살아 있는 것이고 정당한 것이다, 라는 의견을 우리 외무부

또한 갖고 있는 것 같은데 이 점에 대해서 말씀해주시기 바랍니다. (통일외무위원회 제180회, 1996년 7월 23일 속기록)

김근태 그다음에 미 국무성 대변인이 북한은 소요의 시기다, 이렇게 얘기를 했고 카트만 부차관보가 이것을 부인했습니다. 현재 미국이 공식적으로 북한의 상황을 어떻게 판단하고 있다고 부총리께서는 생각을 하시는지요? 미국 정부의 대외적인 발표에서 혼선이 발생하는 원인이 무엇인지에 대해서 말씀해주시기 바랍니다.

두 번째는 아까 국민의 동의의 수준과 범위에 따라서 정책이 결정될 수밖에 없다, 이렇게 말씀하셨는데 이것은 이렇게 정의할 수 있을지 모르겠습니다. 즉 통일정책의 기본적인 전략은 연착륙이다. 그런데 그것을 실현해나가는 과정에서 상황과 조건에 따라 이쪽에서 전술을 선택할 수 있는 범위나 수준은 영향을 받고 제한받을 수밖에 없다, 이렇게 정의하실 수 있는 것인지, 만약에 이렇게 정의된다면 그다음 얘기를 좀 하겠습니다.

이번 임시국회에서 신한국당 이홍구 대표가 오늘의 국면에서는 북한을 더 이상 대등한 관계로 보는 것을 수정해야 될지 모르겠다, 이렇게 발언했습니다. 물론 정치인으로서 정당의 대표로서 한 정치적 발언입니다. 이 부분에 대해서 이것이 혹시 행정부의 현재 속마음이 아니냐, 실제로도 상황이 이렇게 되고 있는 것이 아닌가. 아까 김상우 의원의 질의 내용 중에 권영해 안기부장이 오프 더 레코드로 얘기한 것과 연관해서, 연착륙이라지만 사실은 다른 방향이 불가피하다고 보고 있는 것이 아니냐, 이런 느낌들이 상당히 광범위하게 퍼져 있습니다. 이

부분에 대해서 관계 책임자로서 부총리께서 말씀을 해주셨으면 좋겠습니다.

그다음에는 외무부장관이나 부총리께서도 이런 말씀을 하신 적이 있는지 모르겠는데, 미국과 북한의 관계는 조화와 병행의 원칙을 따른다, 이렇게 얘기를 했습니다. 이것이 구체적으로 무슨 얘기냐, 그러니까 우리로서는 북한과 미국의 국교 수립이나, 북한에 대한 미국의 경제 제재나 완화가 단계적으로 진행되는 것에 대해서는 남북관계의 진전에 따라서 동의한다는 얘기냐, 기본적으로 우리가 이 방향에 동의하고 있다면 조화와 병행의 원칙이라는 것은 단계적이고 점진적인 진행을 말하는 것 같은데, 구체적으로 어떻게 점진적이고 단계적으로 진행되는 것을 말하는 것인지 그리고 우리의 원칙과 방향과 관련해서 구체적인 안이 있는 것인지, 아니면 그저 일반적인 선언적 원칙일 뿐인지 이 점에 대해 말씀해주시면 좋겠습니다.

그다음 북한에는 현재 강경파와 온건파가 존재하는 것인지, 아까 북한의 개혁에 대해서 유치원생 수준이라고 그랬는데 그 원인이 어디에 있는지, 황장엽 비서 망명사건을 보면서 북한에도 권력투쟁이 시작된 것으로 봐야 되는 것이 아닌가, 저는 그렇게 생각이 됩니다만, 그러니까 북한 내부의 개혁을 둘러싼 문제로 봐야 되는 것이 아닌가 싶은데, 정치적으로 강경파와 온건파가 존재하는 것인지, 또 개혁이 현재 유치원생 수준으로밖에 나아가지 못하는 근본적인 이유는 무엇이고, 우리가 연착륙 쪽으로 전략적인 방향을 결정했다면 지금 우리 정책 당국은 현재의 수준에서 무엇을 어떻게 하고 있는지 이 점에 대해서 말씀해주셨으면 좋겠습니다. (제183회, 1997년 3월 7일 속기록)

'공적 자금 제대로 쓰이나'

김근태는 제15대 국회 후반기 2년은 재정경제위원회에서 활동했다. 전문성이 인정되어 상위가 배정된 것이다. 6월항쟁 이후 국회 운영이 상임위 중심이 되면서 의원들의 상임위 역할이 활발해졌다. 김근태의 주요 정책 질의 몇 가지를 살펴보자.

김근태 이 시점에서 경제협력개발기구(OECD) 가입에 대해서 우리 재경부는 어떤 판단을 하고 있는지를 정리해서 얘기해주기 바랍니다. 그리고 혹시 OECD 가입에 대해서 유보적이거나 신중해야 된다는 보고서가 있으면 그 보고서를 제출해주시기 바랍니다.

제가 이 점을 지적하는 것은 저는 OECD 가입과 관련해 그 방향에 대해서는 개인적으로 동의를 했습니다. 다만 과정이 있어야 된다고 생각을 했고 주장했습니다. OECD 가입이 되어서 우리 사회, 국민경제에 굉장한 부담이 왔다고 생각하는데, 가장 잘못된 것은 우리 국민경제가 이미 선진국 수준으로 올라갔다는 메시지가 전해져, 국민들뿐만 아니라 기업들이 내부의 충실도를 이루는 데 실패했다고 생각합니다. 은행뿐만 아니라 기업 또한……

저는 이렇게 생각하는데 재경부 입장이 어떤지, 나아가서 정부의 입장은 현재 어떤지에 대해서 보고해주시기 바랍니다. 다음에 IMF 문제를 얘기하겠습니다.

IMF의 근래의 보고서, 언론보도에 의하면 한국에 외환위기가 온 것이 헤지펀드, 즉 투기성 자본의 급격한 이동 또한 계기가 되었지만, 그

못지않게 이른바 외화누락(外貨漏落)이 IMF에 의하면 80억 달러가 넘고, 우리 재경부나 한은의 주장도 50억 달러가 좀 넘는 수준이라는데 이처럼 국내 자본이 이탈된 것 또한 그 못지않은 이유였다는 것입니다.

국내 자본 이탈은 명백한 사실이라고 생각하는데 재경부는 이것이 어느 정도 된다고 생각하는지, 그리고 어떤 사람들과 어떤 세력들에 의해서 국내에서 자본이 이탈했고, 이것이 우리가 외환위기라는 충격을 당하는 데 어떻게 작용했는지에 대해서 말씀해주시기 바랍니다. (제198회 재정경제위 1차 회의록, 1998년 10월 1일)

김근태 세계 경제상황 특히 국제 금융시장은 대단히 불안정하다고 생각합니다. 잘 아시다시피 롱텀캐피털 매니지먼트라든지 근래에는 또 다른 헤지펀드들이 도산 위험에 봉착하면서 미국에서도 재정적 지원을 받는 상황으로 가고 있습니다.

이런 상황에서 우리 경제 운용 기조는 근본적으로는 보수적이어야 되는 것이 아닌가, 그런데 너무 과감한 재정정책 쪽으로 가고 있는 것이 아닌가 하는 걱정을 하고 있습니다.

국제경제가 이렇게 불안정하기 때문에 정책협조가 되는 측면도 있지만 특히 국제 금융시장이 불안정하기 때문에 경상수지 흑자가 굉장히 중요할 것 같고, 그래서 외환보유고를 늘려야 하고 단기외채를 축소해야 하는데 충분히 대응하고 있는 것인지, 지난번 재경부 보고에 의하면 차환률(差換率)이 4월에 102퍼센트에서 9월에 82퍼센트로 떨어졌는데 10월 추세가 회복되지 못하거나 더 떨어진다고 하면 굉장히 위험한 신호일 수도 있다고 생각하는데, 현재 10월 차환률이 어떻게 예상되고 만약 82퍼센트로 가게 되면 우리가 대책을 세워야 되는 것이 아닌가 생각하는데 재정부장관은 어떻게 생각하는지 말씀해주시기 바랍니다.

경제상황이 상당히 어려운 것을 우리가 다 압니다. 투자나 성장이 다 마이너스이고 소비가 급격하게 위축되어서 저는 다소 의구심이 듭니다마는 소비가 미덕이다, 라는 구호까지 나올 수밖에 없는 상황이 전개되고 있습니다.

그런데 이것이 단순히 경기순환적인 요인 때문에 온 것만이 아니라 더 심각한 부분은 근본적으로 신용위기 때문에 왔다, IMF 관리체제에 들어가면서 모두가 미래에 대해 불안해하고 전망을 제대로 가질 수 없기 때문에 방어적인 소비와 투자를 할 수밖에 없는 우리 사회의 신용이 결정적인 위기에 처해 있다고 생각합니다. 따라서 이것을 극복하기 위해서는 재경부장관이 여러 차례 얘기한 대로 미래에 대한 전망이 분명해져야 된다고 생각합니다.

가장 중요한 것은 새로운 시장질서를 형성하고 그 시장질서를 안정화시켜야 된다고 생각하는데 지금 재경부가 지향하고 있는 시장질서가 어떤 것인지, 예를 들면 미국식 시장인지 아니면 유럽식 시장인지, 아니면 지난 시대에 우리가 했던 개발독재모델에 약간의 수정을 가한 시장모델인지, 그 시장이 어떤 모델인지에 대해서 답변해주시기 바랍니다. (제198회 국회 재정경제위원회 회의록 제3호, 1998년 10월 20일)

김근태 지금 문제가 여러 가지 있지만 작은 것은 다시 얘기하기로 하고, 장관께서 말씀하신 대로 IMF 관리체제 3년차에 들어가면서 개혁에 대한 피로가 오는 것 같습니다. 그런데 거기에 대해서 거시경제지표는 괜찮은데 나만 손해 보는 것 아닌가 하는, 주관적인 왕따 정서가 각 계층에 퍼져 있는 것으로 보입니다. 그래서 보상을 요구하는 심리가 생기는 것 같습니다. 이것을 어떻게 극복해야 될 것인가 하는 것이 지금 이 시점에서 제일 중요하다고 봅니다.

총론적으로 우리 국민들은 대체로 개혁과 구조조정에 동의하는데 내 영역에서는 이제 더 이상 안 했으면 좋겠다, 주관적으로는 지난 2년 동안에 모두 고통스러웠기 때문에……

제 지역구가 도봉구인데 그쪽을 보면 재래시장은 형편없이 죽고 있습니다. 그런데 대형 할인점이 들어와서 거기는 아주 잘됩니다. 서민이 보면 백화점 이상의 고객들은 잘 나가는데 우리는 뭐냐 이런 위화감이 상당한 정도로 생기고 있습니다. 이 부분을 통합시키지 못하면 중대한 난관에 부닥칠 가능성이 있다고 생각합니다.

그래서 이 시점에서 제일 중요한 것은 다시 어떻게 개혁을 추진할 수 있는 국민적 합의를 얻을 것인가, 그것을 추진해야 되는 재경부가 국민적 신뢰를 어떻게 획득할 것인가, 이것이 핵심적인 초점이라고 생각합니다.

실무적인 부분이나 또 구체적인 금융시장의 취약성 문제도 대단히 중요하긴 하지만 이 부분에 대해서 재경부장관을 비롯한 경제부처 관계 장관들이 어떻게 하면 국민적 신뢰를 끌어 모을 것인가 그리고 그 과정에서 경제 관련 부처 장관들 사이에 어떻게 협력할 것이고 또 발언의 통일성을 유지할 것인지, 이런 것이 장관께서도 절실하다고 생각하시는지요? (제211회 국회재정경제위원회 회의록, 2000년 5월 18일)

김근태 또 하나 국민들이 궁금해하는 것은 이 공적 자금이 제대로 쓰이고 있는 것이냐? 장관이 걱정하시는 것으로 언론에 보도되었는데 정말 비효율적으로 쓰일 뿐 아니라 모럴 해저드가 금융기관에 퍼져가고 있는 것이 아닌가 이런 의구심들을 갖고 있습니다.

그런데 지금 또 걱정되는 것은 재경부나 행정부에서 30조 원을 조성하면 적어도 10조 원은 내년으로 이월되고 올해는 20조 원으로 충분합니다. 그런데 다른 한편 행정부가 혹시 국회에 추가적인 공적 자금을 요청을 하면 국회에서 정치적인 논쟁이 발생될 가능성이 있고 그것이 부담스러우니까 좀 옆길로 가는 것이 아니냐, 이런 의구심도 있습니다.

(제211회 국회 재정경제위원회 회의록, 2000년 5월 18일)

"정책 대안으로 신뢰받고 싶다"

원내에 진입하면서 오래잖아 그는 곧 차세대 정치유망주로 떠올랐다. 한국정당정치연구소와 《월간중앙WIN》은 1998년 11월호부터 '미래를 준비하는 정치인' 4명을 골라 검증토론을 벌이고, 매월 이를 잡지에 실어 시민과 정가의 뜨거운 관심을 받았다.

집권당이 된 새정치국민회의에서는 노무현과 김근태, 한나라당에서는 손학규와 이부영이 각각 선정되었다. 이들은 모두 현역 의원이었다. 김근태 관련 기사는 1999년 1월호 《월간중앙WIN》에 「폭넓은 대중정치로 사회 패러다임 변화추구」라는 제목으로 실렸다. 기사는 중진 정치인이자 차세대 주자의 일원이 된 김근태가 먼저 「이 어두운 터널을 벗어나 새로운 희망과 미래를 향해」라는 기조발표문을 읽은 다음, 사회자와 4명의 전문 패널리스트로부터 집중 질문을 받고, 자신의 정책과 철학, 비전을 밝히는 순서로 이루어졌다. 정대화(한국정당정치 연구소 부소장)의 사회로 김행(중앙일보 전문기자), 박상병(인하대 강사), 조흥이(서울대 교수), 최배근(건국대 교수) 등이 패널로 참여하고, 윤석진(《월간중앙WIN》 기자)이 정리한 내용 중 패널의 질문과 김근태의 철학, 신념을 밝히는 주요 부문을 발췌한다.

패널 김영삼 정부가 3당통합을 통해 태어났다는 태생적 한계를 가졌던 것처럼 김대중 정권도 자민련과의 연합이라는 준태생적 한계 때문에 민주주의의를 실현하기가 힘들지 않나 하는 생각이 든다.

김근태 그런 측면이 있다. 그런데 YS 정부의 태생적 한계는 한국 사회 집권 세력의 정권 재창출로 그 대표주자를 바꿨다는 의미뿐이었다. 이에 비해 DJ 정부는 야당의 집권이기 때문에 보다 정통성이 높다. 추진할 수 있는 힘이 있지만 몇 가지 난제가 있다. 자민련과의 연대에 따른 '준태생적 한계'라는 지적 못지않게 더 중요한 제약요건이 있다.

첫째, 지금의 우리 사회는 경제위기뿐 아니라 패러다임의 위기 또한 겪고 있다. 그런데 지난 시기의 기득권 세력을 중심으로 위기의 순간을 미봉하자는 바람이 굉장히 강하다.

둘째는, 김대중 정부의 주류는 민주화 투쟁 과정에서 상처를 입고 피해를 본 세력들이다. 획기적으로 주류의 폭을 넓히고 싶지만 DJ는 손을 잡을 수 있는 상징적 정치인이 없다. YS는 이미 실패한 세력이어서 손을 잡기 힘들다. 나는 80년대 이후 민주대연합을 주장해왔고 이를 한 번도 바꾼 적이 없었다. 다만 근래에 방향을 좀 바꿨다. 21세기라는 새로운 상황에 대처할 수 있는 실제적 능력을 가진 전문가들의 역할이 간절하게 요청된다.

패널 정권교체 이후 지역감정의 골이 더 깊어지는 느낌이다. 김 부총재도 현정권에 대한 '영남 지역의 악화된 정서'에 관해 듣고 있을 텐데 어떻게 생각하나.

김근태 한국에서 지역주의 문제는 대단히 심각하다. 사회통합과 국민통합을 이루지 못하게 만드는 큰 장애물이다. 나는 한국에서 구조적으로 보면 주류이다. 경기도 출신이고 학력은 이른바 KS(경기고·서울대) 마크다. 그러나 행태는 비주류였다. 그 이유는 실천적으로는 정권교체를 하자는 것이었다. 보다 현실정치적으로 얘기하면 지역패권주의에 대항하여 싸운다는 것이었다. 지역주의 문제는 대략 세 가지 차원에서 접근해야 한다.

첫째는 패권성, 둘째는 대외적 배타성, 셋째는 대내적 독점성의 문제다. 영남 중심의 지역패권주의는 정권교체를 통해 일정하게 붕괴된 것 아닌가. 이제 지역주의 문제는 대외적 배타성과 대내적 독점성을 어떻게 극복할 것인가로 시각을 좁혀야 한다. 지적대로 영남 쪽의 소외감, 상실감이 상당히 크다. 이 문제는 단기적으로는 불가피한 과정이라고 본다.

패널 당내 개혁 세력이 지난 1년 동안 실제로 무엇을 했는가 하는 아쉬움이 남는다. 또 하나 김 부총재는 김 대통령과 어떤 차별성이 있는가.

김근태 민주화운동 세력이 국민 대중으로부터 평가받으면서도 전폭적 신뢰를 받지 못하는 이유가 두 가지 있다. 하나는 군사독재의 폭압이 심했을 때 민주주의가 살아날 수 있을까 하는 회의와 계승자가 있을지도 모른다는 두려움이 있었다. 두려움과 절망 속에서는 꿈이 필요했다. 꿈은 관념적이다. 관념성을 동반한 꿈은 실제적인 그림을 그리지 못하는 측면이 있다.

두 번째는 탄압이 심할 때는 인격의 연속성이나 아이덴티티를 유지하기 위해 개인의 모든 힘을 발휘해 저항해야 한다. 그러려면 상대방을 철저히 부정할 수밖에 없다. 파괴적인 권위주의 세력 아래서 고통 받은 사람들 가슴 속에는 상처가 남게 된다. 그것으로부터 해방되고 자기정화 노력이 필요하다. 억울하지만 그렇다.

DJ와 내가 차별성이 있다고 말한다면 더 외곽에서 돌게 될지도 모르겠다(웃음). 우리 정치의 다음 단계 모습은 정책노선에 따른 재결집이 될 것이다. 이것이 어떤 과정 속에서 이루어지고, 누가 또는 어떤 집단이 해낼 것인가가 문제다. 현재 우리 정치는 최고의 리더십을 빼놓고는 각종 정보가 집중되지 않기 때문에 판단과 모색의 범위가 상대적으로 협소하다. 이를 제도화하는 것은 다음 단계 리더십들 사이에서는 중요한 과제가 될 것이다.

패널 재야 세력이 김 대통령과 차별성이 없는 것보다 오히려 지금은 김 대통령을 많이 못 도와줘서 문제가 아닌가.

김근태 그렇다. 단적인 예를 들어 DJ를 싫어하는 것은 좋다. 또 권력과 일정한 비판적 거리를 갖고자 하는 것도 좋다. 그런데 DJ의 개혁이 이번에 실패하게 되면 그다음 한국 사회는 어디로 갈 것인가. 그때 당신들의 위치는 어디에 있을 것인가. 그것을 생각해야 한다.

패널 '마지막 재야'로 불렸던 김 부총재에게 요즘 과격하다고 말하는 사람은 없는가.

김근태 폭압의 시대에는 지식인으로서 싸우는 것 외에 다른 방법이 없었다. 그런 나를 보고 과격하다는 것은 억울하다. 국회에 들어와 처음 상임위를 선택할 때 재경위를 희망했다. 전반기에는 당내 사정이 있어 외통위에 있었고 후반기에 내 뜻대로 됐다. 내가 경제학과 출신이었다는 것이 명분이었다. 단순히 과격한 사람이 아니라 정책 대안을 제시함으로써 국민들로부터 대안 세력으로 동의 받고 싶어서였다.

패널 김 부총재는 재야 시절부터 지금까지 일관되게 민주대연합론을 주장해왔다. 그것은 재야에서 민주당에 입당할 때의 명분이기도 했다. 그 뒤 현 김 대통령의 정계 복귀와 함께 민주당이 깨지고 새정치국민회의가 만들어졌을 때 그것을 비판하기보다 따라갔는데 30년 이상 주장했던 민주대연합론과는 어떤 관계가 있는가.

김근태 새정치국민회의를 만드는 것에 대해 비판하고 반대했다. 그럼에도 불구하고 새정치국민회의행 막차를 탔다. 그런 선택이 정당하지 않다는 비판의식을 접은 것은 아니었다. 감옥에 가는 것에 버금가게 고통스러웠다. 재야운동의 주류는 비판적지지론(1987년 대선 당시 후보단일화론, 독자후보론과 함께 재야의 3가지 대선전략 중 하나)이었다. 이를 지지했던 사람 중 다수가 새정치국민회의에 참여하고 있다는 인간관계가 우선 옥죄어왔다.

두 번째는 그래도 야당은 그곳밖에 없다는 생각이었다. 민주당에 부총재로 참여해 6·10 지방선거에서 당시 경기도지사 후보 공천 과정을 보면서 이렇게 해서는 정권교체의 희망은 없다고 생각했다. 앞에 든 두 가지 이유 때문에 참여하게 됐다.

(김 부총재는 당시 "권력 쪽에 가까운 사람들"이 나서 "민주당에 남으면 사면복권시키고 새정치국민회의에 가면 안 시키겠다"고 회유하고 협박했던 사실을 털어놨다. 정치인에게 사면복권 여부는 선거 출마 자격과 직결되기 때문에 매우 민감한 문제다. 김 부총재는 사면복권을 포기하고 결국 새정치국민회의에 참여했지만 뜻밖에 곧 사면복권됐다. 이에 대해 김 부총재는 "YS의 직접 요청으로 미국 케네디가의 압력에 의해 이뤄진 것"이라면서 "기가 막히는 일"이라고 탄식했다.)

패널 밉건 곱건 지금까지 우리나라에서 재벌이 경제성장을 주도해왔다. 재벌 중심이 아닌 21세기 산업구조 모델을 구상해본 적이 있는가.

김근태 대만과 홍콩은 외환위기가 없었다. 대만에는 한국과 같은 재벌그룹이 없다. 재벌그룹이 지금 무너지면 한국 경제에는 큰 타격이 온다. 하지만 기업 경영방식의 변화가 반드시 국제시장에서 경쟁력이 없어지는 것을 뜻하는 것은 아니다. 경쟁력 있는 대기업으로의 재정비가 필요하다.

개발독재의 유효성은 80년대 초에 끝났다고 본다. 10년 이상 지연된 것으로 막대한 코스트를 지금 지불하고 있다. 위기에 직면해 지불해야 할 코스트가 더 늘고 있는 상황에서 우회할 수 있는 길이 우리에게는 없다. 대만 모델도 있고, 독자적인 중소기업과 조립산업 중심의 대기업을 양립시키는 모델도 생각해볼 수 있다.

패널 IMF 체제로 들어선 이후 커다란 사회 문제로 등장한 실업사태를 어떻게 풀어가야 한다고 보나.

김근태 지금까지는 우리 경제가 고도성장하면서 한 직장을 그만둬도 다른 직장을 언제든지 구할 수 있어 사실은 사회적 충격이 별것 아니었다. 그런데 실업률 8퍼센트에 2백만 명의 실업사태는 대단히 충격적인 일이다. 이들 가족까지 연계돼 나중에 어떤 분노로 나타날지 두렵다. 이들에 대한 약속이 제도화될 수 있도록 전문가들에 의해 대안이 나왔으면 좋겠다.

지금 우리 입장에서는 도대체 그 2백만 명이 누군지부터 실업자들의 면면을 전체적으로 파악하지 못하고 있다. 미국식 개념으로 벤처기업을 몇 만 개 만들어 몇 십만 명을 금방 취업시킬 수 있다는 것은 환상 아니겠는가. 그렇다면 유럽식의 해결 방법밖에 없는데 우리는 이에 대한 경험이 없다. 문제를 알면서도 대책을 세울 수 없는 좌절감이 깊다.

패널 김 부총재는 자신에게 반인권적 고문을 자행했던 이근안 전 경감을 이제는 용서하고 싶다고 얘기한 적이 있다. 개인적으로 용서하고 싶더라도 고문이 없는 사회를 만들기 위해서는 어떤 식으로든 처벌해야 하는 것 아닌가.

김근태 날씨가 안 좋으면 감기몸살이 쉽게 찾아온다. 그때 고문의 후유증이다. 우선은 원한이 나 자신을 파괴하기 때문이다. 두 번째는 나 자신 네 번에 걸쳐 도합 7년 동안 도피 생활을 해봤다. 그 피신 생활 자체가 굉장히 고통스럽다. 사실상 처벌이다. 이근안 씨가 만 10년을 피신하면서 겪은 고초는 말할 수 없이 컸을 것이다. 세 번째는 이근안 씨도 군사독재의 하수인으로서 가해자이자 동시에 피해자였다. 이 세 가지를 생각하면서 내가 바라는 것은 남아공의 만델라처럼 진실로 화해했으면 한다. 그리고 국민의 대표를 자임하는 정치인으로서 과거에 대한 복수로 한계를 보이고 싶지 않다는 바람에서였다.

패널 국가인권위원회 구성을 두고 논란이 많다. 과거에 대표적인 인권 피해자로서 누구보다 관심이 높을 것으로 보는데 어떤 입장인가.

김근태 지금 새정치국민회의에서 국가인권위원회를 독립된 국가기구로 하자는 안을 내놓고 있다. 로마 시대 호민관이 독립성을 가졌던 것처럼 그 방향이 유엔의 권고에 비춰보더라도 합당한 것이다. 법무부안이 아니라 당안이 통과되기를 기대한다. 이에 대해 사회단체뿐 아니라 국민의 관심도 좀 더 높아졌으면 한다. 야당도 적극 참여해주기를 바라는데 아직 참여하고 있지 않다. 야당이 참여하면 새정치국민회의 당안도 부분적으로 수정할 부분이 있을지도 모르겠다. 위상 자체는 국가기구로 해야 한다.

'민주평화국민연대' 창립

김근태는 여당 의원으로서 어느 때보다 무거운 책임감과 신중하게 처신해야 할 필요성을 느끼게 되었다. 1995년 정계에 입문해 1년여 만에 국회의원에 당선되고, 야당 의원 2년여 만에 집권당 국회의원과 부총재가 되었으니 행운이라면 행운이다. 이제는 그만한 위치에서 정치적 역할을 하지 않으면 안 되었다.

김근태는 1999년 3월 장영달 의원과 이창복 전 의원 등 현실정치에 뛰어든 운동권 출신 인사들과 재야의 교량 역할을 하기 위해 국민정치연구회(국청련)를 조직, 최고위원에 선임되었다. 나중에 민주평화국민연대(민평련)로 확대되는 국청련에는 김근태의 정치철학과 비전을 지지하는 재야의 민주인사 다수가 참여했다.

정치인들이 어느 정도 성장하여 지도급 위치에 오르면 '연구소' 이름의 사조직을 만드는 것이 관례처럼 되었다. 김대중·김영삼도 60년대 후기부터 연구소를 통해 정치적 비전을 제시하고 조직을 확대하여 당권과 대선 후보의 발판으로 삼았다. 여기에는 적지 않은 자금이 필요했다. 정치자금을 만들 줄 모르는 김근태에게는 연구소의 운영이 쉽지 않았다. 참여자들의 회비로 충당할 수밖에 없었다.

김근태와 그의 동지들이 1999년 3월 이전의 국민정치연구회를 발전적으로 해체하고 민평련을 창립한 것은 운동권 출신들의 폐쇄적인 모임에서 벗어나 경제민주화와 평화통일을 염원하는 시대정신을 반영하고, 이를 정치적 영역에서 실현하기 위해 참여형 대중조직으로 거듭나려는 목적에서였다.

민평련 조직은 이사장 이호웅 의원, 부이사장 최규성·홍미영·임종석 의원, 사무총장 문학진 의원, 산하조직인 민주평화아카데미 원장은 신병렬 의원, 민주평화연구소장은 유승희 의원, 정책실장은 민청련 시절의 오랜 동지 김찬이 맡았다.

훗날 민평련은 열린우리당 현역 의원 32명과 당중앙위원 5명 등이 지도위원으로 참여하고, 이해찬·임채정·한명숙·장영달·이부영·이상수·함세웅·지선 스님 등이 상임고문으로 위촉될 정도로 규모가 커졌다.

하지만 민평련은 원래 김근태의 사조직이 아닌 '정치적 지향과 행보를 함께하는 재야 출신 인사들이 주도하는' 진보개혁의 연구모임이었다. 정책이나 의제를 치열한 토론을 통해 결정하는 지극히 민주적인 방식으로 운영되었다. 지방선거 출마자들을 대상으로 여러 차례 교육 프로그램을 진행하여 좋은 성과를 얻기도 했다. 부산·경북·대구 등 취약 지역에 지역조직을 결성하고 서울에도 구 단위 조직을 결성했다.

김근태는 민평련 결성대회에서 경제민주화와 평화통일에 대한 소신을 밝혔다. 2012년 대선을 맞아 여야 주자들이 덩달아 '경제민주화'를 내세우고 있는데, 엄격히 따지면 '저작권'은 김근태에게 있다고 할 것이다.

미군정에서 문정관을 지내고 이승만과도 가까웠던 그레고리 핸더슨은 한국 정치의 특징을 '회오리바람형'이라고 분석한 바 있다. 중앙의 상층부에서 일기 시작한 회오리바람이 일거에 정치지형을 바꿔버린다는 뜻이다. 그로부터 반세기가 지나서도 한국의 정치(정당) 구도는 별로 달라지지 않았다.

헌정 60년이 흘렀는데도 아직 10년이 되는 정당이 하나도 없을 만큼 한국의 정당은 포말과 같은 운명이다. 이것은 여야가 다르지 않았다. 그리고 '회오리바람형' 정치의 속성과 변화는 여전하다.

1995년 9월 5일 창당한 새정치국민회의는 2000년 1월 20일 임시전당대회를 열고 각계의 전문가, 엘리트들을 대거 영입해 전국정당과 개혁정당을 기치로 새천년민주당(민주당)을 창당했다. 신당은 민주주의, 시장경제, 생산적 복지의 3대 원칙을 내걸었다. 당대표에 서영훈이 선출되고, 김근태는 다시 최고위원에 당선되었다.

김근태는 신당 창당이 진행되는 과정을 지켜보면서 심란한 마음을 가누기 어려웠다. 정당이 뿌리박지 못한 채 포말 정당이 되는 것을 안타까워한 것이다.

신당이 창당되고 있다. 그러나 국민의 관심사에서는 멀리 있는 것 같다. 나는 신당이 지금 많은 욕심을 낼 수는 없다고 생각한다. 다만 과정에 충실한 것이 필요할 것이다. 신당이 정치권 내부의 타협이나 역할 조정에 충실하기보다는 새로운 미래에 중점을 두었으면 좋겠다. 우리가 새롭게 할 수 있는 일이 무엇인지를 국민에게 묻고, 그것을 위해서는 무엇을 해야 하는지를 차근차근 따져보았으면 한다. 지금은 대안을 정치권 안에서 찾을 때가 아니고 미래와 국민으로부터 찾을 때이다.[37]

김근태는 국회의원과 여당의 지도부가 되면서 '일신우일신(日新又日新)'의 자세로 자성과 자계(自戒)를 게을리 하지 않았다. 그리고 김대중 정부의 옷 로비 사건 등을 지켜보면서, 지도층의 도덕성 상실을 우려했다.

오래 민주화운동 그리고 수평적 정권교체의 성공, 그때 나는 감격과 함께 결심했었다. "이젠 의정활동에 전념하리라." 민주화의 기틀은 마련되었

으니 지금부터는 민주사회의 성숙과 발전을 위해 노력하겠다는 마음가

짐이었다.

그리고 3년이 지났다. 외환위기는 극복했지만 경제는 여전히 어렵다. 정

치는 흔들리고 있다. 진정으로 국민에게 다가서는 정치, 믿음이 살아 있

는 정치, 그래서 국민에게 희망을 주는 정치, 이것을 이루기 위해서는 도

덕적 리더십이 필요하다고 나는 믿는다.[38]

제16대 국회의원 재선

2000년 4월 13일 제16대 총선이 실시되었다. 김근태는 선거구인 서울
도봉갑구에서 민주당 후보로 출마해 재선되었다. 유효표의 50.9퍼센트
인 3만 4천233표를 얻어 한나라당 후보를 크게 따돌렸다. 15대(38.9%)
보다 2퍼센트 포인트를 더 득표, 유권자들이 지난 4년 동안의 의정활동
에 신뢰를 보여주었다.

그러나 민주당은 여당이면서도 다수당이 되지 못했다. 총의석 273석
중 한나라당 133, 민주당 115, 자유민주연합 17, 민주국민당 2석이
었다.

김대중 정부와 공동정부를 구성한 김종필의 자민련이 내각제 개헌
을 둘러싸고 분열하여 '2여 1야'로 후보들이 난립한 것이 주요 패인이
었다. 민주국민당과 민주노동당(1.2%)은 정당 존립이 무너졌다.

민주당은 의석수에서는 약진했으나 여전히 다수당은 한나라당에 넘
겨줘야 했다. 민주당 소속 의원 4명이 자민련에 입당하는 '의원 꿔주

기' 형태로, 자민련이 간신히 원내교섭단체를 구성하면서 DJP 연대는 다시 복원되었으나 여전히 불안한 공동정부체제였다.

김근태는 15대와 16대 국회에서 두 차례 '백봉 신사상'을 받았다. 이 상의 첫 수상자가 된 것은 1999년 11월이었다. 독립운동가 출신 백봉 라용균 전 의원을 기려 제정된 상이다. 육탄과 욕설로 뒤범벅이 된 국회를 '신사적'으로 운영하라는 취지에서 제정돼 '신사적인' 의원에게 주어진다. 김근태는 1, 2회 백봉 신사상을 받고, "연속 두 번의 '백봉 신사상' 수상에 대해 개인적으로는 솔직히 조금 과분한 영광이라는 느낌을 지울 수 없다. 훌륭한 인격을 갖춘 다른 의원들도 많기 때문이다. 그러나 한편으로 이번 제2회 백봉 신사상 수상은 신사와 대중정치인이라는 문제를 조금은 다른 각도에서 돌아볼 수 있는 계기를 만들어주었다"[39]고 소회를 밝혔다.

여기에는 한국 정치의 실상, 그리고 국회의 운영이 '신사'가 서식하기가 어렵다는 문제의식이 깔렸다.

끊임없는 줄세우기와 편가르기, 계보 만들기와 수에 의한 힘겨루기……
그래서 정책을 위한 대화와 타협이 아니라 지역 패권에 의지한 보스의 힘에 의한 독선과 오만이 리더십으로 인식되는 것이 오늘날의 한국적 정치현실이라는 점 또한 부정할 수 없다.
이러한 현실에서 신사와 정치인은 양립할 수 없다. 오랜 벗 하나가 농담반 진담 반으로 이런 말을 한 적이 있다.
"백봉 신사상 계속 받으면 대중정치인으로는 낙제라는 얘기야!"
나는 이 말을 웃으며 받아넘겼지만, 옆구리에 뭔가가 걸리는 듯한 느낌이

없지는 않았다.[40]

김근태에게 '대중정치인과 신사'는 양립하기 어려운 조건이었다. 대중정치인으로 성장하기 위해서는 언론과 대중의 눈길을 끄는 발언과 적절한 쇼맨십을 발휘해야 하는데, 이건 딱 질색이다. 점잖게, 신사적으로 처신하면 언론의 조명을 받지 못하고, 대중의 관심을 받기가 어렵다. 그렇다고 '신사적' 또는 '영혼을 지키면서'의 심성을 저버릴 수는 없었다. 김근태의 딜레마는 여기서 비롯된다. 이에 대해 강준만 교수는 적절한 지적을 한 바 있다.

> 김 부총재의 경우 그런 쇼맨십이랄까 쇼에 대한 감각 자체를 부정적인 것으로 보는 것 같다. 아마도 자신의 영혼을 지키기 위해서일 것이다. 김 부총재가 지나치게 신중하고 자기 방어적이라는 평가도 자신의 '영혼을 지키려는' 노력과 무관하지 않을 것이다.[41]

김근태가 재선에 성공하고 집권당의 지도부가 되면서 언론과 국민 중에 그를 지켜보는 사람이 적지 않았다. 당연히 '차기 대권주자'의 반열에 오르게 되고, 이런저런 주문이 따랐다. 역시 친화력은 좋은데 '대중성'이 모자란다는 지적이 많았다. 정치인이 큰 지도자가 되기 위해서는 대중성을 확보해야 하는데, 그는 천성적으로 신사적이어서 대중성과는 거리가 있었다. 다시 강준만의 지적이다.

> 나는 김 부총재의 경우 친화력에 대해 긍정적인 평가를 받은 건 그의 겸

손과 성실 덕분일 것이라고 생각하지만, 그걸 마냥 좋게만 보진 않는다. 나는 우리 사회에서 보통 사용되는 '친화력'의 정체에 대해선 깊은 의구심을 갖고 있다. 나는 기자들에게 술은커녕 밥 한 끼 사지 않아 욕을 먹는 정치인들이 적잖이 있다는 걸 잘 알고 있다. 그런 정치인은 아무리 능력이 탁월해도 인간관계에 문제가 있다는 식으로 기자들로부터 욕먹게 마련이고 또 그런 부정적인 평가는 언론에 그대로 반영돼 대중의 인식에도 큰 영향을 미치게 마련이다.

모든 걸 원칙대로 하려는 정치인도 부정적인 평가를 받게 마련이다. 반면 능력과 윤리에 상당한 문제가 있어도 술 잘 마시고 마당발이라는 이유 하나만으로 기자들로부터 높은 평가를 받는 정치인들도 적지 않다. 물론 이건 비단 정치뿐만 아니라 우리 사회 전반에서 통용되는 문화로 보아야 할 것이다. 그런 문화를 거스르면서 리더가 될 수는 없으니 이게 바로 딜레마라는 것이다.[42]

김근태는 '신사 정치인'이 되었으나 '대중정치인'으로 성공하는 데는 한계가 있었다. 대중성과 친화력, 쇼맨십이 부족했다. 그래서인지 백봉 신사상의 의미를 바꾸었으면 하고 바랐다. 김근태가 바라는 '정치인상'이기도 하다.

백봉 신사상이 단지 점잖고 교양 있고 예의 바른 정치인에게 주는 상에 머물지 않고, 시대정신이 살아 있는 사람을 기념하는 상으로 더욱 발전할 수 있었으면 하는 것이 내가 속으로 암암리에 꿈꾸는 바람이다.[43]

9장

차세대 지도자에서 좌절까지

청렴한 생활, 다양한 취미

김근태는 대단히 청렴결백한 정치인이다. 그의 집을 한 번이라도 가본 사람은 다들 믿기 어려워했다고 한다. 3선 의원에 장관을 지낸 사람의 집이라고는 상상하기 어렵기 때문이다.

　김근태 부부는 전세를 맴돌다가 2004년 도봉구 창동에 40여 평 규모의 빌라를 처음으로 장만했다. 저서 『남영동』과 『우리 가는 이 길은』, 『열려진 세상으로 통하는 가냘픈 통로에서』 등의 인세와 친척의 도움을 통해서였다. 이 집은 모처럼 네 식구가 오랫동안 오순도순 살게 되는 보금자리가 되었다.

그의 집에 자주 드나드는 사람들은 그 집의 단출한 부엌살림과 가구에 놀라움을 금치 못한다. 사람들은 도대체 집이 왜 이렇게 썰렁하게 텅 비어 있냐고 놀린다. 집권당의 최고위원 집이라고 하면 외제 가구도 보이고 화장대도 있을 법하지만 부인 인재근 여사와 김 의원은 그런 화려함을 한 번도 경험하지도 또 원해보지도 않은 사람들이다. 조금 모이면 얼른 나누고 사는 두 사람, 이런 양심에 많은 사람들이 애정을 주는 것일 게다. (……)

그가 우리와 마찬가지로 가끔씩은 구멍 난 양말을 신고서도 국사에 열심이고, 단벌신사임에도 아무런 거리낌이 없는 넉넉한 모습을 본다. 그가 가지고 다니는 노트나 만년필, 그가 소지하고 있는 모든 물건들은 우리 모두가 매일 쓰고 있는 물건과 하나도 다르지 않다.[44]

김근태는 국회의원 시절 세비와 지인들이 십시일반으로 도와주는 성금으로 지구당을 관리하고 의정활동을 했다. 대선 후보 경선에 나섰을 때는 'GT클럽'이라는 자발적인 팬클럽이 조직되어 어느 정도 지원을 받게 되었다. 미약하지만 나름대로 큰 도움이 되었다.

그분들이 돼지저금통을 모아서 전달해주신 취지는, "김근태 너무 상처받지 마라, 우리가 있다. 함께 가자." 이런 뜻이라고 본다. 정말 고맙게 생각한다. 꼭 옛날 군사독재 시절 데모하고 피신할 때 "우리 집에 와서 숨어라"고 성원해주던 사람을 만난 것 같아 가슴에서 눈물이 난다. 물론 그것이 현실정치에서 정치자금을 대신할 만한 액수는 못 된다.

나는 정치자금을 정말 투명하게 해야 하고 투명하게 하는 사람에 대해선 보상이 따르게 해야 한다고 믿는다. 재정 보조를 중앙당으로 하지 말고 국회의원들한테 해줘서 투명하게 하는 사람에게는 국고보조를 그만큼 늘리는 매칭펀드 방식으로 가야 한다고 생각한다.[45]

정치인이 어느 정도 자리에 올라가면 계보를 거느리고 연구소를 차리고, 사조직을 거느리게 되고 그러다 보면 막대한 자금이 소요된다. 기업에서는 '보험금'이 들어오고, 상임위의 유관 기관에서는 후원금뿐만 아니라 이런저런 이권과 연관되기도 한다. '떡고물'을 만지다 보면 차기와 노후를 위한 축재를 하게 되고, 집이 넓어지면 가구도 차츰 외제로 바꾸게 된다.

하지만 김근태는 예외였다. 그는 동료 의원이나 언론인 그리고 유관 기관장들과 어울려 골프를 치거나 고급 요정에 가는 것을 한사코 거부했다. 주위에서 운동을 위해서라도 골프를 해보라고 주문하는 사람이 많았지만, 그는 끝내 골프채를 잡지 않았다.

아직 체력도 괜찮고 정신력도 버틸 만하다. "나이가 더 들면 도봉산이 가까우니 산에 오르겠다"고 하면 고등학교 때부터의 친구들이나 대학 때의 친구들은 나를 설득한다. 하지만 내 마음속에는 망설임이 있다. 골프장 건설은 자연을 파괴하는 것이고, 골프장에서 뿌려대는 농약이 식수로 흘러들고 있다는 주장이 걸린다. 대중화됐다고는 하지만 중산층과 서민들이 마음 편하게 골프를 할 수 있는 것도 아니고 토요일이나 일요일 새벽부터 일어나 부산하게 움직여야 하는 것 또한 내 게으름과 맞아떨어지지 않는다.

이런 주저에 대해 우리 사회의 지도층이 되어 있는 어떤 친구들은 거리감을 느끼는 모양이다. 내가 민주화운동을 할 때의 그 고집에 머물러 있는 것이 아닌가 싶어 이질감도 느끼는 모양이다. 아니 분명히 말하건대 적대감 같은 것은 없다. 우리 사회에서 의사결정 책임을 짊어지고 있는 사람들이 무거운 스트레스에서 탈출하기 위해서는 골프가 제일이라는 주장에 대해 나도 이의를 제기하고 싶지는 않다.

하지만 중산층·서민들의 정서와 우리 사회 지도층이 필요로 하는 일상으로부터의 탈출 사이에 다리를 놓을 수는 없을 것인가. 아직 그때는 오지 않고 있는 것인가.[46]

김근태는 골프 대신 축구를 즐겼다. 새벽에 마을 학교 교정에서 주민들과 어울려 공을 차는 축구 말이다. 승부에 집착하지 않고 넉넉한 마음으로 교정을 이리저리 뛰는 것을 즐겨 했다. 끝난 뒤에는 '선수'들과 어울려 마을 어귀의 해장국집에 들러 푸짐하게 한 그릇을 비운다. "나는 축구가 사람들이 만든 가장 매력적인 스포츠라고 생각한다. 이른 아침 한 경기를 뛰고 난 뒤, 땀 흐르는 등줄기를 스치는 서늘한 전율이 참으로 좋다."[47] 김근태의 '축구 예찬'이다.

김근태는 영화도 축구 못지않게 좋아했다. "일상생활에 윤기를 더해주는 영화의 매력"을 즐겼다. 두고두고 인상 깊었던 영화로는, 독특한 페미니즘 영화인 〈안토니아스 라인〉, 감동적인 음악영화 〈캔자스시티〉와 〈부에나비스타 소셜 클럽〉 같은 영화를 꼽았다. 젊은 시절에 봤던 〈내일을 향해 쏴라〉와 반전에 반전을 거듭하는 〈스팅〉, 그리고 〈아웃 오브 아프리카〉는 잊지 못하는 영화로, 〈서편제〉, 〈JSA〉 등은 감동적인 한국 영화로 기억했다.

김근태는 또한 형들과 누나 덕분에 어렸을 때부터 책을 접하게 된 뒤로 많은 책을 읽었다. 게다가 5년여의 옥살이와 긴 수배 기간에 책은 항상 그의 곁에서 떠나지 않았다. 오래도록 마음에 남은 책은 박경리의 『토지』와 김지하의 『황토』, 김용택의 『섬진강』, 최영미의 『서른 잔치는 끝났다』, 에드워드 사이드의 『오리엔탈리즘』, 앤서니 기든스의 『제3의 길』, 시오노 나나미의 『로마인 이야기』 등이었다.

김근태는 그림도 좋아했다. 박수근의 〈나무와 두 여인〉을 특히 좋아해, 한때 그의 서가에는 복제품이 놓여 있었다.

운명적인 만남 1, 노무현

고수(高手)는 고수끼리 알아보고 순수는 순수끼리 통한다. 2000년대 초 '포스트DJ'를 놓고 민주진영에서는 조용한 가운데 물밑 경쟁이 치열하게 전개되었다. 큰 나무 아래에서는 작은 나무가 자라기 어렵듯이, 야권에서는 1970년대 이래 김대중·김영삼 두 거목 밑에서 양김에 버금가는 인물이 나오지 않았다. 오히려 재야 쪽에서 차세대 지도자 그룹이 성장하고 있었다.

대표적 인물이 김근태와 노무현이었다. 노무현은 부산에서 인권변호사로 두각을 나타내며 13대 국회에 들어와, 3당 야합에 반발하고 '지역갈등 해소'를 위해 낙선을 거듭하면서도 고난의 행진을 계속하고 있었다.

김근태가 재야에서 반유신·반5공 투쟁을 통해 재야의 대표 주자로 성장하고 있었다면, 노무현은 법조활동과 야당의 정치활동을 통해 두 각을 나타내고 있었다. 두 사람은 모두 고난의 젊은 날을 보냈으면서도 순수한 품성을 지닌 '비정치적인 정치인'이었다.

이들은 잠재적인 라이벌이면서도 서로를 존경하고 좋아했다. 걸어온 길이 다르고, 정치적 환경에는 차이가 있었으나, 질곡의 삶을 헤쳐오면서도 따뜻하고 진솔한 품성을 잃지 않았다는 점 등 닮은 데가 많았다. 당시 새천년민주당 최고위원이었던 노무현은 김근태를 이렇게 회상했다.

김근태 의원 때문에 나는 서울 명동 한복판에서 감격한 적이 있다. 1992년 8월, 그날은 그의 석방 환영회였다. 당시까지 나는 김 의원과 각별한 친분이 있는 것은 아니었고 그저 민주화운동을 함께해온 동지의 심정으로 그 자리에 참석했던 터였다. 그런데 느닷없이 김 의원은 나를 가리켜 "이 시대의 의인이요, 정치적 희망"이라며 당시 모였던 재야의 쟁쟁한 인사들 앞에서 소개를 했다.[48]

김근태는 평소 치밀하고 신중한 태도와 함께 아주 정제된 언어를 사용하는 사람으로 정평이 나 있었다. 이런 그가 노무현에게 "이 시대의 의인이요, 정치적 희망"이라 표현한 것이다. 의례적인 답례이긴 하지만 그를 오랫동안 지켜보면서 느낀 '정제된' 언사였다. 노무현의 회고는 김근태가 경외의 대상이던 시절로 이어진다.

'김·근·태'. 이 이름 석 자는 지난 시절 내게 신비로움과 경외의 대상이었다. 내가 그의 이름을 처음 접한 것은 80년대에 가장 치열했던 반독재 투쟁조직인 민청련 의장으로 활동할 때였다. 당시 누구도 엄두를 못 냈던 5·18추모식을 서울 한복판에서 최초로 가진 것과 그 후 신문 사회면 하단에 그의 구류 소식이 단골로 등장한다는 정도였다. 그러나 1985년 그에게 가해진 그 무시무시한 고문사건이 있었다. '김근태'라는 이름이 내 뇌리에 경외의 상징으로 각인되었다. 그 당시 나도 부산에서 변호사 사무실 문을 닫다시피 하여 독재정권과 싸울 때였다. 그에게 가해진 고문에 대한 기록을 읽은 나는 전율했고, 이 사건을 당시 투쟁의 쟁점으로 삼아 독재정권의 폭력성을 부산 시민에게 알리기도 했다.[49]

노무현은 이어서 "가장 원칙적이면서도 조직을 위해서는 자신을 내세우지 않는 분, 음모적이지 않고 책략에만 매달리지 않는 재야의 지도자"라고 김근태를 평했다. 이 말은 주객을 바꾸어 노무현에게도 들어맞는 말이다. 그래서 두 사람은 '심정적'으로 통했다. 다시 노무현의 말이다.

살다 보면 괜히 좋은 사람이 있다. 아마 누구에게나 있을 법한 일인데, 내게 특별히 잘해주거나 각별한 이해관계가 있는 것도 아닌데, 그냥 신뢰감이 가는 그런 사람이 있는 것이다. 나에게는 김근태 의원이 바로 그런 분이다. 정치인은 욕심이 많다. 반드시 나쁜 것은 아니지만 너무 턱없는 욕심 때문에 문제가 되기도 한다. 만약 내가 김근태처럼 신중하고, 치밀하고, 의젓한 이미지를 갖고 싶어 한다면 너무 큰 욕심을 낸다고 사람들이 비난할까 무섭다.[50]

만약 우리나라의 미래를 앞두고 그와 내가 정치적으로 경쟁하는 일대일 카운터파트가 되면 우리 사이는 어떻게 될까. 정치인이라면 누구나 한 번 해봄 직한 욕심이고 상상이지만 무척 행복할 것 같다. 서로 주어진 결과에 기꺼이 승복하고 나아가서는 적극 지지할 수 있는 그런 신뢰가 분명한 관계라고 단언한다. 혹은 다자간의 경쟁이 되면 제일 먼저 찾아가 "우리 같이합시다"라는 이야기를 마음 터놓고 할 것 같다.[51]

노무현의 이 같은 바람은 실제로 3년 뒤에 이루어졌다. 두 사람의 관계는 제16대 대선 후보 경선 과정에서 선의의 라이벌로 그리고 노무현 정부의 수장과 각료 관계로 이어졌다.

운명적인 만남 2, 이근안

김근태는 한 언론과 가진 인터뷰에서 "이근안 전 경감은 고문의 가해자이면서, 결과적으로는 어두웠던 군사독재의 피해자이기도 하다. 지난 고문 사건의 진상을 고백하고 국민에게 용서를 구한 다음 나에게 화해의 악수를 청하면, 그 손을 맞잡을 용의가 있다"고 말했다. 인터뷰 내용이 보도되면서 정계와 시민사회에 뜨거운 파문을 일으켰다. 특히 민주화운동 유가족들에게는 큰 충격이어서 비판의 소리도 높았다.

김근태는 자신의 육신을 끔찍하게 고문하고 영혼을 파괴한 이근안이 고문 사건의 "진상을 고백하고 국민에게 용서를 구한 다음 화해의 악수를 청한다면"이란 전제로 용서라는 뜻을 밝혔다. 30자가 넘는 전제를 2자로 압축하면 '용서'가 된다. 언론은 거두절미 '용서'라는 단어를 주제어로 삼았다.

용서는 가치 있는 덕목임에 틀림없다. 그러나 고문의 피해자들, 폭력 정권의 피해자와 그 희생자들은 김근태가 이근안을 '고문의 가해자이면서 군사독재의 피해자'라고 말한 것에 비판을 쏟아냈다. 김근태에게는 삼키기도 뱉기도 어려운 문제였다.

이제 정치인이 되었기 때문에 정치적으로 두루뭉술하게 얘기하고 넘어가려고 하는 것이냐, 과거 정보기관의 윗선에 있었던 사람들이 대체로 처벌받지 않고 유야무야 지나갔기 때문에 그 하수인들만이 사법적 처벌을 받는 것은 공정하지 않지만, 그렇다고 하여 수많은 사람들에게 반인간적인 고문을 직접 가한 사람을 '피해자'라고까지 말하며 사람들에게 동정심을 유발케 하는 것은 인간의 존엄성에 대한 조롱이고, 역사를 희화화시키는 것이 아닌가. 게다가 그 이야기를, 잘 알려진 고문 사건의 대표적인 피해자인 내가 함으로써 다른 고문 피해자들이나 가족들의 선택의 폭을 줄여버리지 않았는가 하는 등의 비판을 받았다.[52]

김근태는 심성이 선하고 부드러운 편이어서 진심으로 이근안을 용서하고자 했다. 그 역시 군사독재의 피해자라는 것도 진정성 있는 말이었다. 다만 그가 먼저 용서를 빌고 참회하기를 바랐다. 하지만 이근안과 군사독재자들은 끝내 사죄하지 않았고, 정보기관의 '윗선'에 있던 자들도 전혀 반성의 모습을 보이지 않았다. 김근태의 고뇌에 찬 호소를 들어보자.

나는 간곡히 호소하고 싶다. 이분들의 깊은 신음 소리에 귀를 기울여주십사 하고 말이다. 이른바 남아공연방의 '만델라 모델'을 말하는 사람이 많다. 이제는 모두 화합해야 한다고 하면서 그렇게 말한다. 나도 이에 동의한다. 그런데 만델라 모델에는 전제조건이 있다. 반인간적 범죄를 저지른 사람들이 스스로 자백하는 경우에는 기소를 면제해주는 것이다. 스스로 결단을 하고, 진실을 밝히는 노력을 할 때에만 화해와 화합은 이루어질 수 있는 것이다.[53]

김근태는 몇 해 뒤 경기도 여주교도소에 복역 중인 이근안을 면회했다. 2005년 음력 설 직전의 일이다. 이 모 전 의원의 면회를 갔다가 같은 교도소에 수감 중이던 이근안을 면회한 것이다. 이근안은 전국 수배령에도 그동안 용케 피신하다가 김근태 고문범죄의 공소시효가 지난 시점에 비로소 자수하여, 재판을 받고 수감되었다.

여주교도소까지 갔다가 그냥 돌아오면 옹졸한 사람, 국민대통합을 주장하면서도 막상 솔선수범하지 않는 사람이 된다는 생각도 들었습니다. 그런데 내키지 않았습니다.
내키지 않았고, 무엇보다 고통스러웠습니다. 끔찍한 고문을 받던 그때가 떠오를 것이 분명해 망설였습니다. 면회를 가야 하는 날 오전까지 망설였습니다. 그러다가 교도소 당국을 통해 이근안 씨의 의견을 물어달라고 했습니다. 본인이 동의하면 면회를 하겠다고 했습니다.[54]

고뇌하는 김근태의 모습이 역력하다. 감정과 이성, 이상과 현실, 명분과 실제, 국민대통합의 슬로건과 끔찍했던 고문의 실상…… 심한 갈등 끝에 마침내 여주교도소로 그를 찾아갔다.

면회실로 들어서는 이근안 씨를 보면서 당혹스러웠습니다. 여전히 건장했지만 키가 나와 엇비슷했습니다. 고문 당하고 욕먹고 그리고 소리 지르던 그때 그곳에서와는 엄청나게 달리……

이게 분명히 현실인데, 안심해도 되는지 약간 불안해지기도 했고…… 악수를 했습니다. 두 손을 잡았고, 용서하는 마음을 갖고 왔다고도 말했습니다. 그러면서도 내 눈과 마음은 다른 것을 보고 싶어 했습니다. 눈감을 때까지 사죄한다고 하고, 한참 있다가 무릎 꿇고 사죄한다고 하는 것을 보면서 고맙다고 말했지만 마음속까지 흔쾌해지지는 않았습니다.

지난날 받은 고문의 상처가 너무 컸기 때문에 그랬을 것입니다. 그러나 제가 개운해하지 않았던 것은 제 머리와 가슴 속에서 끊임없이 일어나고 있는 어떤 질문이 있었기 때문입니다.

"저 사죄가 사실일까? 남영동의 책임자였던 박처원 씨의 치사한 배신에 분노하고, 권력에 의해 토사구팽 당했다고 말하고 있는 저 말 속에 짐승처럼 능욕하고 고문했던 과거에 대한 진실한 참회가 과연 있는 것일까? 중형을 받을까 봐 충분히 계산해서 나에 대한 고문범죄의 공소시효가 지난 시점에서야 비로소 자수했던 저 사람의 저 말을 과연 믿을 수 있는 것인가?"[55]

김근태는 이근안의 면회 사실을 외부에 알리지 않았다. 정치적으로 해석되거나, 자칫 정치인의 쇼맨십으로 오해되는 것이 거북했기 때문이었다. 그런데 며칠 뒤 이 전 의원을 면회했던 다른 의원에 의해 이 사실이 언론에 알려지게 되고, 한바탕 세간의 화제가 되었다. 김근태는 이를 대단히 곤혹스럽게 여겼다. "무엇보다 마음이 잘 정리되지 않고 혼란스러웠기 때문"이었다.

김근태는 이 같은 심경과 면회 사실을 「용서와 화해는 신의 영역…」이라는 짧은 글에 진솔하게 담았다.

> 끊임없이 의구심이 떠올랐습니다. 눈물을 흘리면서 얘기하는지, 또 어느 정도 흘리고 있는지, 저는 보고 있었던 것 같습니다.
> "아, 그러나 그것은 신의 영역이구나. 감옥살이를 하고 있고, 기대에는 못 미치더라도 사죄를 하고 있는 저것이 분명 현실이다. 저런 저 사람에게 더욱 진실해야 한다고 요구하는 것은 내 권리를 넘어서는 게 아닌가?" 어제 어느 목사님을 만나 말씀을 들으면서 그렇게 마음을 정리했습니다. 솔직히 조금 아쉽습니다. 그러나 이제 지나가고자 합니다. 정말로 넘어가고자 마음을 추스르고 있습니다. 용서하고 화해할 수 있는 마음을 가질 수 있도록 해달라고 진정으로 하늘에 간절히 기도하고 있습니다.[56]

'한반도재단' 설립

6월항쟁이 군사독재 세력을 청산하는 데는 실패했으나, 개헌을 통해 대통령 5년 단임제를 끌어내는 등 민주화의 제도적 장치를 마련하는 데는 어느 정도 성공했다. 이후 누구도 이승만이나 박정희처럼 헌정을 짓밟으면서 장기집권을 획책하지는 못했다.

2001년 4월 김근태는 '한반도 평화와 경제발전 전략 연구재단'(한반도재단)을 창립하고 이사장에 취임했다. 국회 외무위원으로 활동하면서 접하게 된 문제들을 중심으로, 당내외 인사, 사계의 전문가들이 참여하여 설립한 것이다. 그는 오래전부터 한반도의 평화 문제에 각별한 관심을 가져왔던 터였다. 김대중 대통령의 햇볕정책으로 그동안 국제적으로 유일하게 남은 냉전지대인 한반도가 어느 정도 해빙되어가고 있던 시점이다.

김근태는 한반도재단을 설립하면서 '희망의 한반도를 만드는 세 가지 키워드'를 천명했다. 평화·경제 시스템·리더십이다.

평화

지난 세기 내내 이룰 수 없는 꿈처럼 우리를 고통스럽게 했지만, 이제는 현실에서 실현 가능한 우리 민족의 생존과 번영을 위한 유일한 방책이 되었다. 또한 평화가 동아시아의 경제협력 방안과 연결될 때, 그 힘은 가히 폭발적일 것이라고 단언할 수 있다. 우리가 평화에 주목하는 것은 그것이 생존의 문제이기 때문이기도 하지만 사실은 공존과 발전의 문제이기도 하기 때문이다.

1970년 동서독 정상의 만남이 20세기 말 동구의 민주화와 개방으로 이어졌듯이 지난해 남북 정상의 만남은 21세기 한반도 평화의 시원(始原)이 될 수 있다고 나는 믿는다. 한 걸음 더 나아가 한반도의 평화를 바탕으로 동아시아의 평화협력 방안과 공동의 발전모델을 만드는 것이 지금 우리 모두에게 부여된 과제라는 생각이다.

경제 시스템

지금은 세계화를 적극 수용하고, 정보화 인프라를 기반으로 새로운 전략을 짜야 할 시점이다. 이제 우리가 핵심기술과 세계표준을 만들어야 한다. 세계적인 경쟁력을 갖지 못한 제품은 살아남지 못할 만큼 세계화는 이미 급속도로 진전되었다. 이에 대응하기 위한 우리의 유일한 길은 위기를 관리하면서 구조개혁을 지속하는 것뿐이다.

또한 시장의 자율성을 확대해가면서, 정부 역할의 한계를 분명히 해야 한다. 기업의 투명성을 강화하고 정책의 예측성을 강화하는 것이야말로 우리 경제의 일차적 과제인 것이다. 경제에서 실패하면 모든 것이 실패한다는 심정으로 공동의 전략과 목표를 세우고, 계획과 실행이 일치하는 프로그램을 준비할 때 우리는 다시 전진할 수 있을 것이다.

리더십

새로운 시대는 그 시대정신에 부응하는 새로운 지도력을 필요로 한다. 도덕적 일관성, 민주적 포용력, 비전과 자질이 지도자의 덕목으로 자리 잡아야 한다. 물처럼 자연스럽게 스며들고, 바위처럼 굳세게 버티면서 국민과 함께, 국민을 이끌어가는 리더십이 바로 국민 '속에서' 만들어져야 한다. 권위주의적 리더십의 시대를 극복하고 민주적 리더십이 우리 사회에 정착되어야 한다는 뜻이다.

나는 경제 시스템의 변화에 걸맞은 '정치구조와 인식의 대전환'을 모색하면서 현실적으로 가능한 방법을 강구하고자 한다. '더 많은 민주주의, 미래에 대한 책임'에 복무하는 리더십의 형성을 위해 최선을 다할 것이다.

한 사회의 리더십은 그 사회의 수준을 반영하는 것이다. 또한 동시에 선택된 지도자의 역량이, 그 사회를 한 걸음 앞으로 나아가게 할 것인지 아니면 뒤로 물러서게 할 것인지 결정짓는 중요한 요인이라는 것을 역사는 우리에게 가르쳐주고 있다.[57]

'동교동계 해체' 쓴 소리

김근태는 김대중 대통령에게 쓴 소리를 아끼지 않았다. 면전에서 최고 권력자에게 직언을 하기란 동양이나 서양이나 예나 지금이나 쉽지 않은 일이다.

지난 해 12월 김대중 대통령과 민주당 최고위원들의 청와대 회동에서 김근태 최고위원은 가장 먼저 발언했다. 그 핵심은 첫째, 당정의 핵심 포스트에 있는 사람들을 교체해야 한다. 둘째, 비공식 보고라인을 제거해야 한다. 셋째, 이러한 일을 늦출 경우 당 내부에서 권력투쟁이 일어난다는 것이었다.

당시에는 맨 마지막에 발언한 정동영 최고위원의 '권노갑 퇴진 발언'이 언론에 알려지면서 화제가 됐을 뿐 김 최고위원의 발언은 잘 알려지지 않았다.[58]

김근태는 《신동아》와의 인터뷰에서 김 대통령에게 간곡하게 개혁을 주문했다. "대통령께서는 개혁이 성공해야 정권 재창출이 가능하다는 것인데, 개혁이 중단되면 정권 재창출은 물론이고 나라가 망하는 겁니다. 그러나 지금 이대로 가서는 개혁이 안 됩니다"[59]고 간언했다.

김근태는 청와대 회동에서 김 대통령과 민주정부가 성공하기 위해서는 대통령이 변해야 한다고 역설하고, 개혁정책을 추진하려면 도덕적 신뢰라는 동력이 필요한데 이를 위해서는 국무총리, 당대표, 비서실장 등 당과 행정부의 핵심 인사와 운영방식의 전면적인 교체와 변화가 필요하다고 역설했다. 김근태는 이어서 대통령의 업무량이 너무 많아 격무에 시달린다고 지적했다.

대통령 혼자서 어떻게 모든 일을 다 합니까. 시스템이 작동하지 않으니까 업무량이 과도한 겁니다. 그렇다면 장관이라도 유능해야 하는데 DJP 공조로 인재 풀은 적고 그나마 나머지도 충성스러운 사람들을 등용하니까 일을 맡기고 논의할 만한 장관이 나올 수 없습니다.[60]

김근태는 기회 있을 때마다 김대중 대통령과 핵심 측근들에게 개혁을 촉구했다. 반세기 만의 정권교체로 수립된 DJ정권이 실패하면 정권 재창출도, 민주주의의 발전도 어렵다고 보았던 것이다. 그러다 보니 동교동 실세 그룹과 충돌하기 일쑤였다. 김대중이 동교동계 실세인 한광옥 청와대 비서실장을 민주당 대표로 지명하자 김근태는 공개적으로 이를 비판하고 나섰다. 다음은 한 언론의 보도다.

"김근태 최고위원이 재야 민주화운동 시절의 투사로 되돌아간 것 같다."
민주당 김근태 최고위원이 한광옥 대표 지명에 반대하면서 동교동계를 향해 연일 직격탄을 퍼붓자 당내에선 "늦었지만 진짜 투사가 된 것 같다"

"요즘 시대에 웬 민주투사냐" "투사로 나선 것은 좋지만 한 발 늦었다" 등 여러 갈래 평가가 나왔다. 재야시절 민주화운동청년연합 의장 등을 지내며 투옥됐던 김 최고위원은 9월 12일 기자간담회를 갖고 비장한 표정으로 "지난날 민주화운동 할 때가 생각난다. 김근태가 투쟁하다가 고립되면 국민에게 알려달라"고 말했다.

김 최고위원이 동교동계 해체를 주장하자 동교동계의 좌장인 권노갑 전 최고위원이 "동교동 해체 주장은 당을 해체하란 말이나 다름없다"고 반박하면서 양측 갈등이 확산되었다. 당내 뿌리와 한 갈래 줄기 간의 싸움으로 비유되는 양측 대결은 미국의 테러 참사로 일단 잠복했지만 머지않아 다시 표면화할 것으로 보인다.[61]

김근태의 '민주당개혁론'은 멈추지 않았다. '동교동계의 해체'까지 들고 나왔다. 김대중이 고난을 받을 때 그와 함께해온 동교동계가 집권 뒤 기득권 세력이 되면서 개혁의 걸림돌이 되고 있다는 것이 김근태의 판단이었다.

대통령 임기 중반기에 권력의 핵심에 도전하는 것은 여간한 용기가 없이는 불가능한 일이다. 더욱이 차기 대권 후보를 겨냥하는 처지에서 당내 최대 계보인 동교동계와 척지는 일은 정치적 자살골에 속하는 일이었다. 한 언론의 기사 내용이다.

최근 TV 토론회에 참가해 논리적이고 신사적으로 자신의 견해를 밝혀 정치인으로서 참 면모를 보여주고 있는 김근태 최고위원이 상승세를 타고 있다. 비논리적이고 목소리만 큰 정치인과는 사뭇 다르다.

김 의원의 팬클럽은 든든한 후원자가 되고 있다. 과거 민주화운동의 선두 주자에서 집권당의 차기 대권후보로 변한 그에게 기대하는 국민의 관심은 크다. 이 시대가 새로운 정치문화와 정치인을 원하고 있다는 것을 김 위원은 잘 알고 있다.

지금 김 최고위원은 차기 대권의 중심에 서 있다. 자신은 믿을 수 있는 사람이고 세계화를 잘 알고 있으며 책임감이 있는 정치인이라고 당당하게 말하는 김 위원은 사실상 자신의 대선캠프인 한반도포럼의 지부 확장과 지구당원 상대 강연, 지역구민 직접 접촉 등을 통해 대중 속으로 다가가는 활동을 본격화하고 있다.

최근 김 위원은 당내 특정 계보인 '동교동계'의 해체를 거듭 공개 요구하고 있다. "당의 공적 시스템이 정상적으로 작동되기 위해선 비공식라인이 더 이상 작동돼선 안 된다"고 주장하고 있다. 그는 동교동계를 거론하며 "과거 권위주의 정권에서 '하나회'가 있었듯이 민주주의 정권에서의 '하나회'가 돼선 안 된다"는 소신을 피력하고 있다.

"국민의 정부 탄생이 그들만의 잔치로 받아들여지고 있으며 독점과 전횡에 대해선 어느 누구도 책임을 지지 않고 있다." 김 위원은 이 같은 상황이 시정되지 않으면 국민의 냉소와 패배주의가 심화되면서 민심 이반이 가속될 것이라고 내다봤다.[62]

보수족벌신문 비판

김근태는 일관성이 있는 인물이다. 신념과 소신이 정해지면 그대로 밀고 나갈 뿐 외압이나 상황 변화에 따라 표변하거나 말을 바꾼 적이 거의 없었다. 민주화운동을 할 때는 물론이었고 정치활동을 하면서도 다르지 않았다. 당내 민주화와 국정 개혁을 위해서는 동교동계의 해체가 무엇보다 긴요하다고 믿었다. 다음은 《월간중앙》과의 인터뷰다. 인터뷰어 윤석진 차장은 발문에서 이렇게 적었다.

낮은 목소리로 '은인자중'하던 민주당 김근태 최고위원이 마침내 투사의 본색을 드러냈다. 이번 당·정·청 인사를 계기로 김 최고위원은 당을 무력화시키는 동교동계의 전횡에 '참을 수 없는 분노'를 느꼈다고 말한다. 김 최고위원의 이번 투쟁 목표는 동교동계 해체, 지금까지 동교동을 향한 공격 중 가장 강력한 것이다. 자칫 정치생명을 잃을지도 모를 모험적 투쟁에 김 최고위원이 먼저 깃발을 들 수밖에 없었던 사연을 들어본다.[63]

김근태는 "현실적으로 동교동계 해체가 가능하리라고 보느냐"는 질문에 거침없이 답변한다.

가능합니다. 내가 다소 과격하게 발언했는데, 동교동은 현재 민주당의 하나회가 되어서는 안 됩니다. 동교동계가 민주당의 하나회라는 취지보다 동교동의 문제는 대통령께서 상황을 올바르게 인식할 수 있도록 보좌해야 하는데, 그 언로를, 눈과 귀를 막고 있다는 것입니다. 자기들끼리 비공식 모임과 테이블에서 의논한 것을 사후에 당·정·청에서 그런 방식으로 밀고 가도록 한다는 것은 당·정·청의 책임 있는 사람들 전부를 아주 깊은 소외감에 빠뜨리는 일입니다. 이번 인사도 그렇고요. 그래서 내가 그들만의 잔치라고 했던 것입니다.

이번에 중요한 위치에 배치된 사람들이 전부 동교동 사람들이라는 것이 아니라, 동교동 사람들에게 선택되지 않고는 할 수 없다는 사실입니다. 기가 막힌 현실이죠. 그러니 동교동이 만나는 테이블과 그렇게 해서 의사가 결정되는 체계가 중단돼야죠. 사람들이 그게 더 이상 작동하지 않는구나 하고 느낄 수 있어야죠. 그렇게 되지 않으면 참으로 위험한 상황으로 갈 수 있다고 봅니다.[64]

김근태는 그러나 김 대통령이나 동교동계를 비판만 한 것이 아니었다. 김대중 정부가 곤경에 처했을 때는 가장 앞서 방어에 나섰다. 언론사 세무조사와 관련 보수족벌 신문과 한나라당이 일체가 되어 대통령과 정부를 공격했다. 대부분의 여당 의원들이 침묵할 때 김근태는 노무현 의원과 함께 거대 언론의 횡포에 맞섰다.

김대중 정부는 2001년 2월 8일부터 중앙 언론사 23곳을 골라 세무조사를 실시했다. 김영삼 정부가 거대 신문사들의 탈세 혐의 등을 잡고도 조사 결과를 공개하지 않고 덮어두었던 것이다. 이로 인해 언론계 안팎에서는 오래전부터 권·언 유착설이 나돌았다. 김대중 정부 국세청의 조사 결과 탈루 소득액 1조 3천594억 원과 법인세 등 5천 56억 원의 탈세 규모가 드러났다. 이중 절반 이상이 조·중·동에서 나왔다. 증여세와 법인세 탈세, 공금횡령 등의 혐의로 언론사 사주들이 검찰에 고발당하고 구속되었다. 2006년 6월 대법원은 세금포탈 혐의 등으로 이들에게 징역형(집행유예)과 거액의 벌금 추징을 선고했다.

보수수구 신문들은 유신과 5공을 거치면서 거대 족벌기업으로 성장하고 독재권력과 유착했다. 그리고 민주인사, 민주정권 특히 김대중 정부를 사사건건 비난하고 헐뜯었다. 세무조사 이후에는 '언론탄압'을 내세우며 시시비비 아닌 비비(非非)만을 일삼았다. 여당 소속 의원들은 거대 신문들에 찍힐까 봐 몸을 사리고 침묵했다. 하지만 김근태는 달랐다. 그는 검찰의 공정한 수사를 촉구하며 정치권의 간섭을 반대한다는 입장을 밝혔다.

김근태 최고위원은 3일 기자 간담회에서 엄정하고 공정한 검찰수사를 위해 정치권 발언 자제를 주장했다.

김 최고위원은 검찰수사에 대해 "국세청 조사보다 갈등을 유발할 수 있고 민감한 사안이다. 엄정하고 공정성을 유지해야 한다"며 이를 위해 "영향력 있는 사람의 발언이 절제돼야 한다"고 말했다.

김 최고위원은 여론조사 결과를 인용, 세무조사를 잘했다는 의견이 70퍼센트를 넘지만 정치적 의도가 있다는 의견도 50퍼센트가 넘는 점을 지적하며 "현재 국민들의 심리상태를 볼 때 우리 사회는 국론분열의 위험성이 있다"며 검찰조사가 엄정하고 공정해야 한다는 점을 거듭 강조했다. 이를 통해 공정하고 신뢰할 수 있는 결과를 얻어야 "검찰도 발전하고 오늘의 상황이 국민들의 공감 위에서 귀결될 수 있다"는 것이다. 전날 정대철 최고위원의 '사주 구속 신중론·국정조사 수용' 발언에 대해 "검찰 수사가 종료된 후 국정조사를 검토할 수 있지만 그전까지 정치인의 발언은 사법행정 과정에 직간접적인 영향을 미쳐 공정성과 신뢰성을 해칠 수 있다"고 지적했다.

김 최고위원은 "검찰 수사 후 사주를 어떻게 처리할 것이냐가 최대의 고

비"라며 "정치권에서 코멘트해선 안 된다. 검찰 판단에 맡겨야 한다"고 정치권의 영향력 행사를 거듭 반대했다.

한나라당의 색깔론 공세에 대해 김 최고위원은 "한나라당 주장에 좌절감을 느낀다"며 "어떻게 김정일 위원장의 답방과 세무조사가 논리적으로 연결되는지 의심스럽고, 설혹 연결된다고 하더라도 사실적 근거 없이 그렇게 주장하는 것은 너무 무책임한 게 아니냐는 생각이 든다"고 말했다.

김 최고위원은 "색깔론은 군사독재적 수법"이라며 "색깔론을 통해 지역 분열주의를 자극하고 그에 동조하는 국민들을 결집시킬 수 있다는 생각은 퇴행적이며(야당 측 주장인) '3김 극복'과도 논리적으로 모순된다"고 비판했다.[65]

'차세대 지도자', 대선 출마 준비

김근태는 2000년대를 맞아 역사적 책무에 대해 많은 생각을 하게 되었다. 새 천년이 열리고 최초로 수평적 정권교체가 이루어졌다. 그리고 열전과 냉전으로 반세기 이상 대치해온 남북이 정상회담을 통해 6·15 선언을 채택하는 등 화해협력의 물꼬가 트였다.

하지만 국내 정치는 여전히 원초적인 대결과 갈등이 끊이지 않고, 수구정치세력과 정치권력화된 수구신문은 진보개혁진영을 적대시했다. 그런가 하면 외환위기 극복 과정에서 더욱 강화된 신자유주의 구조는 빈부 양극화를 심화시키고, 노동자들은 실업과 극심한 생활고에 내몰렸다. 개혁 세력이라는 집권 민주당은 여전히 20세기적 파당과 패권의식에서 벗어나지 못한 상태였다. 자신의 인생에 다시 한 번 결단이 필요한 시기가 찾아왔다. 투사에서 정치인으로 변신할 때 못지않은 아니, 이번에는 그보다 몇 배는 무거운 책무를 떠안아야 하는 결단이었다.

김근태의 대선 경선 준비는 오래전부터 착실하게 진행되었다. 변형윤·고은 등 재야인사와 당내에서는 이재정·장영달·임종석·이창복·김태홍·신기남 의원 등 쇄신파 의원 10여 명이 도왔다.

하지만 성실한 의정활동과 폭넓은 대내외 활동에도 불구하고 김근태의 대중적 인기는 크게 오르지 않았다. 어느 주간지가 "재목은 대통령감, 인지도는 시장감"(《시사저널》)이라고 뽑을 만큼 다른 '잠룡'들에 비해 지지율이 따르지 않았다. 하지만 '역사의 책무'를 생각하면서 경선 출마를 서둘렀다.

능력이나 인품과 대중성은 일치하지 않는 경우가 적지 않다. 한국의 정치풍토는 더욱 그런 편이다. 연꽃은 흙탕물에서도 곱게 피지만 흙탕물 못지않은 한국 정계의 탁류에서 식견과 품성이 우수한 사람이 성공하기란 쉽지 않다. 김대중과 노무현의 경우는 지극히 이례적이었다. 김근태는 당내 대선 경선을 앞두고 여러 날 고심을 거듭했다. 지난해 최고위원 경선 때에도 돈이 없어 쩔쩔맸던 터였다. 최고위원 경선이 지역주의와 돈이 당락을 좌우하는 것을 지켜보았던 터라 고심은 더욱 깊을 수밖에 없었다.

김근태는 2001년 5월 작가 공지영과 가진 인터뷰에서 "나도 정치적으로 폭발할 기회가 온다"면서 대권 의지를 밝힌 바 있다. 긴 대담에서 공지영이 뽑은 발문을 보면 이즈음 김근태가 어떤 고뇌를 하고 있었는지 알 수 있다.

"정당 내부의 민주화를 이뤄야 합니다. 집권 민주당 역시 이념과 정책과 역사성에서는 민주정당이지만 그 행태와 정책 실현의 과정에서는 그렇지 못합니다. 맹목적 지역주의, 그에 기초한 보수체제와의 연결고리를 혁파해야 합니다."

"정치가 무너지면 나라가 무너져요. 높은 수준에서 보면 다 똑같이 보이겠지만 그래도 조금은 더 나은 사회, 좀 더 땀 흘리는 사람이 공정한 대접을 받을 수 있는 사회를 위해 노력하는 의원들에게는 관심과 격려를 보내주고, 그것과 반대의 길을 걷는 사람들에게는 준엄한 비판을 해야 한다고 생각해요."

"진보라는 것은 법치주의·법치사회를 만들고자 동의하는 모든 사람들을 포용할 수 있어야 돼요. 포용이 아니면 적어도 더불어 함께할 수 있는 연합을 이룰 수 있어야 되지요. (……) 자기 세력을 특별하게 규정하면 거기에 포함되지 않은 사람은 다 상대편으로 쫓아내는 결과로 나타나고, 그래서 소수화시키면서 어려움이 발생하죠."

"저는 사회심리적으로 한국 사회가 굉장히 위험하다고 봅니다. 미국 경제가 스태그플레이션으로 가면 한국 국민의 심리가 어떨까 걱정돼요. 국민통합은 지역주의 때문에 이뤄지지 않고, 정치 참여는 불신 때문에 이뤄지지 않는 상황에서 김대중 정부가 선택할 수 있는 운신의 폭은 매우 좁습니다."[66]

김근태는 2002년 2월에 시작되는, 제16대 대통령선거에 출마할 민주당 후보를 뽑는 국민경선에 나서기로 했다. 1년 전 기존의 새정치국민회의를 확대 개편하여 새천년민주당을 창당하고, 김근태는 상임고문에 추대되어 당의 중진으로서 활동하고 있던 참이었다.

김대중 정권에 이어 개혁진보 세력이 다시 정권을 맡아서 민주화와 서민생계, 그리고 남북관계를 더욱 화해협력 체제로 이끌어야 한다는 것이 시대정신이라 믿었다. 보수 세력이 반세기 이상 한국 사회를 독점적으로 지배하면서 빈부·지역·도농·남녀·정규직과 비정규직의 격차를 가져오고, 남북대결을 불러온 파행성을 김대중의 5년 집권으로는 바로잡기 어렵다는 것이 김근태의 확고한 신념이었다.

김근태가 대선에 뜻을 두게 된 것은 개인적 야망 때문만이 아니었다. 원내에 진출한 이래 동료 의원들과 언론, 국민은 그에게 깊은 관심을 보였고, 여론조사에서 '차기' 유력 후보로 떠오르기 시작했다. 그의 민주화운동 전력과 능력, 신사적인 의정활동이 드러난 것이다.

김근태는 1998년 8월《신동아》가 실시한 정치부 기자 1백 명이 뽑은 '차세대 정치인' 1위에 선정되고, 1999년 1월에는《뉴스피플》이 조사한 '가장 기대되고 호감 가는 정치인' 1위에 뽑혔으며, 4월에는《일요신문》의 정치부 기자 1백 명이 뽑은 '차세대 리더' 1위에 올랐다.

《시사저널》이 1999년 11월에 실시한 '21세기 한국을 이끌어 갈 가장 적합한 정치인'의 여론조사는 김민석(1), 이회창(2), 이인제(3), 김근태(4), 노무현(5) 순으로 선정되고,《한겨레21》이 2000년 5월 8일 국회의원 당선자 273명을 대상으로 조사한 '네티즌이 뽑은 16대 국회 예비스타'에는 김민석·임종석·추미애에 이어 김근태 의원이 4위에 올랐다. 2000년 6월 25일부터 4일간 사이버 정치증권 시장인 포스닥(www. posdaq.co.kr)이 시민 1천 31명을 대상(복수응답 7217표)으로 실시한 민주당 최고위원 경선에서 20~30대 네티즌들은 민주당 최고위원 경선 후보 가운데 김근태 의원을 가장 선호한 것으로 나타났다. 김근태가 894표(12.4%)로 최다 득표를 하고, 한화갑 881표(12.2%), 이인제 829표 (11.5%), 정동영 811표(11.2%), 박상천 849표(9.0%), 김민석 644표(8.9%), 추미애 507표(7.0%) 순이었다.

《뉴스피플》은 1999년 12월 16일자에 '21세기 한국을 이끌 뉴리더 21인'을 선정 발표했다. 이회창·김대중·이건희·정몽준·박원순·김근태·이인제·정몽구·김민석·정명훈·정주영 순이었다. 같은 시기 《경향신문》이 조사한 국회 여야 의원을 통틀어 가장 진보적인 의원에는 김근태(60), 이부영(31), 김문수(20), 김원웅(19), 임종식(19), 김민석(12), 이창복(11), 이재정(10), 이해찬(7) 순으로, 김근태가 진보의 기수로 선정되었다.

대학교수들이 실시한 국회의원 299명 중 가장 진보 성향의 국회의원에서도 김근태가 압도적인 1위에 뽑혔다. 지식인과 정치부기자들은 그를 '차기 1순위'로 뽑는 데 주저하지 않았다.

이처럼 김근태는 초선 시절부터 주목받는 정치인, 2000년대 한국을 이끌 정치 리더로 지목되었다. 여야의 쟁쟁한 다선 의원들을 제치고 상위권에 선정되고, 상임위와 국정감사 활동에서도 우수의원으로 뽑혔다.

이 중에는 흥미로운 분석도 있는데 《뉴스메이커》 1999년 12월 9일자에 실린 김근태의 장단점 분석과 《신동아》 2001년 9월호에 실린 정신과전문의 '정혜신의 인간탐구'가 그것이다. 《뉴스메이커》의 경우 '차세대 지도자 집중분석 시리즈'로 김근태 새정치국민회의 부총재를 '집중분석'하면서 '전문가들이 지적한 10대 장점과 10대 단점'을 다음과 같이 제시했다.

장점	단점
1. 민주화의 희생자라는 인식	이미지가 가벼워 보임
2. 재야 출신의 도덕성	학자적 스타일
3. 진보적이고 개혁적 이미지	행정 경험이 없음
4. 활발한 의정 활동(기초에 충실)	정치적 리더십이 검증되지 못함
5. 인간적 친화력이 뛰어남	재야 출신 이미지
6. 전문적 식견을 가지고 있음	대중적 인지도가 낮음
7. 지역감정에서 자유로움	정치적 지역 기반 취약
8. 치밀하고 합리적인 성격	국가적 정책 제시 미흡
9. 부인 인재근 씨의 지명도	당내 기반 취약
10. 폭넓은 대인 관계	3김 극복 결단력 부족

그런가 하면 정신과전문의 정혜신은 김근태를 이렇게 진단하고 있다.

정치부 기자나 지식인 집단을 대상으로 한 '차세대 지도자' 선정 조사에서 그가 몇 년째 1위를 차지한 것은 반갑다. '믿어줄 만한 가치'가 있는 정치인으로 대접받고 있다는, 또 민주화운동 때부터 지금까지 보인 일관성으로 "괜찮은 사람이구나" 하는 인정을 받고 있다는 분석 때문이다. 지도자로서의 자질에 대한 평가와 대중적 인지도를 일치시키는 일은 정치 전략적으로 해결할 문제이므로 필자의 영역 밖이다. (……)

더 개인적인 이유로 필자는 김근태가 정치인으로 꼭 성공하길 바란다. 김근태 같은 사람마저 성공하지 못한다면 우리나라 정치에 더 이상 희망을 갖지 못하는 사람들이 많아질 거라는 인간적인 걱정 때문이다. 김근태는 그런 '희망의 근거'를 제공할 수 있는 충분한 자격과 능력을 갖춘 사람이라는 게 필자의 생각이다.[67]

'반부패 대통령'이 되기 위한 양심선언

김근태는 차기 집권을 통해 김대중 정부의 정책을 이으면서 긴 세월 옥중에서, 거리에서, 광장에서 구상해온 국가경영의 큰 뜻을 펴보고자 했다. 당내 경선만 통과하면 본선에서는, 다수의 국민이 민주화운동을 주도하고 고루 잘사는 사회를 꿈꾸어온 정직한 자신을 선택하리라고 믿었다. 그래서 당내 대선 후보 경선에 나서기로 했다.

김근태는 1월 24일 여의도 당사에서 기자회견을 갖고 "반부패 대통령이 되겠다"며 당내 대선 후보 경선 출마를 공식 선언했다. "부패로부터 자유롭지 못한 사람은 결코 부패를 청산할 수 없다"며 "저에게 기회를 주면 반부패 특별검사제를 도입하고 국민·언론·검찰이 함께하는 '깨끗한 손 운동'과 같은 범국민적인 부패와의 전쟁을 벌여나가겠다"고 밝혔다.

김근태는 출마 회견에서 "우리당 경선후보들이 돈 안 쓰는 선거를 실천하기 위해 이번 경선에서 얼마를 쓸 것인지를 공개하고 경선 후에도 지출 내역을 함께 공개할 것을 제안한다"고 말했다. 그는 특히 "당내 특정 계보가 후보 경선에 간여하거나, (예비후보들이) 특정 계보에 기대어 후보가 되고자 하는 어떠한 시도에도 강력히 반대한다"고 밝혔다. 이와 함께 "쇄신 과정에서 침묵을 지키거나 반대하다가 대통령이 총재직을 사임하자마자 이른바 차별화를 들고 나온다면 잘못된 태도"라고 비판했다.[68]

대선 후보 경선에 뛰어든 김근태는 3월 3일 다시 기자회견을 통해 "2000년 전당대회(당 최고위원 경선) 때 권노갑 전 최고위원으로부터 2천만 원을 받았고, 모두 2억 4천만 원을 선관위 신고에서 누락했다"는 내용의 그야말로 핵폭탄급 양심선언을 했다. 대선 후보 경선 과정의 초입에서 폭로된 양심선언은 당내는 물론 정국에 엄청난 파문을 일으켰다.

김근태는 "현재 민주당 대선 후보 경선에서 엄청난 정치자금이 소요되고 있다. 이는 즉시 중단돼야 한다"는 소신도 아울러 밝혔다.

대선 후보 경선이 시작되면서 김근태는 일부 후보 진영의 인력 동원과 자금 살포설을 우려하여 이를 시정하고자 하는 충정에서 '양심선언'을 택한 것이다. 당내 최대 계파의 수장이고 김대중 정부의 실세인 권노갑이 2000년 전당대회 당시 최고위원 경선에 나선 김근태를 비롯해 일부 후보들에게 거액을 지원한 것이 폭로된 것이다. 정치자금 수수는 여야를 가리지 않고 오랜 당내 관행이기도 하고, 특히 전당대회를 앞두고는 성행했다.

그러나 김근태의 양심선언은 본질과는 다른 방향으로 비화되었다. 수구보수신문은 연일 1면 머리기사로 다루면서 김근태와 권노갑의 정치자금에 공세의 초점을 맞췄다. 한나라당은 호재를 만난 듯이 날선 공격을 퍼부었다.

김근태는 사면초가의 신세로 몰렸다. 정치자금의 투명성과 깨끗한 정치풍토를 위해 자신을 희생해가며 단행한 양심선언이 정략의 빌미가 된 것이다. 진행 중인 민주당 후보 지역 경선에도 악재로 작용했다. 자기만 깨끗한 척 당의 이미지를 실추시켰다는 비난이 쏟아졌다. 여론조사에서 최하위권의 지지율에 맴돌자 자신의 '클린 이미지'를 이용, 지지도를 끌어올려보려는 돌출 행동이라는 악평에는 정말 견디기 어려웠다.

김근태는 MBC 라디오 프로그램에 나와 자신의 고백이 권 고문의 정치자금 문제로 비화되는 것을 개탄하며 "울고 싶은 심정"이라고 답답한 심경을 토로했다. 자신의 발언은 순수한 양심선언이었지, 그 어떤 정치적 노림수도 없었다고 밝혔다. 이어서 "정치자금을 투명화하자는 내 양심선언을 정쟁화하지 말라"고 한나라당을 비판하며, "정치권 관행에 따라 선배로서 후배에게 격려금을 준 것이며 기본적으로 선의로 해석한다"면서 권노갑 전 최고위원을 엄호했다.

김근태는 주류 측 경선 주자들과 조·중·동 그리고 한나라당의 협공을 받는 처지로 내몰렸다. 더욱이 야당으로부터 민주당 전체가 공격받고, 국민경선 자체가 '돈경선·조직경선'으로 폄하되어, 그 정치적 책임을 고스란히 떠안아야 했다. 민주당 지지층으로부터 "혼자 살려고 당을 다 죽인다"는 격한 비난이 따랐다.

김근태는 한 신문과의 인터뷰에서 "나 스스로 정치자금 투명화의

'제물'로 삼겠다"며 "검은 정치자금의 굴레를 벗지 못하면 한국 정치의 미래는 암울할 뿐"이라고, 거듭 소신을 피력했다. 자신의 '양심선언'이 정쟁거리로 비화되는 데 대해 "나 한 사람을 공격하는 것은 참겠지만, 국민경선제는 건드리지 말라"고 경고했다.[69]

한편 한 신문은 '김 고문을 바보로 만들면 안 돼'라는 제목의 사설을 싣고 김근태의 양심선언이 갖는 가치를 옹호했다.

우리는 김 고문의 고백을 정치 철부지의 경망스런 행동으로 몰아가려는 이런 풍조를 경계한다. 정치에 엄청난 돈이 들어가며, 그 과정에 부정의 소지가 많다는 것은 누구나 아는 사실이다. 비단 한국만의 현상도 아니고 선진국에나 후진국에나 널리 존재하는 문제이지만, 많은 사람들은 돈과 정치의 얽힘에 사실상 해결방안이 없는 것으로 체념하고 있다. 자신의 발 등을 찍는 심정으로 고해성사를 했다는 그의 말은 정치개혁을 이루기 위 한 충정에서 나온 것으로 평가해야 한다.[70]

김근태는 양심선언에 앞서 2월 25일 제주도 신산공원에서 열린 '반 부패사회 정책을 위한 대국민 청결서약식'에 참석해 가장 먼저 서약하 는 등 부패정치의 청산을 위해 앞장섰으나 '관행'이 되다시피 한 정치 부패의 탁류를 정화시키는 데는 한계가 있었다.

김근태가 양심고백을 했던 당사자 권노갑은 김근태가 타계했을 때 다음과 같이 심경을 밝혔다.

깨끗하고 소신 있고 자기주장에 흔들림이 없던 사람이다. 나도 남영동 대공분실에서 물고문을 당할 때 자살하고 싶다는 생각이 들었는데, 김 고문은 거기서 전기고문도 받았다. 학자풍이고 양심적 정치인으로 대성하기를 바랐는데 참으로 안타깝다. 2002년 대선후보 경선 때 김 고문이 2년전 최고위원 선거에 나와 사무실 비용으로 2천만 원을 나에게 받아썼다고 '고해성사'했는데 그 당시 나온 사람들에게 이래저래 다쳤다. 두 사람(김근태·정동영) 것만 나타난 거다.[71]

'아름다운 꼴찌' 후보 사퇴

민주당은 헌정사상 처음으로 대통령 후보 국민참여경선제를 도입해 당원뿐만 아니라 일반 국민이 참여하는 가운데 후보를 뽑기로 했다. 이에 따라 김근태·김중권·노무현·유종근·이인제·정동영·한화갑(가나다순)이 후보에 나섰다. 국민참여경선은 당원과 일반 국민을 같은 비율로 섞어 선거인단을 구성했다. 인터넷을 통해 자발적으로 참여한 2백만 명 중에서 무작위로 2만 명을 추출해 선거인단을 구성한 것이다.

김근태가 출사표를 던진 것은 당원은 계보와 조직에 따라 움직이더라도 참여한 시민들은 다를 것이라고 판단했기 때문이었다. 민주당 대선 후보 경선은 3월 9일 제주도를 시작으로 대장정에 올랐다. 경선 직전의 대세는 이인제 후보가 선두주자였다. 당내 최대 계보인 동교동계 주류가 그를 밀었다. 15대 대선에서 이인제의 출마로 여권이 분열되고, 이회창이 열세에 놓이면서 김대중이 승리하게 되었다는 동정심의 발로였다.

그러나 제주에서부터 이변이 터졌다. 한화갑이 이인제를 2위로 밀어내고 1위를 차지했다. 노무현이 3위였다. 이어진 3월 10일 울산 경선에서 노무현이 1위로 치고 오르고 이인제는 3위에 머물렀다. 김근태는 세 곳의 경선 투표에서 하위권에 머물렀다. 그는 더 이상 지체하지 않았다. 민심을 헤아렸다.

3월 12일 "아름다운 꼴찌로 기억해달라"는 성명서와 함께 후보를 사퇴했다. 사퇴에 앞서 노무현을 만나고, 그를 지원하기로 했다. 노무현이 당선되어 민주정권을 이어받기를 진심으로 바랐다. 노무현이 대선 후보가 된 데는 김근태 지지 세력의 지원이 큰 힘이 되었다.

후보를 사퇴했는데도 후폭풍이 거세게 나타났다. 정치자금 수수의 법적 책임 문제가 따른 것이다. 김근태는 자신의 '고백'을 정치자금 투명화의 계기로 만들고자 했지만, 현실은 사법처리 쪽으로 흘러갔다. 검찰은 불법 정치자금 수수 혐의로 김근태를 기소했다.

2003년 7월 24일 서울지법 형사 5 단독 유승남 판사 심리로 열린 결심공판에서 검찰은 "김 의원의 주장대로 법과 현실 사이에 괴리가 있다는 사실은 인정되지만 불법으로 정치자금을 수수하고 신고를 누락하는 등 실정법을 위반한 사실이 인정돼 처벌이 불가피하다"며 징역 6월에 추징금 2천만 원을 구형했다. 최후진술에 나선 김근태는 "정치자금을 투명화해야 한다는 것은 거스를 수 없는 시대적 과제며 국민적 요구가 됐다"며 "모두가 다 아는 비밀인 불투명한 정치자금을 파헤친 양심고백이 이러한 흐름에 작지만 의미 있는 계기가 됐다고 자부한다"고 말했다.

김근태의 진술은 이어진다. "지난 3월 대선 경선 과정에서 중앙선관위는 3억 원을 지출 한도로 정했는데 기탁금만 2억 5천만 원이 들었다"며 "선거인단만 7만 명, 잠재적 선거인단 숫자로는 150만 명에 이르는 사람들을 대상으로 단지 5천만 원을 갖고 전국 선거를 하라는 것은 정말 코미디였다"고 강조했다. 또 "책임 있는 지도자가 되고자 하는 정치인들이 먼저 자신의 정치자금에 대해 정직하게 밝히고 국민의 이해와 용서를 구해야 한다"고 촉구했다. 이어서 "위선과 동거하면서 나라의 지도자가 될 수 없고 이중성과 동행하는 한 개혁도 미래도 없다"고 역설했다.

8월 14일 열린 항소심 선고 공판에서 벌금 5백만 원과 추징금 2천만 원이 선고됐다. 재판부는 "정치자금법이 비현실적이라는 지적이 있지만 입법기관인 국회에서 개정하지 않고 따르고 있는 점을 볼 때 위헌 결정이 내려지지 않는 이상 법원에서는 개별 사안에 대해 이 법을 적용할 수밖에 없다"고 지적하고 "그러나 김 의원이 이 같은 사실을 양심고백을 통해 언론에 밝히고 청렴결백한 의원으로 인정돼왔으며 권 전 의원으로부터 함께 정치자금을 받은 정동영 민주당 의원이 기소되지 않은 점 등을 감안, 벌금형이 적당하다"고 덧붙였다.

김근태는 의원직을 유지할 수는 있었으나 거액의 벌금형과 추징금을 내게 되었다. 참담한 심경을 가누기 어려웠다. 한국 정치의 병폐로서 정·재의 유착, 정치부패의 근원이기도 한 불법 정치자금의 악순환을 끊기 위한 고해성사가 '실정법 위반'이라는 부메랑으로 되돌아온 것이다. 소속 정당에서도 '해당 행위'라는 질타를 받고, 심지어 대선 후보 경쟁자였던 노무현도 "우스갯거리가 됐다"고 언급했다.

후일 김근태는 "내가 정치자금 문제를 처음 고백할 때만 해도 왜 도움을 준 사람을 파느냐고들 했지만, 썩은 상태로 정권교체를 할 수는 없는 일이다. 우선 정치자금에서 자유롭지 못했던 나 자신부터 고백하고 가야 한다고 생각했다"고 말했다. 그가 이사장을 맡고 있는 한반도재단은 정치인이 운영하는 재단법인 중에서 가장 먼저 회계 내역을 공개한 것으로 알려졌다.[72]

김근태는 정치인의 생활이 익숙하지 않았다. 점잖음과 겸손함 그리고 양심 문제는 정치인에게 잘 어울리지 않는 품목이다. 속물 정치인일수록 국가 현안에는 침묵하거나 뒷걸음치고, 이념 투쟁이나 포퓰리즘, 이권에는 앞장서는 경우가 적지 않다. 특히 총재와 대표 주변이나 텔레비전 카메라가 비칠 때에는 인정사정 두지 않고 다투어 앞자리를 차지한다. 꼬마민주당 부총재 시절, 한 언론은 「'견습' 못 뗀 김근태의 고민: 제도권 진입 2개월, 민주당 부총재직 소화 아직 역부족」이라는 기사에서 김근태의 "소극적 태도는 아마도 점잖음을 의미하는 것이기도 할 것이다"라고 썼다.

김근태의 이 같은 '습성'은 재선의원이 되고, 여당의 최고위원이 되어서도 크게 달라지지 않았다. 대선 후보 경선 과정에서도 인기 발언이나 데마고그 식 정책 제시는 딱 질색이었다. 한 언론이 제기한 대로 "재목은 대통령감, 인지도는 시장감"의 정치 현실에서, 당내 경선의 패배는 어쩌면 당연한 것일 터였다.

김근태는 '인간적 존엄'을 지키면서 정치를 하고자 노력했다. 이 명제는 그의 모든 가치에서 우선되었다. 민주화운동을 할 때나, 정치에 입문하면서도 변하지 않았다. 그는 마음 깊숙이에는 낭만주의자가 자리하면서도 동시에 철저한 리얼리스트이기도 한, 말하자면 '투사와 신사'가 공존하는 정치인이었다. 그래서 '정치적'이지 못하고, '비정치적 정치인'의 위치에 머물러야 했다.

누군가 나를 보고 굉장히 리얼리스트인 것 같지만 근본적으로는 낭만주의자인 것 같다고 이야기합니다. 이 말의 숨은 뜻은 이 어려운 국면에서 힘으로 사람들을 변화시켜내고 결집시켜내라는 주문이라 생각되는데, 좌우간 근본적으로 낭만주의자라는 이야기는 칭찬으로 받아들여지고, 나를 잘 보고 있는 사람이구나 하는 생각이 듭니다.

낭만주의자란 소위 격정이 있고 열정이 있다는 것인데, 실제로 저는 열정이 있는 사람인 것 같아요. 그러나 그 열정이 쉽게 겉으로 드러나지 않고 절제되어야 한다고 믿는 것은 집안 분위기 탓인 것 같고, 이전부터 열정과 격정이 그대로 드러나면 실패한다는 생각을 가지고 있었던 것 같습니다.[73]

4부

민주주의자의 죽음,
2002-2011

"나는 정직과 진실에 이르는 길을
국민과 함께 가고 싶다.
정직하고 성실한 99퍼센트의 사람들이
무시당하지 않는 사회를 만드는 것이
내가 가야 할 길이라고 믿는다."

10장

노무현
정부와

국정 참여

노무현의 당선을 위해

당내 대선 후보 경선에서 사퇴한 김근태는 노무현 후보의 대통령 당선
을 위해 최선의 노력을 다했다. 하지만 노 후보나 민주당의 사정은 그
리 좋지 않았다.

2002년 6월 13일 실시된 지방선거에서 민주당이 참패한 것이다. 광
역단체장 16명, 기초단체장 232명, 광역의원 682명(비례대표 73명), 기
초의원 3천485명을 뽑는 선거에서 호남과 제주를 제외한 전 지역에서
패배했다. 한나라당은 충남(자민련)을 제외한 11곳을 휩쓸었다. 기초단
체장선거에서는 한나라당이 서울을 비롯해 수도권과 강원도에서 69개
지역을 석권한 반면 민주당은 11개 지역의 당선에 그쳤다. 광역의원선

거 결과는 더욱 참담했다. 수도권과 강원에서 235석을 차지한 한나라당이 압도적인 과반 의석을 차지해 이들 4개 광역의회를 장악한 반면 민주당은 겨우 34석에 그쳐 군소정당으로 전락하게 되었다.

민주당의 참패에는 정치적 배경이 있었다. 2001년부터 터지기 시작한 '진승현게이트'와 '이용호게이트'에 김대중 대통령의 아들들이 연루되었다는 내용이 보도되고, 검찰 수사가 진행되었다. 김대중은 대국민 사과 성명에 이어 5월 6일에는 민주당을 탈당하기에 이르렀다. 노태우·김영삼에 이어 세 번째로 대통령의 집권당 탈당이 이루어진 것이다. 여기에 야권은 크게 분열되었다.

선거 결과 민주당은 초상집을 방불케 했다. 지도부 인책론이 제기되고, 후보교체론이 터져 나왔다. 후보로 결정된 노무현이 6·13 지방선거에서 영남권 단체장을 1명이라도 당선시키지 못하면 후보 재신임을 묻겠다고 말한 적이 있어서, 사태는 더욱 꼬여들었다. 반대 진영에서는 선거가 끝나자마자 책임을 물어 후보교체론을 제기했고, '국민통합 21'의 정몽준 쪽을 기웃거리는 의원도 적지 않았다.

당내 입지가 흔들리면서 노무현 후보가 당의 전폭적인 지원도 받지 못한 채 고군분투하는 가운데 대선정국은 노무현·이회창·정몽준의 3자 대결구도로 압축되고 있었다. 수구족벌 신문과 한나라당이 노무현 후보 장인의 과거 행적을 걸고넘어지면서 색깔론을 펴는 등 선거전은 초반부터 흑색선전의 양상을 띠기 시작했다. 여기에 LG 등 재벌기업이 수백억 원의 현금을 '차떼기'로 한나라당에 넘겨주는 등 타락상이 극에 달했다.

이에 반해 일반 시민들은 노무현 돕기 운동에 나서 '희망돼지 저금통'이 밀려들어왔다. 6월에는 경기도 동두천에서 여중생 효선·미선 양이 미군 장갑차에 깔려 사망한 사건이 일어났다. 어린 학생들의 억울한 죽음도 문제였지만, 미군 당국의 사건 은폐와 범인들의 무죄 평결이 국민의 분노를 일으켰다. 이 무렵 노무현 후보가 한 번도 미국을 방문하지 않은 것을 두고 이회창 진영과 보수신문들이 그를 '반미주의자'로 몰아붙이는 어처구니없는 일도 벌어졌다.

한편 민주당 후보단일화(후단협) 소속 의원 중 일부가 정몽준 진영으로 넘어가는 등 우여곡절 끝에 노무현과 정몽준의 후보 단일화가 이루어졌다. 그러나 투표 하루 전날 정몽준이 기자회견을 통해 '단일화 철회'를 발표하면서 대선의 투표 결과는 예상하기 어려운 국면으로 빠져들었다.

투표 결과가 발표될 때까지 아무도 결과를 예측할 수 없는 박빙의 선거였다. 그리고 마침내 개표 결과가 발표되었다. 노무현이 1천201만 표(49.59%)로 1천144만 표(48.91%)를 얻은 이회창을 57만여 표 차이로 누르고 당선되었다. 노무현은 서울·인천·경기·충청·호남·제주 등 10개 지역에서 이회창을 고르게 앞섰다. 영남에서도 평균 20퍼센트 이상의 득표율을 기록했고, 특히 호남에서 압도적인 지지를 받아 영호남 간 지역주의 장벽을 허무는 계기를 만들었다.

김근태는 노무현의 당선을 위해 모든 노력을 아끼지 않았다. 마치 자신의 선거를 치르는 것처럼 활약해 주변 사람들을 놀라게 했다. 김근태는 누구보다 노무현 후보의 정책이나 철학이 자신이 지향하는 바와 다르지 않다는 것을 알게 되었고, 무엇보다 보수 특권층을 대변해온 이회창의 집권이 역사의 물굽이를 역류시킬 것으로 보았기에, 노무현의 당선에 모든 역량을 쏟게 되었다.

노무현은 2003년 2월 25일 국회에서 제16대 대통령에 취임함으로써 '노무현 시대'를 열었다. '참여정부'로 이름 붙여진 노무현 정부는 개혁을 기치로 내걸었다. 하지만 초장부터 보수 세력의 거센 도전에 직면했다. 전국 검사들과의 대화에서는 젊은 검사의 도발적 발언이 나오는가 하면, 청와대에 기자실을 없애는 대신 브리핑룸을 만들어 정례 브리핑을 시행하겠다는 '기자실 운영방안'이 발표되면서 보수언론의 극심한 비판에 시달리게 되었다. 보수 세력과 보수신문은 처음부터 노무현 정부를 인정하지 않는 듯한 태도로 대통령과 참여정부를 몰아붙였다.

이라크 파병의 고뇌

노무현의 정치적 미숙 또는 독선적 정책결정은 초반부터 지지층의 이반현상을 불러왔다. 대표적인 사례가 대북송금 특검과 이라크 파병 결정이었다. 대통령 취임 당일부터 한나라당은 자민련과 함께 원내 다수의 힘으로 김대중 정부의 이른바 '대북 비밀송금 사건 관련 특별검사 임명 등에 관한 법률안'을 변칙 처리해 정부에 보냈다. 노무현은 대북송금 특검을 수용했다. 이를 통해 진실을 밝히는 것이 세간의 억측과 오해를 푸는 길이라고 믿었던 까닭이다.

그런가 하면 정부는 2003년 3월 21일 국무회의를 열어 6백 명 규모의 국군건설공병지원단과 1백 명 안쪽의 의무지원단을 이라크에 파병하는 내용의 국군부대 이라크 전쟁 파견 동의안을 의결해 국회에 보냈다. 집요한 미국의 전투병 파병 요청을 물리치고, 대안으로 건설공병지원단을 보내기로 한 것이다.

하지만 이 문제는 진보·보수단체 간의 뜨거운 쟁점이 되었던 관계로 국회 심의 과정에서도 찬반 격론이 벌어졌다. 아이러니컬하게도 사사건건 노무현의 발목을 잡아온 한나라당과 보수언론이 지지하고, 집권당의 상당수 의원들과 진보언론이 반대하는 기현상이 일어났다.

김근태는 대북특검과 이라크 파병 모두 반대하는 입장이었다. 그래서 여러 채널을 통해 청와대에 이런 뜻을 전했으나 받아들여지지 않았다. 정치적 신념과 현실 사이에서 고뇌하지 않을 수 없었다.

당내 문제는 더욱 복잡하게 꼬여갔다. 과거 집권당은 대통령이 총재가 되어 재정, 인사권 등 강력한 권한을 행사했으나, 노무현은 대선공약에서 당정분리를 내걸고, 집권해서는 이를 실행하면서 당은 백가쟁명, 중구난방의 상태가 되었다. 대선 후보 선출 과정에서 생긴 앙금에다 특검, 이라크 파병 문제 등이 얽히고설키면서 당은 말 그대로 한 지붕 두 가족의 양상이었다.

앞당겨서 말하자면 원내대표 시절(2003년 말에서 2004년 초) 김근태가 정치적으로나 인간적으로 가장 고통을 겪었던 일은 이라크 파병 문제였다. 개인적 소신과 당론, 집권당의 원내대표와 정부의 정책 사이에서 고민이 깊을 수밖에 없었고 갈등의 한복판에 놓일 수밖에 없었다. 특히 당대표와 동료 의원들의 이중적인 언사와 태도에서 정치 이전의 인간적 배신감에 가슴 아파 했다.

미국 부시 정부의 이라크 침공 이후 미국은 한국 정부에 전투병 파병을 요청했다. 노무현 정부로서는 '양날의 칼'이었다. 거부할 경우 엄청난 외교적 마찰을 감수해야 했고, 파병을 결정할 경우 다른 야당과 시민사회 민중운동 진영과 회복 불능의 '절연'을 각오해야 했다.

노무현 정부로서는 이러기도 저러기도 어려운 '뜨거운 감자'를 국회에 넘겼다. 시민사회는 촛불집회를 열며 거세게 반대운동을 전개하고 있었다. 참여정부를 탄생시킨 집권당은 분당하여 열린우리당은 45석의 소수의석에 불과했다. '뜨거운 감자'가 송두리째 김근태에게 넘겨진 것이다.

김근태는 이라크 파병안이 국회로 넘어오기 한참 전부터 이 문제를 어떻게 처리해야 할지 고심하고 또 고심했다. 그러나 사실, 김근태 원내대표의 입장은 처음부터 확고했다. "어렵고 고통스럽더라도 미국과의 마찰을 최소화하면서 슬기롭게 이라크 파병을 거절할 수 있는 방안을 찾아내야 한다"는 것이었다. 김근태는 이런 생각을 관철시키기 위해 상황을 냉철하게 주시하며 지혜와 묘수를 찾기 위해 고심했다.

당내 일부 의원들은 파병을 반대하며 단식이나 농성을 하고 있었고, 어떤 의원들은 '무조건 파병'을 주장하며 원내대표실에 찾아와 김근태의 결단을 압박하곤 했다. 더러는 미국이 주도할 전후복구사업에서 소외당하지 않도록 미국이 주문하는 것보다 더 적극적으로 파병(참전)을 해야 한다고 주장하는 의원들도 있었다. 그들의 주장은 한나라당이나 정부의 경제·외교 관료들의 주장과 똑같았다.

열린우리당 의원들은 이 문제를 의제로 20번 이상 공개·비공개 의원총회를 열었다. 그야말로 난상토론이었다. 한국 정당사상 의안 하나를 두고 이때처럼 격렬하게 당내 토론을 거친 경우는 전무후무할 것이다. 몇 달 동안 20여 차례 의총을 열면서 이라크 파병 문제를 토론하도록 이끈 김근태의 의도는 다음과 같은 것이었다.

첫째, 묘안을 찾기 위해서였다. 의원총회의 수많은 논의 결과, 나름대로 찾아낸 묘안이 바로 '비전투병 중심의 인도적 지원부대'라는 새로운 파병 방안이었다. 나중에 우리 정부가 직접 전투에 참여하지 않고, 대민 의료지원·전후복구 등에만 참여하는 소규모 부대를 파병하기로 결정한 것도 의원총회 토론 과정에서 나온 아이디어 덕분이었다. 이런 아이디어를 수렴하는 과정에서 김근태는 이라크 현지에 의원 실사단을 파견하기도 했다.

둘째, 정부에 힘을 보태기 위해서였다. 김근태는 정부가 미국 네오콘의 요구에 일방적으로 굴복하지 않도록 국회와 여당이 힘을 보태고 싶었다. 정부가 미국과 협의를 하면서 국회와 여당을 핑계거리 삼아 국익에 유리한 결정을 내릴 수 있도록 숨통을 터주고자 했던 것이다. 김근태는 정부와 청와대에 이런 주문을 여러 경로를 통해 전달했다. 국회와 여당이 이 문제로 격론을 벌이고 있고, 집권 여당에도 반대 기류가 강하다는 사실을 우리 정부가 미국 정부에 적극적으로 알리고, 협상력을 높이는 지렛대로 삼으라는 주문이었다.

셋째, 당내 의견통일이었다. 이라크 파병 문제는 개별 의원들이 정치생명을 걸고, 소신을 주장하는 사안이었다. 그래서 누구도 적당한 타협을 할 수 없는 화약고처럼 폭발력이 큰 사안이었다. 이 문제를 충분한 토론 없이 결정한다면 그렇지 않아도 45석에 불과한 미니 여당은 다시 분열하고, 힘 한 번 쓰지 못한 채 주저앉을 수밖에 없다는 상황인식을 갖고 있었다.[1]

의총의 토론이 거듭되면서 청와대는 당론 결정을 재촉하고, 조·중·동 등 수구 신문은 연일 "국가 중대사에 대해 아무런 결정도 못하는 무능한 여당"이라고 몰아쳤다. 그런가 하면 의총에서는 "김근태가 저래서 우유부단하다는 말을 듣는다"는 비난이 쏟아졌고, 파병 반대 시위는 날이 갈수록 거세어졌다.

의총은 마침내 당론으로 파병을 결정하고, 국회본회의장에서 투표가 이루어졌다. 김근태는 찬성 버튼을 눌렀다. 임종석 등 몇몇 의원은 끝까지 소신대로 반대 투표를 했다. 김근태는 소신과 원내대표 그리고 당론 사이에서 깊은 고민 끝에 결국 공인의 길을 택한 것이다.

그날 오후 내내 원내대표실에는 깊은 정적만 흘렀다. 김근태는 원내대표실 문을 걸어 잠그고 혼자 방 안에서 몇 시간 동안 꼼짝도 하지 않았다. 불과 몇 시간 전, 그 자리에서 당내 경쟁자 격인 동료에게 인생을 걸고 지켜온 소신에 대해 "타이밍에 대한 감각이 없다"고 공개적으로 모욕을 당했고, 민주주의자를 자처하는 한 후배의 해괴한 민주주의 특강을 들었다. 그리고 그 방에서 나와 당의 결정에 승복한다는 뜻으로 찬성 버튼을 눌렀다. 김근태는 그 방에 다시 들어가 홀로 몇 시간을 숨소리 하나 내지 않고 있었다. 그날 그 몇 시간 동안, 김근태가 그 자리에서 무슨 생각을 하고, 무엇을 했는지 나는 모른다. 나는 그 몇 시간 동안을 그 방 앞 책상 의자에 앉아 민주주의와 김근태에 대해 생각하며 속으로 하염없이 속울음만 울었다.[2]

반쪽짜리 여당의 원내대표, 17대 의원 당선

앞서 말한 대로 집권 여당은 노무현 정부가 출범하면서 '정치개혁과 국민통합을 위한 신당추진모임'(가칭)을 발족, 신당 창당 작업에 들어갔다. 이에 맞서 구주류는 거세게 비난하면서 신당 창당에 반대했다. 민주당은 당의 분열을 막아야 한다는 중도파로 3분되어 치열하게 대립하게 되었다. 당무회의에서는 폭력사태까지 일어났다.

민주당 신주류는 2003년 7월 3일 국회의원 60명이 참여한 신당추진 기구를 출범했다. 때마침 한나라당을 탈당한 이부영·이우재·김부겸·안영근·김영춘 의원이 합세하고, 재야인사들이 참여하는 등 지원군까지 얻었다.

이에 힘입은 신주류는 9월 19일 '국민참여통합신당'의 명칭으로 원내교섭단체를 구성하고 원내대표로 김근태를 선출했다. 김근태는 분당 상태에서 실질적으로 여당의 원내대표가 되었다. 극구 사양했으나 다수 의원들의 권고를 물리치지 못했다. 과도기의 원내대표는 고통스러운 자리였다.

신당파 의원 40여 명은 9월 20일 민주당에 탈당계를 내고, 한나라당 탈당 의원 5명과 함께 '국민참여통합신당'(통합신당)으로 국회에 교섭단체 등록을 마친 데 이어 10월 22일 원외의 신당 세력인 개혁신당창당추진위원회와 공동으로 범여권 신당의 당명을 '열린우리당'으로 결정했다. 김근태는 여전히 원내대표직을 맡게 되었다.

신당은 11월 11일 서울 올림픽공원 체조경기장에서 창당대회를 갖고 김원기·이태일·이경숙을 공동의장으로 선출했다. 대선에서 승리한 민주당은 1년여 만에 민주당과 열린우리당으로 분열되었다. 이 기간이 김근태에게는 정계 입문 이래 가장 고통스럽고 고민이 많은 시기였다. 줄곧 진보민주 세력의 통합과 연대를 주창해왔던 터였기에 고민은 더욱 깊었다.

김근태는 당의 분열과 신당 창당의 와중에서 원내대표가 되고, 이어서 열린우리당의 당의장이 되었으나, 당시는 이합집산 과정이어서 국회에서 크게 활약하기 어려운 상황이었다. 열린우리당 원내대표에 선출될 때는 여당의 분당 사태로 한나라당이 다시 제1당이 되고, 열린우리당은 제2당의 신세로 전락했다. 더구나 친구가 갈라지면 적보다 더 멀어지듯이 잔류 민주당은 한나라당과 밀접해지면서, 결국 건국 이래 전대미문의 대통령 탄핵 카드를 꺼내기에 이른다.

대통령이 탄핵을 당한 상황에서 제17대 총선이 2004년 4월 15일 실시되었다. 한나라당과 여당의 보수 세력이 노무현 대통령의 탄핵을 의결하면서 광화문에는 연일 수만 명이 모여 촛불집회를 열었다. 선거는 의외의 결과로 나타났다. 정부도, 신당파도, 구당파도 한나라당도 예상치 못했던 일이었다.

4·15 총선은 45석이었던 열린우리당이 152석을 차지하고, 민주노동당도 전국구 정당투표제에 힘입어 10석을 얻었다. 그 대신 한나라당은 여전히 의석수가 많은 강고한 영남 지역주의에 힘입어 121석을 얻었으나 제2당으로 전락했다. 한나라당과 함께 노무현 탄핵에 앞장섰던 민주당은 지도부조차 줄줄이 낙선하고 고작 9석을 얻는 데 그쳤다. 10석을 얻은 민노당에도 뒤진 제4당으로 전락해 사실상 정당의 생명력을 잃게 되었다.

김근태는 여유 있게 당선되어 3선 의원이 되었다. 도봉 갑구 유권자들은 그를 신뢰하고 폭넓게 지지했다.

개혁진영 152석 확보, 그러나…

제17대 총선의 정치사적 환경은, 두 번째로 정권을 잃은 한나라당이 반노무현 감정에 빠진 민주당 일각과 야합하여 대통령 탄핵을 감행하는 중에 치른 선거였다는 사실이다. '탄핵정국'은 곧 이어진 '촛불집회'와 맞물렸다. 국민은 민주평화의 기치를 든 신생 정당 열린우리당을 지지하는 '이변'을 보였다. 국민은 열린우리당에 152석을 안겨주었다. '노무현 지지'의 의미가 담긴 투표였다.

민주개혁 세력이 행정권과 입법권을 장악한 것은 헌정사상 이때가 처음이었다. 4월혁명 뒤 민주당은 7·29 선거를 통해 민·참 양원에서 압도적 다수당이 되었으나 곧 신민당의 분당사태로 '소수여당'이 되고, 김대중의 '국민의 정부'는 거대한 다수 야당에 휘둘려서 개혁입법을 제대로 추진하지 못했다. 심지어 김종필 국무총리와 한승헌 감사원장은 야당의 반대로 1년여 동안 '서리'의 자격으로 국정을 맡아야 했다.

노무현의 참여정부도 다르지 않았다. 국회를 장악한 한나라당은 수구 세력을 대변하는 조·중·동과 손잡고, 사사건건 노무현 대통령을 흔들고 마침내 탄핵을 하기에 이르렀다. 이것이 부메랑이 되어 총선에서 열린우리당에 다수당을 내주게 되고, 여기에 진보정당인 민노당이 10석을 얻어 진보개혁 세력이 국회 다수석을 차지하게 되었다. 그야말로 헌정사상 초유의 일이었다.

그러나 다수당이 된 열린우리당은 개혁입법 추진과 악법 폐기 등 시대적 소임을 다하지 못했다. 정체성에 문제가 많은 인물들이 탄핵의 바람을 타고 공천을 받아 당선된 데다, 지도부의 리더십 부재도 요인으로 지적되었다. 다음은 한 여론조사 전문가의 진단이다.

2004년 4월 15일 치러진 17대 총선에서 당시 집권 여당이었던 열린우리당이 반(反)탄핵 바람을 타고 대승을 거둔다. 여당이 마치 새로운 시대가 열린 것 마냥 축제 분위기에 들떠 있을 때, 나는 총선을 분석하는 과정에서 발견한 몇 가지 석연치 않은 점에 대해 골똘히 생각하고 있었다. 내가 몸담고 있던 한국사회여론연구소는 총선 전반 판세를 여론조사를 통해 분석하고 있었는데, 그때 몇 가지 특이한 점들이 발견된다.

사실 그것은 '열린우리당의 암울한 미래'와 관련된 것이었다. 당시 여러 언론은 152석의 과반 여당 탄생의 의미를 분석하고 있었지만, 선거의 중간 흐름에 대해서는 큰 관심을 두지 않았다. 그러나 2004년 총선의 흐름에서는 탄핵 주체인 민주당과 한나라당의 패배라는 의미 외에 분명 또 다른 현상이 자리 잡고 있었다.

즉 17대 총선 기간 중 이미 선거 기간 전부터 잡탕정당이라고 비난 받던 열린우리당의 지지도가 내려가는 대신, 민노당 후보에 대한 지지도가 소리 없이 올라가고 있었다.[3]

열린우리당은 17대 총선에서 원내 1당이 되었으나 '잡탕정당'의 한계 때문에 제 기능과 역할을 충분히 하지 못했다. 3선 의원이 된 김근태의 고민은 날로 깊어갔다. 그는 노무현 정부가 성공해야 민주주의가 정착되고, 서민대중의 생계가 보장되며, 남북관계가 화해협력의 관계를 더욱 진전시킬 수 있다고 굳게 믿었다. 그래서 당내 개혁과 민주화에 열정을 쏟았다.

열린우리당의 역사적·현실적 책무가 무거워질수록 김근태의 마음도 무거워졌다. 국민이 152석의 국회의원을 준 것은 개혁을 하라는 지엄한 명령인데, 과연 이 지엄한 명령을 수행할 수 있을지 걱정이 앞선 것이다.

김근태는 부드러움과 강건함을 고루 지닌 품성을 갖고 있었다. 그래서 한쪽에서는 운동권치고는 유약하다는 평을, 다른 쪽에서는 지나치게 강경하다는 평을 동시에 듣기도 했다. 여당의 중진이 된 처지에서도 그의 진면목을 제대로 드러내기는 쉽지 않았다.

열정을 바친 보건복지부장관 18개월

김근태는 2004년 7월 1일부터 이듬해 연말까지 제43대 보건복지부장관을 역임했다. 1년 반 동안 장관직을 수행한 것이다. 대권을 지향하는 정치인은 장관이 되기를 바란다. 국무위원으로서 국가경영의 전반을 살피고, 수시로 언론의 조명을 받을 수 있기 때문이다. 각부 장관은 대통령이나 총리가 주재하는 국무회의에 참석해 국가의 중요 사항과 정책을 토의하고 의결한다.

장관에 취임하면서 김근태는 '희망한국 21-함께하는 복지'를 캐치

프레이즈로 내걸고, 서민대중과 중산층의 복지정책에 주안점을 두고자 했다. 서민·중산층은 IMF 외환위기를 겪으면서 생계가 크게 위협 받고 있었다. 많은 자영업자들이 문을 닫고, 청장년들이 직장을 잃었다. 서울역과 시내 지하철에는 노숙자들이 넘쳐나고, 생활고에 자살자까지 속출했다. 김영삼 정권의 국정 실패로 생긴 외환위기는 김대중 정부에서 어느 정도 수습이 되었으나, 하위 계층의 고통은 여전히 현재 진행형이었다.

복지부는 서민 생활과 직접 연관되는 부처다. 김근태는 우선 사회안전망을 설치하고 강화하는 데 힘을 모았다. 민주화운동 지도자 출신답게 직원들과 각계 전문가들을 초청하여 자신의 구상을 설명하고 정책제안을 들었다. 그리고 수시로 현장을 방문해 민정을 살폈다. 군림하여 지시하는 행정이 아닌 밑바닥에 내려가 주위의 여론과 제안을 수렴하는 스타일의 행정이었다. 겨울을 앞두고 그는 '겨울맞이 특별기획 2004 한국의 사회안전망'의 플랜을 짜서, 용산역과 서울역 등에서 노숙인들을 만나고, 직접 노숙 체험을 하기도 했다. 이어서 서울역 노숙인 무료 진료소를 방문하여, 의사·간호사·약사 들이 종교단체의 지원과 함께 지속적으로 지원하도록 독려했다.

김근태는 취임 초기에 전문가들과 국민의 의견을 모아 11개 분야의 주요 정책을 설정하고, 이를 집행하는 방식으로 복지부를 운영했다. 소속 공무원들이 처음에는 운동권 출신이자 여당 중진 정치인으로서 장관 업무를 잘 수행할 수 있을까 우려하는 분위기였으나, 그의 열정과 현장주의 그리고 치밀하고 꼼꼼한 업무 수행 능력을 보고 놀랐다고 한다.

국무회의에서 저소득가정의 경우 전기료·수도세·가스요금이 체납

되더라도 단전·단수하지 않도록 정부 각 부처 간 합의를 이끌기도 했고, 건강보험료 체납자와 소액 납세자들, 이른바 차상위 빈곤층인 신빈곤층 등을 일제 조사하여 의료 급여, 자활 급여 등을 지원할 수 있도록 했다. 또한 극빈층의 경우는 정부 양곡을 절반 가격으로 제공하도록 했다.

또한 전국적으로 25만 명에 이르는 결식아동 문제의 심각성을 깨닫고, 범정부 차원의 대책을 마련했는데, 특히 결식아동들이 방학 동안에도 급식을 받을 수 있는 방안을 국무회의에서 마련토록 제안했다.

김근태는 2005년 새해를 맞아 '2005년을 국민통합 원년으로 만들자'는 장관의 신년 계획과 포부를 밝혔다. 여기에는 그의 철학과 비전이 담겼다. "'국민과의 계약'을 준비하면서 세 가지 과제를 집중 검토하고 있다. 첫째, 사회안전망의 획기적 강화, 둘째, 급격한 저출산과 고령화에 대한 실효적 대책, 셋째, BT와 바이오헬스 산업을 실질적 성장 동력산업으로 육성하는 것이다." 또 신년사에는 다음과 같은 내용을 담았다.

무엇보다 보건복지부는 어머니의 역할을 다해야 한다는 기본 사명을 잊지 않겠습니다. 한숨 짓는 국민의 눈물을 닦아주는 역할, 사회통합의 기초를 만드는 소임을 다하겠습니다. 행정을 혁신하겠습니다. 투명한 행정, 국민에게 다가가는 행정을 하겠습니다. 행정에 대한 국민의 신뢰를 확보할 수 있도록 앞서 노력하겠습니다.

2005년에는 우리 사회가 서로 사랑을 나누며 살아가는 따뜻한 사회, 인간적인 사회로 전진하고 있다는 사실이 더욱 분명해졌으면 좋겠습니다. 희망이 한층 또렷해지는 한해가 되었으면 좋겠습니다. 여러분의 가정마다 행복이 충만하기를 기원합니다.[4]

일요일에 쓰는 편지

김근태는 보건복지부장관 취임 무렵부터 퇴임 후인 2007년 여름까지 2년여 동안, 한 인터넷 홈페이지에 일요일마다 짧지만 정감 넘치는 편지를 썼다. '일요일에 쓰는 편지'라는 타이틀로 정치·경제·사회·복지·책 얘기에 드라마 얘기까지, 마음 닿는 대로 편하게 쓰는 편지였다. 당연히 많은 조회 수를 기록했으며 수많은 댓글이 달렸다.

2004년 12월 15일에 쓴 '일요일, 편지쓰기를 시작하며'에는 김근태의 소박한 정감이 담겼다.

마음 편하게 쓰겠습니다. 잘 정리된 글을 쓰기는 어려울 것 같습니다. 그냥 제가 일주일을 보내면서 품었던 '생각의 조각'을 여러분과 함께 나눈다는 마음으로 시작하겠습니다. 일주일을 보내고 제 마음에 남아 있는 것이 추억이건 감상이건 눈물이건 분노건……[5]

김근태의 '일요일에 쓰는 편지'에는 그의 성실성과 휴머니즘, 군림하는 장관이 아닌 현장을 찾는 목민관의 모습이 담겨 있다. 에이즈 환자를 만나고, 소록도를 방문하여 한센병 환자들을 찾고, 절망하는 사람들에게 희망을 들려주는 '패자부활전'이 있는 사회를 꿈꾸는 정치인, 저출산 문제를 여성의 입장에서 고민하고, '고령화'라는 재앙을 대비하자며 정책을 제안하는 장관의 모습에 이르기까지 그의 모든 모습이 담겨 있다.

녹동에서 배를 타고 소록도를 향하면서 한하운 시인의 「보리피리」가 떠올랐습니다. 그 피리 소리를 들으려고 조용히 눈을 감았습니다. '삘릴리~' 하는 소리가 들려오는 듯했습니다. 그사이에 무덤도 남기지 못하고 흔적 없이 사라져간 만여 명의 한센병 환자들의 한숨과 슬픔이 아련히 다가오는 듯했습니다.

얼마간 결심이 필요했습니다. 노인 환자들이 식사하시는 것을 도왔습니다. 말씀을 들으려고 가까이 다가갔습니다. 침이 튀기는 듯했습니다. 움찔 물러났습니다. 영화 〈빠삐용〉에서 주인공이 환자들을 대담하게 만나는 장면이 순간 스쳐갔습니다. "거리를 두어서는 안 된다. 장관이 거리감을 느끼게 해서는 안 된다"라고 스스로 마음을 다졌습니다.

힘을 주어 악수했습니다. 병실 모두를 방문해서 굳은 악수를 나누었습니다. 마을도 찾아갔습니다. 손이나 발이 없는 분들과 손과 눈이 마주치는 악수를 했습니다. 그분들 중 몇 분이 마음을 여는 듯했습니다.[6]

많은 사람들이 우리 사회를 '패자부활전이 없는 사회'라고 말합니다. '무한경쟁의 정글'에 비유하는 분들도 있습니다. 한번 비정규직이 되면 영원히 비정규직의 굴레를 벗어날 수 없고, 사업에 한 번 실패하거나 직장에서 쫓겨난 사람은 제자리로 돌아가기가 불가능에 가깝다는 말입니다.

결과는 참혹합니다. 회사에서 쫓겨나지 않기 위해 직장인들은 몸을 돌보지 않고 일합니다. 사업 성공을 위해 수단과 방법을 가리지 않는 것은 나무랄 수도 없습니다. 노동조합은 타협 없는 외길 투쟁을 반복하고, 이웃에 대한 관심은 점점 메말라갑니다.

이런 일들이 '무한경쟁'이라는 이름으로 우리 주변에서 흔히 벌어지고 있습니다. 경쟁이 너무 지나친 것 아니냐고 말하면 세상물정 모르는 사람이 되고 맙니다. 국경 없는 글로벌 경쟁시대에 너무 한가한 얘기를 한다는 타박을 들을지도 모릅니다.

그런데 말입니다. 이런 '패자부활전'이 없는 사회가 꼭 행복하고 바람직한 것일까요? 정말 어쩔 수 없는 '외길수순'인 걸까요?[7]

이제 떠나야 할 시간입니다. 보건복지부를 떠나면서 그동안 여러 번 강조했던 말씀을 잔소리처럼 한 번 더 드리는 것으로 '작별인사'를 마치고자 합니다.

보건복지부는 이미 우리 사회의 방향을 좌우하는 사회정책의 중심부서로서 주목받고 있습니다. 미래 사회를 대비하는 핵심부서라는 엄중한 책임을 부여받고 있습니다.

더 이상 예산이나 권한을 탓할 수 없습니다. 현재 우리 사회의 핵심과제인 저출산, 고령화 대책과 사회 양극화를 해결해야 할 책임이 모두 여러분의 두 어깨에 짐 지워져 있습니다. 사회안전망과 국민연금, 건강보험과 같은 사회공공인프라를 튼튼히 구축함으로써 미래의 우리 사회를 '세계에서 가장 안전한 사회' '가장 경쟁력 있는 사회'로 만들 책임도 여러분께 있습니다. 공공의료를 강화하고, 안전한 식탁을 지킬 책임도 여러분에게 있습니다.

여러분의 책임이 막중합니다. 여러분의 선택에 우리 사회의 미래가 달려 있습니다. (……)

제가 역점을 두고 추진했지만 미처 마무리하지 못한 일 가운데 하나가 바로 튼튼한 육성체계를 세우는 일입니다. 시간에 쫓기고, 마음의 여유를 가지기 어려운 것이 공직생활이지만, 시간을 쪼개고 정성을 보태서 공부해야 합니다. 여러분의 경쟁력이 바로 우리 사회의 경쟁력이기 때문입니다. 저는 이제 다시 국민의 품으로 돌아갑니다. 가서 여러분을 감시하고 응원하는 사람이 되겠습니다.[8]

11장

위기에 빠진 집권당의

당의장을 맡다

당의장 출마와 패배

김근태는 2005년 12월 22일 보건복지부장관을 사임하고 당에 복귀했다. 이어 해가 바뀐 2006년 1월 11일 전당대회를 앞두고 당의장 후보 출마를 선언하고 준비에 나섰다. 그동안 한국 정당들의 직제는 총재→대표→당의장으로 당의 최고책임자의 직명이 변해왔다. 권위주의적 호칭이 바뀐 것이다. 김근태가 출마를 선언한 열린우리당 의장 후보에는 정동영·김혁규·조배숙·김영춘·임종석·이종걸·김부겸 의원과 김두관 대통령정무특별보좌관이 각각 출마 의지를 보였다.

김근태는 출마 선언의 기자회견을 갖고 '바꾸면 반드시 이깁니다'라는 제목의 소견을 밝혔다. △바꾸면 반드시 이깁니다. △약속을 지키면

분명히 이깁니다. △기적을 만듭시다. 대반전을 이룹시다. △이른바 '실용'은 실족했습니다. 아니 실패했습니다. △새로운 성장을 위해 사회적 대타협을 이루겠습니다. △정치혁신을 이루겠습니다. 창당 초심을 되찾겠습니다. 통합의 리더십을 발휘하겠습니다. △진실의 순간이 다가오고 있습니다, 등 7개 항목의 '공약'을 제시했다. 회견문 중에서 다음과 같은 대목이 눈길을 끌었다.

곧은 나무는 재목(材木)으로 쓰고, 굽은 나무는 화목(火木)으로 써야 합니다. 당의 기둥을 똑바로 세워야 합니다. 기둥을 제대로 세우지 못했기 때문에 작은 일에도 당 전체가 흔들렸습니다. 부동산 대책에서 머뭇거렸던 우리의 과오와 창당정신인 기간당원제를 흔들었던 우리의 모습을 반성해야 합니다. 이제 기둥을 곧은 나무로 바꿔 세워야 합니다. 실용이라는 이름으로 살아온 지난 2년을 냉정하게 평가하고 땅에 묻어야 합니다. 그리고 다시 태어나야 합니다. 중산층과 서민의 당이라는 우리의 기둥을 되찾아야 합니다.[9]

김근태는 이어 1월 15일에는 '당 재건을 위한 김근태의 7가지 약속'을 발표하고 연초부터 26개 도시를 순회하며, 6천 명이 넘는 당원들을 만나 당의 개혁 노선을 설명했다. 4년 전 대선 후보 때에도 하지 못했던 강행군이고 열정이었다. 비틀거리는 참여정부를 바로세우고 3기 민주정부를 창출하기 위해서는 먼저 당의 변화와 혁신적 개혁이 요구되었다. 이를 대의원들에게 설명하고, 자신이 선장 노릇을 맡겠다고 다짐했다.

하지만 김근태가 집권당의 대표로 선택받기는 여전히 어려운 구조였다. 원인 중에는 대중정치인의 문제점과 지역문제가 가로놓여 있었다. 영호남의 지역성을 갖지 못한 경기 출신의 한계이기도 했다. 박정희가 정략적으로 갈라놓은 영호남의 갈등 관계가 역설적으로 민주 진영에도 뿌리를 내리고 있었다. 수도권의 당원과 대의원 중에는 의외로 영호남 출신들이 많았고, 이들의 향배에 따라 당대표나 대통령 후보가 결정되는 경우가 적지 않았다.

김근태의 노력에도 불구하고 2월 18일 서울 송파구 올림픽공원 체조경기장에서 개최된 열린우리당 전당대회에서 당대표에 선출된 후보는 정동영으로 4천450표(48.2%)를 얻었다. 전국 대의원 1만 213명 중 9천229명이 참가해(투표율 76.1%) 1인 2표 방식으로 실시된 이날 선거에서 김근태는 3천847표를 얻어 2위에 그쳤다. 3위는 김두관(3천218표), 4위는 김혁규(2천820표)였다. 세 사람이 모두 영호남 출신이고, 김근태만 경기 출신이었다.

6백여 표 차이로 비록 2위에 그쳤지만 김근태의 선방이었다는 것이 당내외의 여론이었다. 당의장에 선출되지 못하고 수석 최고위원에 만족해야 했다. 정동영은 2004년 5월 이른바 '노인 폄하' 발언으로 의장직에서 물러난 지 2년여 만에 다시 당의장에 복귀했다. 그의 달변과 대중성을 김근태가 따라잡기는 쉽지 않았다. 김근태는 개혁의 청사진을 제시하면서 최선을 다했으나 뜻을 이루지 못한 것이 못내 아쉬웠지만, 수석 최고위원으로서 응분의 역할을 다하고자 마음을 가다듬고, 어려운 처지에서 열심히 도와준 당원과 동지들을 격려했다.

열린우리당 비대위원장 선임

새 지도부를 선출한 열린우리당의 행로는 그러나 만만치가 않았다. 5월 31일 실시된 제4회 전국 동시 지방선거에서 참패했다. 집권당이 국회의원 재·보궐선거나 지자체선거에서 패배하는 것이 관행처럼 되었으나, 이때 열린우리당의 경우는 '참패'라는 용어 그대로였다.

16개 광역단체장선거에서 전북지사 1명만 당선되고, 기초단체장선거도 수도권 66곳 중에서 단 한 곳도 이기지 못했다. 뿐만 아니라. 서울·부산·대구·인천·광주·대전·울산 등 7개 대도시의 기초단체장선거에서 전패한 것이다. 655명을 뽑는 광역의원선거(지역구)에서도 수도권은 물론 부산·대구·광주·대전·울산 등 대도시에서 한 명도 당선자를 내지 못했다. 대부분의 지역에서 한나라당 후보에 패했으나, 광주·전남북은 잔류 민주당 후보에게 손을 들었다.

선거 결과가 드러난 6월 1일 정동영 의장이 선거 결과에 책임을 지고 당의장직을 사퇴했다. 취임 1백 일도 넘기지 못하고 사퇴한 것이다. 일부 최고위원들도 동반 사퇴하여 열린우리당은 지도부 부재 상태에서 표류하게 되었다. 집권당의 표류는 국정의 표류로 연계된다.

좀 묵은 얘기지만 김근태는 2002년 대선 후보 경선 과정에서 양심선언을 하고, 어느 월간지와 가진 인터뷰에서 의미 있는 발언을 남겼다. 이번 당의장 선거에서 패배한 심경도 그때와 다르지 않았다. 기자가 물었다. "현실정치에 뛰어든 후, 개인적 '역사성'을 지키는 일과 대중정치인으로 '성공'하는 일 사이에서 쉽지 않은 줄타기를 했으리라고 보인다. 둘 사이에 균형을 잡는 데 이제 익숙해졌다고 자평하는가?"

여전히 굉장히 어렵다. 우리 정치의 제도와 관행이 아직 제대로 안 되었기 때문이다. 이를테면, 이번에 양심고백한 것은 범죄를 자백한 것과 다르다. 그런데 일부 사람들은 "양심고백을 했다면 왜 당당하지 못하나" 이러는데, 옛날 군사독재 시절에 "민주화운동 한다면서 왜 도망 다니느냐"고 공격하던 것과 똑같다. 우리 사회가 직면하고 있는 모순과 우리 신념의 실현을 막는 제도와 관행을 고치고자 하는 사람을 내치는 사회라면 그건 서로 냉소하는 사회가 아니겠는가?[10]

선거 패배의 책임을 지고 정동영 의장과 일부 최고위원들이 사퇴하면서 열린우리당은 6월 7일 국회의원·중앙위원 연석회의를 열어 대책을 논의했다. 논란 끝에 과도 지도부인 비상대책위원회(비대위)를 구성키로 했다. 2003년 11월 창당 이래 벌써 4번째 비대위 체제였다. 일천한 헌정사이지만 집권당이 이렇게 흔들리는 경우는 드물었다. 비대위는 중앙위원회로부터 당헌당규 개정과 인사권 등 전권을 위임받고, 전직 당의장 등 8인으로 구성된 인선위원회에서 6월 9일 김근태를 비상대책위원회 위원장(당의장)으로 선임했다.

전당대회에서 당의장에 탈락한 지 4개월여 만에 과도체제의 당의장에 선임된 것이다. 분당 과정에서 원내대표에 선출된 데 이어 두 번째로 맡는 과도기의 요직이었다. 당의 위기 상황에서 그는 원내대표와 당의장을 번갈아 맡게 되었다. 그만큼 그의 역량과 위기관리 능력이 높이 평가된 셈이지만, 씁쓸한 마음을 지우기는 쉽지 않았다.

김근태는 "독배를 마시는 심경으로 비대위위원장의 책임을 맡겠다"면서 비상시의 당의장에 취임했다. 비대위 상임위원에는 김한길·문희상·이미경·정동채·김부겸·정장선 의원이 선임되고, 유인태·이호웅·이강래·박병석·박명광·윤원호 의원은 비상임위원에 위촉되었다.

김근태는 취임과 더불어 의장 직속으로 '서민경제회복 추진위원회'를 만들어 일자리 창출과 기업투자 활성화를 목표로 사회적 대타협을 도모하는 뉴딜정책을 발표했다. 그가 오랫동안 연구하고 관심을 모아온 정책이었다.

김근태는 6월 28일 청와대에서 노무현 대통령과 독대한 자리에서, 정부가 부총리 겸 교육인적자원부 장관에 김병준 전 청와대 정책실장을 내정한 것과 관련, 당의 비판 여론을 전하고, 인사 문제에서 좀 더 광범위한 여론을 수렴할 것을 건의했다. 그러나 당 안팎에서는 김 의장이 좀 더 강하게 대통령을 압박하지 못했다는 비판이 쏟아졌다.

당의 '액운'은 이어졌다. 7월 26일 실시된 서울 성북을과 송파갑, 경기 부천·소사, 경남 마산갑의 국회의원 재·보궐선거에서 이번에도 모두 패배했다. 또 10월 26일 국회의원 2곳과 기초단체장 등 9개 지역에서 실시한 재·보궐선거에서도 전패했다. 여당이면서도 영남 지역 일부에는 단체장 후보조차 내지 못했다. 지역 갈등은 강고했고, 영남 지역의 한나라당 세는 가히 철옹성이었다.

개성공단 방문, 춤 파문

김근태는 10월 21일 휴전선을 넘어 개성공단을 방문했다. 공단창립 5주년 행사에 참석한 것이었다. 개성공단은 노무현 정부에서 남북화해협력을 위해 의욕적으로 추진한 사업으로, 남한의 자본과 기술, 북한의 인력과 부지가 결합하여 설립되었다. 이명박 정권의 대북강경책과 연평도해전 그리고 금강산 관광의 폐쇄 등 남북관계의 위기국면에서도 여전히 유지될 만큼, 유일한 남북공동사업체로 남아 있다.

김근태는 북한의 갑작스런 핵실험으로 남북관계가 다시 긴장상태에 빠지고, 당내 일부에서도 반대 여론이 비등한데도 불구하고 예정대로 개성공단을 방문했다.

북한 핵실험과 관련 한나라당이 전쟁도 불사한다고 목청을 높이는 등 한반도 평화체제가 크게 위협받은 상황에서 김근태는 "평화가 곧 밥"이라는 성명을 내고 방북길에 올랐다. 정치생명을 건 모험이었다. 개성공단에서 남북 노동자들을 격려하고, 북한 정권을 향해 핵실험을 중단하라고 경고하는 한편, 한반도 비핵화를 실현할 것을 촉구했다. 이것 역시 신변의 위험을 무릅쓴 발언이었다. 이후 북한은 2차 핵실험을 포기하고 6자회담에 나오게 되었다.

사달은 점심시간에 벌어졌다. 방문단 일행과 남북 노동자들이 함께 하는 식사 자리에서 북한 여성봉사원이 다가와 함께 춤을 출 것을 권했다. 이 여성은 김근태가 누군지도 몰랐다. 그는 망설이다가 마지못해 잠깐 무대 위에 올라가 엉거주춤 서 있다가 내려왔다. 끝내 거절했다가는 남쪽 남자들이 옹졸하다고 핀잔을 들을까 봐 이끌려 갔다고 술회한다.

이를 두고 한나라당과 수구신문들은 맹비난을 퍼부었다. 여당 대표가 북한 여성과 개성에서 춤판을 벌였다는 자극적인 신문 제목이 뽑히고, 김근태는 색깔론 공격을 받았다. 한국전쟁 당시 행방불명이 된 형들의 얘기까지 곁들여졌다. 서울로 귀환한 김근태는 수구언론의 개혁이 없이는 남북 화해협력이 쉽지 않겠다는 것을 뼈저리게 느껴야 했다. 지지자들이 김근태의 춤은 '평화의 춤사위'였다고 들고일어나면서 야당과 언론의 매도는 수그러들었다.

김근태는 열린 마음으로 김대중·노무현 정부의 대북정책을 지지하고 남북화해를 위해 최선을 다해 협력했다. 그리고 개성공단이 성공하도록 도왔다. 2004년 12월 20일에 쓴 편지 '불티나게 팔린 개성 냄비'에서 그는 이렇게 썼다.

롯데백화점에서 북한산 냄비가 불티나게 팔렸다고 합니다. 정말 오랜만에 듣는 뉴스다운 뉴스였습니다. 한국의 설비와 기술이 북한의 노동력과 만나 생산품을 만들어낸 것입니다. 그리고 우리나라에서 가장 소득이 높은 사람들이 출입하는 서울의 백화점에서 이틀 만에 다 팔렸다고 합니다. 정말 상징적인 뉴스였습니다. 어떻게 보면 한반도에서 서로 가장 멀게 느끼고 있는 사람들이 냄비를 매개로 만나게 된 것이라고 얘기하면 지나친 비약일까요? (……)

'시작이 반'이라는 말이 있습니다. 개성공단을 터전 삼아 남과 북이 어떤 일이 있어도 힘을 모아 새로운 가능성을 만들어가야 합니다. 그런 점에서 개성공단에 입주한 우리 기업들의 근로환경에도 주의를 기울여주었으면 좋겠습니다. 북한 노동자들이 좀 더 깨끗하고 안전한 환경에서 일할 수 있도록 당연히 배려를 해야 할 것으로 기대합니다.

개성공단은 공산품을 생산하는 '공단'입니다. 하지만 그것을 넘어서 남과 북이 상생하는 협력의 용광로로 발전해갈 수 있어야 합니다. 남북이 함께 꿈꾸는 희망의 근거지가 될 수 있어야 합니다. 그런 점에서 개성공단은

우리 모두가 서로 배려하고 보살필 필요가 있는 그런 곳입니다.[11]

한미 FTA 협상과 단식투쟁

김근태는 기본적으로는 노무현 정부에 협력하면서도 사안에 따라서는
격렬하게 반대하거나 비판하기도 했다. 노 대통령 탄핵심판 직후 지지
율이 높아가던 시점에 정부가 아파트 분양 원가 공개라는 당의 총선공
약을 파기하려 하자 김근태는 노 대통령에게 "계급장 떼고 토론을 하
자"며 강경하게 맞섰다. 다수의 여당 의원들이 대통령과 친노세력의 눈
치를 볼 때 그는 할 말을 했다.

당내 상황은 날로 복잡해져갔다. 김근태의 리더십에도 문제가 없는
것은 아니었지만, 어느 누가 당의장을 맡아도 수습이 곤란할 정도로 백
가쟁명의 난립상이 이어졌다. 노무현 정부 후반기에 이르면서 집값이
천정부지로 치솟았다. 정부는 재건축 초과이익환수제 도입을 비롯하여
공공택지 공급 물량 확대, 신도시 아파트 공급 6개월~1년 단축, 공공택
지 분양가 25퍼센트 인하, 분양가 상한제 2007년 9월부터 민간아파트
로 확대 적용, 후분양제 2008년으로 연기 등 잇따라 부동산 대책을 발
표했으나 시장에서는 이렇다 할 반응이 나타나지 않았다. 당연히 민심
은 멀어지고 여론은 악화되었다. 집권당 대표인 김근태에게는 밤잠을
설치게 하는 어려운 상황이었다.

열린우리당은 차기 대선을 앞두고 계파와 이해에 따라 다양한 방안
이 제기되었다. 고건 전 국무총리의 영입과 민주당과의 통합을 주장하

는 이른바 '통합신당파'와 당의 리모델링을 통한 재창당을 주장하는 친노 그룹의 '사수파', 여기에 통합신당을 추진하되 신중히 하자는 중진 의원 중심의 '중도파' 이렇게 크게 세 부류로 나뉘었다. 노 대통령은 "신당은 지역당 회귀"라며 사수파에 힘을 실어줬다.

열린우리당은 2006년 12월 14, 15일 이틀간 소속 의원 139명을 상대로 통합신당 추진에 대한 설문조사를 실시했다. 85명이 응답해 이 중 80명이 통합신당 추진에 찬성했다. 이를 토대로 당 비대위는 워크숍을 열어 2007년 2월 14일 '평화개혁세력의 대통합'을 위한 전당대회를 열기로 했다. 당 사수파의 거센 반발이 따랐다.[12]

김근태는 2006년 12월 28일 정동영 전 당의장과 '원칙 있는 국민의 신당'을 추진하되, 신당이 어느 누구의 영향권에서도 벗어나 국민의 품 속에서 자율적·독립적으로 만들어져야 한다는 데 합의했다. '탈노무현' 신당을 의미했다.

당의 양대 축인 두 사람의 합의에 따라 신당 추진이 진행되었다. 2007년 2월 6일 김한길 의원 등 23명의 집단 탈당을 시발로, 6월 12일에는 김근태가 탈당하는 등 연쇄 탈당이 이루어져 열린우리당은 58석의 원내 3당으로 전락했다. 그리고 8월 18일 임시전당대회를 열어 민주신당과의 합당을 결의했다. 2003년 11월 11일 창당하여 17대 총선에서 152석을 확보했던 열린우리당은 국회의원 재·보궐선거와 지방자치선거에서 모두 연패하면서 갈등을 빚더니, 마침내 다시 분당 상태를 맞게 되었다.

열린우리당은 3년 9개월간 무려 10명의 당의장 체제를 겪었다. 정동영-신기남-이부영-임채정-문희상-정세균-유재건-정동영-김근태-정세균 체제였다. 긍정적으로 보면 더 이상 한 사람의 카리스마로 당이 좌지우지되지 않는 시대를 맞은 것이고, 부정적으로 보면 도토리 키 재기 식의 인물 부재 상태였다.

한편 김근태는 이라크 파병 문제에 이어 또 한 번 정부와 고통스러운 불화를 겪어야 했다. 이번엔 한미 FTA 협상이 문제가 되었다. 김근태는 한미 FTA 협상을 반대하는 입장이었다. 이로 인해 정부와 충돌하고 당내에서도 코너로 몰렸으며, 수구언론에 의해 매도되었다. 정부는 2006년 2월 3일 대한민국과 미국 간의 자유무역협정(FTA)의 협상 출범을 공식 선언한 뒤, 2007년 4월 2일, 14개월간의 긴 협상에 종지부를 찍고 최종 타결의 뜻을 밝혔다. 5월 25일에는 협정문 내용이 공개되었다.

당의장직에서 물러난 김근태는 2007년 3월 27일 '한미 FTA 협상 중단을 촉구하며 국민 여러분께 드리는 글'을 발표하고, 국회 본관 앞에서 단식농성에 들어갔다. 불과 얼마 전까지 집권당의 당의장이었던 처지에서 단식농성이 적절치 않다는 사실을 알면서도, 졸속적인 협상을 막기 위해서는 다른 방법이 없어서 이 길을 택했노라는 것이 그의 설명이었다.

한미 FTA 협상 중단을 촉구하는 단식이 김근태에게는 큰 생채기가 될 수도 있습니다. 그러나 감히 말씀드립니다. 생채기를 피할 수 없고, 얼마쯤 가지가 부러지고 타버리더라도 천둥번개를 피하지 않고 제 몸으로 막아내는 들판의 나무 한 그루처럼, 제가 그 역할을 할 수 있다면 김근태는 그것으로 족합니다.

우리는 세계화 시대를 살고 있습니다. 그렇기에 무조건 한미 FTA 반대를 주장하지 않습니다. 정부와 협상단의 화려한 미사여구만을 믿고 나라와 국민의 미래를 맡길 수 없다는 것입니다. 천천히 따져보자는 것입니다. 그 후에도 늦지 않다는 것입니다.

정부는 오늘의 협상 결과가 또 다른 저성장과 더욱 심각한 양극화를 가져올 수 있다는 것을 국민 앞에 솔직히 고백해야 합니다. 한미 FTA 협상을 두고 국론이 양분되어 있습니다. 이것을 이대로 묵과한다면, 파국적 상황이 올 수 있음을 심각하게 인정해야 합니다.

온통 한미 FTA 체결에 매달리는 협상단과 정부를 이대로 묵과할 수 없습니다. 권한만 있을 뿐 훗날 국민의 삶에 아무런 정치적 책임을 지지도 않을 관료와 정부의 무책임과 무모함에 절망하지 않을 수 없습니다. 그리고 제가 할 수 있는 일이 밥을 굶는 일뿐임을 인정하지 않을 수 없었습니다. 단언컨대 지금 우리의 협상은 성공하고 있지 못합니다. 스위스도, 말레이시아도 미국과의 FTA를 중단했습니다. 자국 국민을 위해 정부가 용단을 내렸습니다. 당장, 지금 진행되는 한미 FTA 협상을 중단할 것을 요구합니다. 당장, 한미 FTA 협상을 국민과 국회에 돌려줄 것을 요구합니다.[13]

김근태의 단식투쟁에는 당내외의 찬반이 엇갈렸다. 반대 측은 '개인적인 정치쇼'라고 비판하고, 지지 측은 '역시 김근태'라며 성원했다.

김근태는 단식 1주일 만인 4월 2일 초췌해진 몸으로 의사의 권고에 따라 단식을 풀면서 다시 '국민 여러분께 무릎 꿇고 말씀드립니다'는 제목의 성명을 통해, 거듭 한미 FTA 협상의 졸속 체결을 비판했다.

이 성명에서 김근태는 협상의 본질과 함께 이를 강행하는 내부의 문제점을 지적했다. "일부 관료와 일부 보수언론, 일부 정치권이 삼각동

맹을 맺고 펼치고 있는 저급한 이데올로기 공세입니다. 이들은 한미 FTA에 대해 우상숭배에 가까운 생각을 갖고 있습니다. 이들은 '충분히 검토해야 한다' '시한에 쫓겨서는 안 된다'는 최소한의 주장, 합리적인 주장조차 쇄국주의자, 개방에 반대하는 철부지로 매도하고 있습니다. 협상 내용은 안중에도 없고, 한미 FTA를 하면 나라가 살고 안 하면 나라가 망한다는 외눈박이식 공격을 하고 있습니다"라고 분한 심경을 쏟아냈다.

진정성이 담긴 김근태의 목소리는 큰 반향을 일으켰다. 시민, 사회단체의 촛불집회와 서명운동이 전개되었지만, 노무현 정부와 모처럼 한목소리를 낸 한나라당과 보수언론에 곧 묻히고 말았다. 김근태의 반대 주장은 당차고 결연했다. 그는 계속하여 한미 FTA의 졸속 추진을 비판했다.

먼저, 국회의원이 할 수 있는 모든 권한을 동원해 협상 결과를 파악하고, 정부 관계자들이 국민의 입장에서 협상에 임했는지 책임을 추궁하겠습니다. 권한에는 합당한 책임이 뒤따르는 법입니다. 그동안 정부 관계자들이 협상정보와 협상전략을 독점해온 만큼 책임추궁은 추상같이 엄하고 가혹할 수밖에 없을 것입니다.

두 번째로, 오는 6월, 정부 간 협정을 체결하는 것을 저지하는 데 매진하려고 합니다. 남은 석 달 동안, 제가 할 수 있는 모든 방법을 동원해서 협정체결을 저지할 생각입니다. 정당과 국회의 울타리를 훌훌 뛰어넘어 정부에 협정체결 유보를 요구하고 관철시키기 위해 최선을 다하겠습니다. 어떤 기득권이나 저 자신의 유불리도 계산하지 않을 것입니다. 국회의원으로서, 열린우리당의 전직 당의장으로서 그렇게 하는 것이 국민 여러분에 대한 책임을 다하는 길이라고 생각하고 앞만 보고 가겠습니다.

정부 간 협정 체결을 저지해야 하는 이유는 간명합니다. 협정 체결을 저지해야만 시간을 갖고 충분한 재협상을 할 수 있기 때문입니다. 협정이 체결되고 나면 재협상의 길은 봉쇄됩니다. 오직 찬성이냐 반대냐, 비준을 할 것인가 거부할 것인가 하는 양자택일의 문제만 남습니다.[14]

노무현 정부가 추진했던 당시의 한미 FTA 협상은, 그러나 한국의 권익이 어느 정도 보장되고 있었다. 정권이 바뀌고 한나라당은 2011년 11월 22일 더욱 불리해진 한미 FTA 비준 동의안을 날치기로 처리했다. 병마와 싸우면서 이 소식을 전해 들은 김근태는 긴 한숨을 쉴 뿐 입을 열지 못했다.

대선 불출마 선언

제17대 대선을 앞두고 민주 세력의 통합을 요구하는 여론이 비등했다. 당내에서도 통합을 주장하는 목소리가 높아졌다. 김근태는 진보개혁 세력의 통합과 연대를 줄기차게 주장해왔던 터라, 이번에도 열린우리당과의 재통합에 앞장섰다.

국민의 여론에 밀린 민주신당은 2007년 8월 20일 열린우리당을 흡수·합당하여 다시 143석의 원내 1당의 위치를 회복하게 되었다. 하지만 정국의 주도권을 되찾지는 못했다. 4대 개혁입법이 좌절된 것을 비롯해 대북송금 특검, 분당, 이라크 파병, 한미 FTA 협상 추진, 아파트 값 폭등 등으로 참여정부에 대한 지식인들의 이반현상이 심해지고, 민심도 여당에 등을 돌렸다. 민주신당이 인기가 없는 것은 당연했다.

민주신당에서는 정동영·손학규·이해찬·유시민·한명숙 등 10여 명이 자천 타천으로 대선 후보에 나섰다. 김근태는 여러 날 고심을 거듭한 끝에 입후보하지 않기로 결정했다.

김근태가 대선 불출마를 결정한 데는 건강과 함께 대중성이 부족하다는 것을 스스로 인식한 것도 큰 요인이 되었을 것이다. 나이가 들면서 젊은 시절에 당한 고문의 후유증이 나타나기 시작했다. 강준만 교수는 거듭 김근태의 '약점'을 대중성 부족이라 들었다.

김근태는 비단 정치권 인맥뿐만 아니라 민주화 투쟁 경력, 능력, 인품 등 무엇 하나 빠질 게 없는 유력한 대통령 후보임에 틀림이 없다. 그러나 그에겐 큰 약점이 하나 있으니 그게 바로 대중성이다. 다른 면에선 탁월한데도 그만 그 대중성에 발목이 잡혀 대권 주자로서 그간 큰 손해를 봐왔던 것이다.[15]

김근태가 불출마한 데는 당내 사정도 영향을 끼쳤다. 이라크 파병과 한미 FTA 협상 반대 '투쟁'으로 노무현 정부의 핵심세력과 사이가 벌어졌다. '친노 그룹' 진영에서는 김근태를 한 솥밥 먹는 동지로 보려 하지 않았다. 마치 동교동계 주류에서 배척받았던 처지와 유사한 모습이었다.

그는 정치 입문 이래 늘 비주류였다. 장관, 원내대표, 당의장 등을 지냈으면서도 주류가 되지 못했다. '바른 말'과 '강한 소신', 여기에 성격상 대중적인 이미지를 갖지 못한 것이 원인이었다.

김근태가 불출마를 결정할 무렵 한 중견 언론인은 「김근태의 소망」이라는 칼럼을 썼다. "김근태가 대선 출마를 포기한 데는 건강 탓도 있을 것 같다고 누군가 귀뜸을 했다. 며칠 전 의원회관으로 찾아가 그를 만났다. 단도직입으로 물었다. '중요한 원인은 아니지만 관련이 좀 있다'는 답변이 돌아왔다. 왈칵 슬픔이 밀려들었다. 가해자들은 멀쩡한데 피해자가 과거의 상처 때문에 또다시 손해 보는 그런 세상은 정의롭지 못하다"는 내용이 눈길을 끌었다.

하지만 이 칼럼의 핵심은 "포기 선언 뒤 김근태는 '대통합'과 후보연대회의를 위해 뛰고 있다. 발바닥에 불이 날 지경이다"라는 대목이다. 성정이 고운 그는 자신의 처지는 뒤로하고 통합과 연대를 위해 헌신하는 데 몸을 아끼지 않았다.

그가 대선주자를 포기할 정도로 중요하게 생각하는 가치는 뭘까? 그는 민주 세력이 다시 한 번 집권하는 것이라고 했다. 세 가지 이유를 들었다. 첫째, 국민들의 분열이 심각하다. 양극화 때문이다. 이를 극복할 수 있는 철학과 비전을 민주 세력이 갖고 있다. 둘째, 추가 경제성장을 해야 한다. 그러려면 사회적 대타협을 해야 한다. '승자독식' 철학을 가지고 있는 한나라당은 할 수 없다. 셋째, 조지 부시 미국 대통령 임기 안에 북핵 문제를 해결하고 한반도 평화체제 구축 단계로 넘어가야 한다. 이를 위해서도 민주 세력이 집권해야 한다.

논리정연했다. 그 과정에서 김근태 개인에게 돌아오는 정치적 이익은 무엇일까. 그는 이렇게 대답했다.

"나는 민주주의 발전과 정책을 위해 평생을 싸웠다. 1987년 6월항쟁은 절반의 승리였다. 민주주의가 온전하게 발전해 열매 맺는 것을 보고 싶다. 그러면 내 가슴에도 큰 자부심으로 남을 것 같다."[16]

10월 14일 대통령 후보 서울 최종 경선 끝에 정동영 후보가 누적 득표 21만 6천984표(43.75%)를 얻어 16만 8천799표(34.03%)를 얻은 손학규 후보를 누르고 민주신당의 대선 후보로 확정되었다. 이해찬은 11만 128표(22.20%)를 얻었다.

12월 19일 실시된 대선은 민주신당 정동영, 한나라당 이명박, 무소속 이회창, 창조한국당 문국현, 민주노동당 권영길, 민주당 이인제 후보의 경쟁구도였다.

투표 결과는 민주신당이 얼마나 민심을 잃었는지를 고스란히 보여주었다. 선거 과정은 물론 그 개인에게 온갖 비리와 부정이 드러난 한나라당 이명박 후보가 48.67퍼센트의 득표율로 민주신당 정동영 후보를 5백여만 표 차이로 누르고 당선되었다. 총유권자 3천765만 3천518명 중 2천368만 2천 63명이 투표에 참여, 투표율은 62.9퍼센트로, 직접선거로 치러진 11번의 대선 중 가장 낮은 수준이었다. 진보진영은 10년 만에 보수 세력에게 다시 정권을 넘겨줘야 했다.

김근태는 뜬눈으로 개표 방송을 지켜보면서 참담한 심경을 가누기 어려웠다. 그리고 당의 대표를 지낸 한 사람으로서 막중한 책임감을 느꼈다. 노무현 정부 초기 민주당과의 분당 이후 민주개혁 세력의 분열과 이합집산이 대선의 참패로 나타났다고 진단하고, 민주개혁 세력의 단결을 위해 더욱 노력할 것을 다짐했다.

김근태는 수구보수 세력에게 다시 정권을 넘겨주게 된 원인을 분석하고, 앞날을 설계하는 데 여러 날을 보냈다. 패배의 아픔을 달래기도 전에 당선자 이명박을 중심으로 한나라당은 마치 제 세상을 만난 듯이 설치기 시작했다. 임기가 남은 기관장을 쫓아내고, 민주정부에서 추진해온 과거사 청산 기관을 해체하겠다는 발언을 공공연하게 쏟아냈다.

가장 견디기 어려운 것은 이른바 '잃어버린 10년'의 공세였다. 한나라당과 수구 세력은 노무현 정부 중반기 무렵부터 이 말을 확대재생산하면서 정부 여당을 공격했다. 원래 일본 극우 세력이 경기침체로 1990년대 초반부터 2000년대 초반기까지의 10년을 잃어버린 10년이라 자평한 것을, 한국의 수구 세력이 김대중·노무현 정권 10년에 가져다 붙인 것이다.

김근태는 2006년 8월 24일 당의장 재임 시에 사회적 대타협을 위한 뉴딜 행보의 일환으로 시민사회단체를 찾은 자리에서 "지난 10년 동안 정권을 창출하고 민주개혁 세력이 민주주의 진전을 이뤄냈을지 모르겠으나 국민들이 먹고사는 문제에는 무능했다고 생각한다"고 토로했다.

하지만 IMF 경제식민지 체제를 불러온 한나라당이, 이를 극복하고 어렵사리 국가경제를 살려낸 민주정부 10년을 '잃어버린 10년' 운운하는 데는 분노가 치밀었다. 그는 한나라당 식 '잃어버린 10년'의 발상이 아니라, 부동산 가격 폭등 등 경제적 측면에서 이 문제를 다루고자 했던 것이다.

18대 총선, 뉴라이트에 패배하다

2008년 4월 9일 실시된 제18대 총선은 김근태에게 횡액이었다. 투표 5, 6일 전까지만 해도 여론조사에서 훨씬 앞섰는데도 개표 결과 패배로 나타났다. 뉴라이트재단 상임이사 출신인 한나라당 신지호 후보에게 패한 것이다. 개표 결과 김근태 3만 1천335표(46.2%), 신지호 3만 2천 613표(48%)였다. 1천278표 차이의 낙선이었다.

제18대 총선에서 서울 지역에 출마해 박빙의 접전을 펼치다 낙선한 상당수 통합민주당 후보들이 상대측의 '뉴타운공약'에 분루를 삼켜야 했다. 김근태의 상대 후보는 뉴타운은 물론 삼성 계열사도 유치하겠다고 화려한 공약을 남발했다. 선거 뒤에 이런 일은 이루어지지 않았다. 김근태는 선거 과정에서 자신이 12년 동안 해온 지역사업과 국가 차원의 역할을 설명했지만 뉴타운 광풍을 누르지는 못했다. 18대 총선에서 김근태의 낙선은 정치권에서 이변 또는 충격으로 받아들여졌다. 한 언론의 보도다.

김근태 전 장관은 2002년 노무현 전 대통령과 대선 후보 경선을 했던 대선주자급 정치인이다. 그러나 정치권 안팎에서 김근태 전 장관의 패배가 충격으로 다가왔던 것은 그의 화려한 정치경력 때문이 아니다.
김근태의 삶과 신지호의 삶을 비교할 때 '김근태의 패배'는 그 자체로 충격이었기 때문이다. 서울시민이 선택한 결과였지만, 도봉구민의 뜻이 담긴 결과였지만, "어떻게 이런 일이……"라는 반응이 줄을 이었다.
김근태 전 장관은 정치권에서 대표적인 '저평가 우량주'로 꼽히는 인물이다. 일반인들의 마음을 울리는 매력과 흡인력은 떨어지지만 그의 '진정성'과 자질은 정치인 가운데 단연 손꼽히는 수준이다. 정치부 기자들이 뽑은 차기 대통령감 1, 2위에 이름이 오르내렸던 이유도 이 때문이다.[17]

제18대 총선에서 낙선한 김근태는 민주당 고문 그리고 민주당 진보개혁모임의 대표로서 당의 개혁적인 정치인들과 시민사회를 규합하고 이끄는 역할에 나섰다.

"원숭이는 나무에서 떨어져도 원숭이지만, 국회의원은 낙선하면 더 이상 정치인이 아니다"라는 말이 있지만, 김근태는 그동안 쌓아온 정계의 위상으로, 낙선한 전직 의원인데도 할 일이 많았고, 더군다나 민주당 진보개혁 세력의 수장으로서의 역할은 벗어나기 어려웠다.

김근태는 2011년 3월 8일 '민주당 진보개혁모임'을 결성하고 공동대표를 맡았다. "백수가 과로사한다"는 우스갯소리처럼 김근태는 다시 바빴다. 건강에도 각별히 신경을 썼다. 틈틈이 운동도 게을리 하지 않았다. 일주일에 한 번 정도는 도봉구에 있는 초안산에 올랐다. 가을이나 겨울에도 한 번 올라갔다 오면 온몸이 땀에 흠뻑 젖었다. 주말에는 동호인들과 함께 축구를 했다.

김근태는 민주당 진보개혁모임을 결성하여 다시 정치일선에 나서면서 2011년 4월 11일자 《한겨레》의 「한겨레가 만난 사람」에서 모처럼 긴 대담을 나누었다. 인터뷰어가 물었다.

"진보개혁모임을 주도하고 공동대표를 맡았다. 모임을 왜 만들었나?"

"한마디로 정권교체를 위해 의미 있는 역할을 하기 위해서다."

김근태는 2012년의 정권교체를 위해 다시 팔을 걷어붙였다. 비록 원외의 처지지만 여전히 당의 상임고문직을 맡고 있어서 당의 진로와 정책방향을 제시해왔다.

이 인터뷰에서 김근태는 대선과 총선에서 민주 세력이 패배한 이유, 범야권의 역할, 진보정당과의 관계, 대선 승리 방안, 한나라당 박근혜 전 대표에 대한 인식 등을 구체적으로 밝혔다.

"범야권 통합은 어떤 방식으로 해야 하나?"

"브라질의 룰라가 12개 정파를 등록시켜 각 정파의 독자성을 유지하면서도 통합을 이뤄냈다. 그리고 정권교체를 이뤄냈다. 우리도 그렇게 해보자는 것이다. 민주당, 진보정당, 국민참여당 등 범야권 정당과 시민사회, 대중단체 조직, 노동자와 농민 조직이 참여하는 원탁 테이블을 구성하는 게 필요하다."

박근혜에 대한 김근태의 평가는 날카롭다.

"나는 그가 (대통령이) 안 됐으면 좋겠다. 지난 대선 때 '줄푸세'(줄이고, 풀고, 세우고)는 대표적인 시장만능주의 공약이었다. 그런데 지금은 복지를 얘기한다. 일관성이 없고 설명도 하지 않는 것을 보면, 체계적인 철학과 비전이 없는 것 같다. 그리고 사학법 개정, 국가보안법 폐지에 대해 그가 반대할 때 보니까 정서와 마인드가 70년대에 머물러 있는 것 같더라. 정치인으로서는 괜찮은 사람일 수 있지만, 국가지도자로서는 실패할 가능성이 높다고 생각한다."

신문 한 면을 다 차지한 인터뷰 끝에는, 김근태가 인터넷 홈페이지 '김근태가 살아온 길'에 올린 "누군가 해야 한다면 김근태가 하겠습니다"라는 제목의 글을 인용했다.

1970년대 어느 추운 겨울날, 저는 수배자로서 길가의 갈대밭에서 밤을 지새워야 했습니다. 어쩐지 아침이 오지 않을 것 같은 불안감을 떨칠 수가 없었습니다. 그러나 칠흑 같은 어둠이 슬며시 먹빛으로 변하고, 먹빛 하늘이 청동색으로 물들어가는 것을 보았습니다. 그것은 기적 같았습니다. 결국 저에게 아침은 왔습니다. 그 후 며칠 동안 죽도록 몸살을 앓았지만, 저는 다시 일어나 앞으로 나아갈 의지를 가질 수 있었습니다.[18]

김근태는 이해 7월 인터넷신문《프레시안》에 보도된 인터뷰에서 근황과 시대상에 대해 다시 한 번 소신을 밝혔다. 이 자리에서 그는 "김대중·노무현 정권 10년 동안 여당의 중요한 정치인 중의 한 사람으로서, 결과적으로 한나라당에 정권을 잃고 중산층과 서민들이 고통스럽게 살 수밖에 없게 만든 것에 말할 수 없는 책임감을 느낀다"고 토로했다.

이 인터뷰는 한림국제대학원 정치경영연구소의 연구원들이 진행하고《프레시안》에서 보도한 것이다.

두 정권에서 요직에 있었던 누구도 이같이 진솔한 사과를 한 사람은 없었다. 그는 민주당의 개혁방향에 대해 진지하고 단호하게 말했다.

민주당이 반한나라당 전선에 자신을 위치 짓고, 현 정권을 심판하는 국민정서에 안주해서 그로 인한 승리를 향유하는 것에 머물러서는 안 된다. 진정으로 서민과 중산층을 위하는 정치노선과 정치를 과감하게 실천해야 한다. 정권교체를 위해선 야권과 한나라당이 일대일 구도가 되어야 한다. 그러기 위해서는 민주당이 결단을 해야 한다. 기득권을 양보하는 모습, 또 진보정당들과 시민사회와 토론하고 의견을 교환하는 과정에서 무엇을 결단하고 어떻게 기여할 수 있을 것이냐는 드러날 것이다. 그 토론의 과정에 충실하게 임해야 한다. 그리고 분명한 것은 민주당 내에서 대혁신이 먼저 이루어져야 한다는 것이다.

김근태는 인터뷰에서 실업과 비정규직에 시달리는 청년들에게 "죄송스럽다는 말과 함께 분노하고 계속 싸우자"고 힘주어 역설했다.

사실 지난 정권의 책임자 중의 한 사람으로서 젊은이들에게 이런 고통스러운 제도를 물려준 것이 너무 미안하고 죄송스럽다. 청년들이 당하는 고통에 대해서 들을 때마다 고개를 들 수가 없다. 그래서 청년들이 목소리를 내야 한다고 이야기하는 것이 미안하고 면목이 없다. 하지만 청년들이 스스로 이야기하지 않으면 정치인들이 여기에 관심을 가져주지 않는다. 사실이 그렇다. 그렇기 때문에 청년들에게 하고 싶은 말은 도전을 해야한다는 것이다. 분노하고 도전을 해야 문제의 원인이 무엇인지 알게 되고, 그것을 극복할 힘이 생긴다. 분노할 것을 보고 분노하는 것은 인간으로서 해야 할 마땅한 행동이다. 나도 함께 분노하고 계속 싸울 것이다. 분노하자.

김근태는 이 인터뷰에서 2012년의 대선을 앞두고, "한국 사회에 필요한 리더십"과 관련하여 예리한 진단을 내렸다.

두 가지 기준에서 생각해볼 수 있다. 하나는 압도적 다수의 사회경제적 약자, 그리고 아주 소수의 사회경제적 강자 간의 대타협을 이루어낼 수 있는 리더십이 필요하다. 두 번째는 동아시아에서 미국과 중국의 패권경쟁이 아닌 상호 존중하고 협력하는 관계를 이끌어낼 수 있는, 말 그대로 G2의 책임과 역량을 동아시아에 건설적으로 기여할 수 있게 하는 방안과 과정을 만들어낼 수 있는 리더십이다. 또 6자회담을 통해 남북관계를 개선하고 동아시아 협력에 기여할 수 있는 리더십, 이러한 비전을 갖고 이해하고 그 필요성을 채울 수 있는 리더십이 필요하다고 생각한다.

김근태는 인터뷰에서 '한국 사회의 미래상'은 미국식 모델보다 유럽식 모델이 더 적합하다고 역설했다.

미국 시스템보다는 북유럽 시스템이 우리 사회에 더 적합한 모델이라고 보는 이유는 우리에게 힘이 없는 다수와 가진 것이 많은 소수가 대타협을 해나가자는 시스템이 다른 그 무엇보다 필요하기 때문이다. 북유럽 시스템에는 사회협약, 사회합의의 구조와 정신이 배어 있다. 그런 제도들을 통해 우리 사회 시스템에 대해 논의를 함으로써 우리의 제도적 시행착오를 줄이고 완화할 수 있기 때문이다. 인류의 보편적 가치를 토대로 한국 고유의 시스템을 만들어가는 것이 중요한데, 스웨덴, 덴마크 등 북유럽 사회 시스템을 보니 한국의 시스템으로도 적합하다는 생각이다. 스웨덴 인구가 천만 명 정도인데 한국은 5천만 명, 남북한 합치면 7천만 명 정도 되니 동아시아의 큰 스웨덴이 되자는 것이다.

"현재 꿈이 있다면?"이라는 인터뷰어의 질문에 김근태는 생전에 이루지 못한 꿈을 제시한다.

북한과 중국의 동북 3성을 왕래하고 방문하고, 그리고 물류를 이동시키는 상황을 꿈꾼다. 그리고 우리만 잘사는 것이 아니라 북한도 가난에서 극복되었으면 좋겠다. 동아시아에서 보다 나은 내일을 위해 북한뿐만이 아닌 동북 3성의 조선족, 중국의 한족, 러시아 등과 협력도 하며 머리를 맞대는 사회를 만들어가는 것, 이것을 만들어가는 데 한국이 솔선수범할 수 있기를 꿈꾸어본다. 그리고 한국 사회에서 소수자, 다문화 가정 등 사회적 소수집단이 보호받고 존중받는 사회가 되었으면 좋겠다. 다만 시혜적인 관점에서가 아니라 그들이 우리의 친구로 한국 사회에서 더불어 잘 살아갈 수 있는 사회가 왔으면 좋겠다.[19]

12장

'2012년을
점령하라'

이명박 정권의 사찰

김근태는 자신까지 포함하여 수많은 사람이 피와 땀을 흘려 회복한 민주주의가 이명박 정권에서 5·6공 시대로 역류하는 것을 한동안 지켜봐야 했다. 그러나 오래 걸리지 않았다. 불의를 날카롭게 투시하던 그의 시선은 민주주의를 제자리로 돌려놓기 위한 활동으로 나타났다. 분주하게 거리를 누비면서 리영희 선생이 말한 '1인분의 역할'을 하고자 했다.

2008년의 촛불집회에 시민들과 함께 참여하고, 2009년 '용산참사' 현장에도 빠지지 않았다. 용산에서는 여러 날째 살을 에는 차가운 바람에 콧물이 흐르면 수시로 손수건으로 닦아내면서도 목소리를 높였다. "국민 여러분께 호소합니다. 슬퍼해주십시오. 그래야 서민이 주인이 되

12장 '2012년을 점령하라' · 389

는 대한민국을 만들 수 있습니다." 떨리는 목소리로 울먹였다. 그의 목이 메는 듯하자 어떤 중년 여성이 따뜻한 음료수 한 병을 건네주었는데, 그는 그 음료수를 옆에 있던 청년에게 양보했다. 필자가 직접 목격한 장면이다.

2011년 그는 한진중공업 정리해고 해결을 위한 3차 희망버스를 타고 부산에 내려가 이들을 성원했다. 그리고 위기에 몰린 오세훈 서울시장이 무상급식 주민투표를 강행하자 이를 반대하는 1인 시위를 벌였다.

2008년에는 2학기부터 한양대학 행정대학원에서 초빙교수 자격으로 한국정치론을 강의했고, 2011년에는 전주 소재 우석대학에서 석좌교수로 임용되어 강의를 맡기도 했다. 강의실에는 많은 학생들이 모여들고, 그의 강의는 대학가에서 단연 화제가 되었다. 이명박 정권이 취임 초기부터 난폭성을 드러내자 그는 '민간독재'라고 줄기차게 비판했다. 2009년 봄 이명박 정권의 사병화된 검찰의 날선 수사가 노무현의 심장을 겨냥하자 "검찰은 정치수사를 중단하라"고 거세게 비판했다. 많은 현역 정치인들이 침묵할 때였다.

천안함 사건과 북한의 연평도 폭격을 계기로 남북관계가 위기로 치닫고 신공안 정국이 조성되었을 때, 김근태는 MB정권과 수구 세력의 광신적 반공주의와 맹목적 냉전의식, 민족분단의 영구화정책을 맹렬히 비판했다. 역사의 수레바퀴를 돌리기 위해서는 제3기 민주정부의 수립밖에 없다고 판단하고 야권 통합에 힘을 보탰다. 민주통합당의 '통합'에는 그의 숨은 노력이 컸다. 민주통합당은 그를 상임고문으로 추대했다.

이명박 정권의 민간인 사찰 대상에는 김근태도 포함되었다. 비록 총선에서 낙선한 원외 인사였지만, 그의 비중과 끊임없는 민주화 활동을

MB정권은 낱낱이 추적했다. 민간인 김종익 씨를 불법사찰한 국무총리 지원관실 원충연 전 조사관의 수첩에 김근태를 비롯하여 이용득 전 한국노총 위원장, 이석행 전 민주노총 위원장 등의 동향이 낱낱이 적혀 있었다.

국무총리실이 이 정도였으니 전문 정보기관은 오죽했을까. 그는 젊은 시절 민주화운동을 주도할 때 일상적이 되다시피 한 수배와 사찰에 이골이 난 까닭에, 그리고 사생활이 깨끗하고 사회활동이 공개적이어서 불법사찰에도 빌미가 잡힐 일이 없었다.

김근태는 공부하는 정치인이었다. 2009년 8월부터 신자유주의 극복과 대안 모색을 위해 공부모임을 만들어 입원 직전까지 22차례의 세미나를 열었다.

김근태는 2011년 10월 18일 자신의 블로그에 한 편의 글을 올렸다. '2012년을 점령하라'는 제목으로 사실상 유언이 되다시피 한 대국민 메시지였다.

"내년 2012년에 두 번의 기회가 있다. 최선을 다해 참여하자. 오로지 참여하는 사람만이 권력을 만들고, 그렇게 만들어진 권력이 세상의 방향을 정할 것이다."

그의 의지와 소망이 담긴, 짧지만 울림이 긴 메시지였다. 이 메시지는 걸개그림으로 만들어져 그의 영결식장과 안장식장에 내걸렸다.

김근태는 2012년의 대선에 큰 비중을 두었다. '2012년을 점령하라'는 메시지보다 3개월여 앞서 《프레시안》과 가진 인터뷰(앞 장에서 일부 소개)에서 대선의 중요성을 설파했다.

내년에 총선이 있고 대선이 있다. 총선과 대선을 통해서 큰 변화가 일어날 수 있기를 바란다. 또 한 번의 정권교체, 다시 말해 세 번째 정권교체가 이루어지기를 바라는 마음이다. 그 이유는 무엇보다도 절박한 민생문제를 해결해야 하기 때문이다. 예를 들면 수출 대기업에만 이롭고 국민들이 피부적으로 느끼는 물가는 폭등하는 고환율 제도나 부동산 버블의 원인이 되는 인위적 저금리 등의 정책을 고쳐 나가야 한다. 정권교체를 통해서 철학과 마인드를 바꾸지 않으면 이러한 정책의 변화를 이루기 힘들고, 민생문제의 근본적인 해결을 보기 어렵다. 이명박 정부는 국가경제의 구성 주체 중에 재벌과 부자들을 우선 고려하고 있다. 진정으로 민생문제를 해결하려면 경제정책운용의 철학적 기저를 거시지표 중심의 '국가경쟁력'보다는 국가 구성원 하나하나가 경쟁력을 갖추는 '국민경쟁력'에 기초하는 경제구조로 바꾸어야 한다.

국제사회에서 한국이 처한 현실을 보더라도 냉전 이후 아시아에서 또 하나의 새로운 냉전이 지속될 수도 있다고 생각한다. 미국과 중국, 여기에 친미 세력과 친중 세력이 동아시아에서 갈등을 하고 있다. 한국은 상당한 딜레마에 놓여 있다. 한국은 그간 정치경제적, 그리고 군사적으로 미국과의 관계를 확대 심화, 발전시켜왔다. 그런데 최근에 경제관계에서 중국과의 교역이 획기적으로 늘고 인적교류도 증가하고 있다. 이러한 상황에서 만일 미국과 중국이 갈등하는 상황에 놓이게 된다면 한국은 어떻게 해야 할 것인가? 그에 대한 준비가 되어 있는가. 물론 이러한 일이 일어나지 않는 것이 가장 좋겠지만 그것만 바라고 이에 대한 아무런 대비도 하지 않는 것은 무책임한 일이다. 그렇기 때문에 2012년 총선과 대선은 큰 변화,

즉 국제사회에서의 한국의 위상과 관계를 고민하고 추진하고 실현시킬 수 있는 정권이 담당해야 한다고 생각한다. 그리고 이와 같은 정치 비전의 정책연합을 기초로 통합과 연대의 과정을 이루는 원탁테이블의 구성을 통해 한나라당과 일대일 구도를 만들어가야 한다고 생각한다.

청빈한 삶, 시민 곁으로

총선에서 낙선한 김근태는 보좌진을 내보내고 자동차도 팔았다. 수입이 없어서 비서에게 줄 월급도, 승용차 기름 값도 감당할 여력이 없었다. 그는 품성대로 서민의 생활로 돌아갔다. 여느 정치인들처럼 입으로는 '서민의 대변자'를 자처하면서 실제로는 귀족 생활을 하는 것과는 격이 달랐다.

저녁 늦은 시간까지 회의나 집회에 참석했다가 귀가할 때면 버스나 전철을 타기 위해 뚜벅뚜벅 걸어갔다. 주위에서 지인들이 중고차라도 한 대 사주고자 했으나 그는 한사코 반대했다. "자가용에선 혼자서 나라를 생각했지만 이젠 내 옆의 사람들이 어떻게 사는지 부딪힐 수 있어 좋다"고 말하곤 했다.

김근태는 사망할 때까지 도봉구 창1동에서 살았다. 2004년에 처음으로 매입한 집이었다. 1970년대에는 부천시 신곡동과 신내동에서 살다가 1980년 5월 인천남구 구월동, 1983년 5월 부천시 역곡동으로 이사했다. 서울시민이 된 것은 1986년 3월 강북구 수유2동으로 전입하면서였다.

이어서 수유2동과 수유3동, 노원구 하계동 등에서 전세를 전전하다, 2004년 창동에 처음으로 빌라를 구입하면서 전세를 면했다. 김근태는 이 집에서 7년여를 살다가 운명했다.

앞에서도 잠깐 소개했지만, 김근태는 3선 의원과 장관, 집권당 대표를 지낸 정계의 중진인데도 그의 집은 평범한 서민생활 그대로였다. 부부가 함께 물욕이나 사치, 호사와는 거리가 멀었고, 젊은 시절부터 노동자, 서민과 더불어 살겠노라 다짐해온 의지의 소산이었다.

정치권에서 신분과 위상이 아무리 변해도 도덕적 결백성을 지키겠다는 그의 신념은 변하지 않았다. 그가 모진 박해와 정치적 격랑에도 좌절하지 않고 꾸준히 성장할 수 있었던 것은 '도덕적 결백성' 때문이었다. 그는 지식인의 엄격성과 정직성을 신조로 속물들이 판치는 정치판에서 "때 묻지 않은 영혼"을 지켜냈다.

김근태는 매년 9월경이 되면 몸살과 열병을 앓았다. 1985년 9월에 고문을 당한 뒤부터다. 멀쩡하다가도 9월이 되면 거짓말같이 열병이 도져 열흘쯤 앓곤 했다. 이때가 되면 각별히 조심하고, 정치활동 일정도 느슨하게 잡았다. 병마가 서서히 다가왔다는 신호였다. 2006년에는 파킨슨병 증후군이 나타났다. 약을 계속 먹어서인지 병세가 크게 진전되지는 않았다.

병세가 악화된 것은 2011년 가을이다. 몸 상태가 좋지 않아 MRI를 찍었더니 뇌정맥혈전증이라는 진단이 나왔다. 뇌졸중과 비슷한 것으로 고혈압, 고지혈증, 당뇨가 있는 사람들에게 흔히 있는 병이라 했다. 혈압도 높지 않아 의심조차 안 했던 병이다.

뇌정맥혈전증은 신경계 교란으로 생기는 것인데, 보통 전기고문을 받으면 신경계 교란이 생긴다. 외국 의학잡지에도 논문이 실렸다고 한다. 10월 중순까지도 언론 인터뷰를 하는 등 그렇게 위험한 상태는 아니었다. 그렇다고 건강이 나아진 것은 아니었다.

그는 늘 손수건을 들고 다닐 정도로 만성비염을 앓고 있었다. 남영동에서 고문을 당할 때 고춧가루 탄 물을 코로 너무 마셔서 만성비염이 생긴 것이다.

김근태는 12월 초 건강상태가 악화되어 입원하게 되었다. 그리고 딸의 결혼식을 서둘렀다. 남달리 사랑했던 딸의 결혼식에 참석하기 위해서였지만, 병세의 악화로 끝내 딸의 결혼식에는 참석하지 못했다.

10년 만에 정권 탈환에 성공한 이명박 정권은 거칠 것이 없었다. 검찰 · 족벌언론과 삼각편대를 이루면서 퇴임 뒤 향리로 내려간 전임 대통령 노무현(과 일가)에 대한 융탄폭격으로, 끝내 그를 투신자살의 길로 내몰았다.

이어서 노무현 국민장의 뙤약볕 아래 3시간을 버티었던 김대중 전 대통령도 얼마 뒤에 서거했다.

여기에 두 전임 대통령과 함께 반독재 민주 세력의 정족(鼎足)을 이루었던 김근태마저 병석에 눕게 되었다. 진보민주진영은 3년여 사이에 민주화의 3대 축을 잃게 되었다.

"우리는 그에게 너무 많은 빚을 졌다"

김근태는 12월 27일부터 여러 장기의 기능이 동시에 떨어지면서 회복

불능 상태에 빠졌다가 30일 새벽 5시 31분 가족들이 지켜보는 가운데 조용히 숨을 거두었다.

장례 절차는 그의 동지와 후배들의 뜻에 따라 '민주주의자 김근태 사회장'으로 치르기로 했다. 발인제는 2012년 1월 3일 오전 7시 서울대병원 장례식장에서, 영결미사와 영결식은 같은 날 오전 8시 30분부터 명동성당 본당에서 거행되었다.

그의 사망 소식은 많은 국민에게 충격과 아픔을 주었다. 연말 연초의 혹한에도 시신이 안치된 서울대병원에는 수많은 조문객이 찾아와 애도했다. 그러나 국가 폭력의 하수인 이근안은 끝내 나타나지 않았다. 추모객 1천여 명이 참석한 영결식에서 강론을 맡은 함세웅 신부는 "착한 사람들이 악인의 피로 발을 씻고 그 보복 당함을 보고 기뻐하게 하소서. 그리하여 사람들이 이르기를, '과연 착한 사람이 상을 받는구나. 하느님이 계셔, 세상을 다스리시는구나' 하게 하소서"(「시편」 58장 10~11절)라고 기구했다.

운구 행렬은 청계천 전태일 다리와 민주통합당 도봉갑 지역위원회 사무실에서 노제를 지내고, 오후 1시 30분 고인의 생전의 뜻에 따라 민주화의 동지 전태일, 문익환 등 130여 명의 민족민주열사가 묻힌 남양주시 마석 모란공원의 '민족민주열사 묘역'에 안장되었다. 생전의 친구 조영래의 옆 자리였다.

활짝 웃고 있는 고인의 모자이크와 "2012년 투표하라. 참여하는 사람이 권력을 만들고 세상의 방향을 정할 것이다. 민주주의자 김근태"라고 적힌 걸개그림이 세찬 바람에도 찢기지 않고 버티었다. 고인의 꿋꿋한 의지를 닮은 듯했다. 추모문화제와 영결식에 참석한 시민들은 "우리 모두 그에게 너무 많은 빚을 졌다"고 입을 모았다.

《경향신문》은 사설 「민주화운동의 큰 별 김근태를 보내며」(12월 31일)에서 "그는 정치개혁을 위해 과감하게 행동했다. 정치권에서 그는 진정성의 정치를 실천한 몇 안 되는 존재였다"면서 "그는 '인간에 대한 예의를 아는 사람'이 되고자 늘 삼가는 모습을 보였다"고 추모했다.

《한겨레》는 사설 「'인권', 영면한 김근태의 영원한 희망」(1월 4일)에서 "그의 영면으로 빈자리가 한없이 크지만, 오히려 인권과 민주주의에 대한 그의 유지가 눈 속의 댓잎처럼 더욱 시퍼렇게 살아나"는 까닭을 전하고, "전기고문 속에서도 그가 끝끝내 포기하지 않았던 것은 인간을 인간답게 하는 가치, 곧 민주주의와 인권의 희망이었다. 이제 누구인가, 그가 남긴 그 희망을 품고 전진할 이들은"이라고 생자들의 의무를 일깨웠다.

영국의 권위지 《더 타임스》는 2012년 1월 3일자에 5단 크기의 부고 기사를 실었다. 영국을 대표하는 신문이 한국 정치인 부고를 한 면의 3분의 1 이상을 할애해 취급한 것은 이례적이었다. 기사에서 그의 민주화 투쟁을 상세히 기술했다.

미국의 《뉴욕타임스》도 12월 30일자 인터넷판에 부고 기사를 싣고, "그의 얼굴에 늘 보이는 미소는 그가 독재정권에서 당했던 고문 흔적을 가렸다"고 썼다. 19대 총선에서 도봉구민들은 고인과 함께 민주화 투쟁에 헌신해온 그의 '바깥사람' 인재근을 국회의원으로 뽑았다.

고인의 업적을 기리는 일은 사후에 진행되었다. 고문생존자 단체 '진실의 힘'은 "제2회 진실의 힘 인권상"을 고인에게 수여하기로 결정, 2012년 6월 27일 부인 인재근 의원이 남편을 대신해 받았다. 인재근은

2011년 12월 서울시 종로구 서울대병원 장례식장에 마련된 김근태의 빈소.

수상소감에서 "김근태에게 가장 필요했던 것은 고문으로 인한 상처의 치유였을 것"이라며 "고문 피해자들을 지원하는 법안을 만들려고 준비 중이며 고문 피해자들을 위한 치유센터도 설립하려 한다"고 말했다.

사법부와 기득권 세력의 비상식을 겨눈 영화 〈부러진 화살〉을 찍은 정지영 감독은 고인의 고문 실상을 주제로 〈남영동 1985〉를 제작하고, 고인이 생전에 석좌교수로 활동했던 우석대학에서는 2012년 9월 7일 '김근태 민주주의 연구소'(소장 최상명 행정학 교수)를 개설하여 본격적인 연구를 시작했다. 종합대학에서 정치인 개인의 연구소를 개설한 것은 이례적이다.

'인간의 존엄'을 지키고자 한 생애

김근태가 꿈꾼 사회는 "누구도 소외되지 않는 사회였다"(인재근). 그는 누구도 소외되지 않는 사회를 만들고자 정치민주화와 경제민주화에 생애를 바쳤다. 그는 불의에는 강하되 약자에게는 따뜻한 사람이었다. '투사'의 이미지 때문에 흔히 극단적인 인물로 인식되기도 하지만, 그는 혁명보다 개혁, 투쟁보다 참여를 선택한 민주주의자였다(한승동).

김근태는 말했다. "나는 정직과 진실에 이르는 길을 국민과 함께 가고 싶다. 정직하고 성실한 99퍼센트의 사람들이 무시당하지 않는 사회를 만드는 것이 내가 가야 할 길이라고 믿는다."

그의 말은 이어진다. "정치가 다만 현실일 뿐이라면 개선과 개혁은 어떻게 가능하며, 왜 우리가 피 흘리며 군사독재와 싸워야 했는가." 그는 이명박의 반동적 '민간독재'에 분노를 터뜨리며 '2012년의 결단'을 촉구했다.

2010년 가을부터 그의 말투는 어눌해지고, 거동이 불편해진 데다, 두 어깨가 굽어져갔다. 고문의 깊은 트라우마가 나타나기 시작한 것이다. 이를 두고 사람들은 '민주화의 훈장'이라고 덕담을 건넸으나 결코 그는 '훈장'을 내세우지 않았다. "모든 고결한 혼들은 자신의 고통을 남에게 드러내지 않는다"는 말(알베르 카뮈) 그대로였다.

그가 생애를 두고 추구한 목표가 민주주의였다면, 병마로 쓰러질 때까지 스스로 지키고자 했던 가치는 '인간의 존엄'이었다. 민주주의적 '목표'는 인간 존엄의 '가치'를 지키기 위한 수단이었다.

《한겨레》 성한용 기자와 가진 인터뷰에서 '담론과 슬로건'을 묻자

"경제의 인간화라고 할까, 인간적 존엄성을 유지할 수 있는 그런 정책을 도입하자는 것"이라고 말한 바 있다.

김근태를 비롯해 수많은 선각자들, 무릇 권력을 탐하는 쿠데타 패거리가 아닌, 세상을 바꾸겠다고 나선 혁명가와 민주인사들은 '인간의 존엄'을 지키기 위해 나선 사람들이다. 민주주의 사회에서만이 '인간의 존엄성'이 가능하기 때문이다.

김근태가 군부독재 시절 생명의 위험을 무릅쓰고 몸을 던진 것이나, 정치판에 진출했던 것은 "인간이 인간답게 사는 사회"를 만들고자 해서였다. 그리고 그는 탁류 속에서도 스스로를 지켜냈다. '인간의 존엄'이라는 불변의 가치가 있었기에 가능했다.

민주주의에 대한 그의 애착은 종교적인 엄숙주의에 가까웠다. 그가 운명했을 때 사람들은 이구동성으로 '민주주의자 김근태'라고 불렀다. 그에게 붙일 수 있는 수식어는 인간의 존엄을 지키기 위한 '민주주의자' 하나뿐이었다. 그래서 '민주주의자 김근태 사회장'으로 장례가 치러졌다.

덧붙이거니와 김근태가 추구한 본원적인 가치는 '인간의 존엄'이었고, 민주주의는 이를 위한 수단이고 외피였다. 그의 말과 글과 행위를 분석하면, 인간을 경외하고 인권을 존중하면서 소외된 사람들을 보듬는 따뜻한 속살이 드러난다.

장관으로는 처음으로 소록도를 방문하여 한센병 환자들을 껴안은 것이나, 서울역 노숙자들을 찾고 노숙을 체험한 일 등은, 입이나 구호로만 떠드는 사람들의 '소외계층 사랑'과는 격이 다른 행동이었다. 지난날의 힘겨웠던 삶이 내면을 깨끗하게 하고, 심성에 꽉 찬 휴머니즘이

'인간의 존엄'으로 배양된 것이다.

돌이켜보면 인류의 발전이나 문명의 진보는 '인간의 존엄'을 향한 긴 여정이었다. 모든 철학과 사상, 이데올로기는 '인간의 존엄'을 보호하고 확산하기 위한 것일 터이다.

이제 마무리하자. 김근태의 이름에는 동시대의 인물들과는 크게 다른 실존적 울림이 담긴다. 젊은 시절 그는 "무릎 꿇고 사느니 서서 죽기를 원한다"며 독재와 싸우다 모진 놈들을 만나 지옥의 문턱까지 갔다왔다.

그리고 속물들이 판치는 정치판에서 정권교체와 정치개혁에 온몸을 던졌다. 많은 일을 이루었으나, 정상에는 오르지 못했다. 하지만 그가 걸어간 길과 그 길에서 그가 행한 역할은 삿된 정상보다 훨씬 값진 것이었다.

그의 생애는 소용돌이치는 역사의 한복판에서 민중의 아픔, 민주주의의 상처를 자신의 상처로 겪으면서, 반동적 권력 그리고 시대의식이 없는 도구적 지식인·정치인들과 벌인 힘겨운 싸움이었다. 두려움 없는 저항정신과 사심 없는 비판으로 육체적·정신적 고통이 심했으나, 따뜻한 심성과 깨끗한 도덕성으로 이를 극복했다. "2012년을 점령하라"는 유언과 함께 그는 파란 많은 생을 접었다.

64세, 아직 할 일이 많은 나이였다. 하지만 그는 범인들이 6백 년을 산다 해도 하기 어려운 일을 다 하고 갔다. 새는 떠나도 울음소리는 남듯이, 그는 실존적 긴 울림을 국민들 가슴에 남긴 채 홀연히 떠났다. 어느 죽음인들 애절함이 없으려만, 김근태 선생의 때 이른 죽음에는 애절함과 더불어 통절함이 묻어났다. 많은 국민이 애통해했다.

아시아 최초로 노벨문학상을 받은 인도 벵갈 출신의 작가 타고르의
시, 「혼자서 걸어가라」를 김근태 선생의 영전에 헌사한다.

혼자서 걸어가라

당신이 불러도 그들이 대답하지 않거든 혼자서 걸어가라.
그들이 면벽한 채 움츠리고 떨고 있다면
오, 고독한 이여,
마음을 열고 혼자 외쳐보라.

황야를 건널 때 그들이 당신을 버리고 떠난다면,
오, 고독한 이여,
가시밭길을 내딛고,
붉은 피를 흩뿌리며, 혼자서 걸어가라.

폭풍이 몰아치는 밤 그들이 빛을 밝혀주지 않는다면,
오, 고독한 이여,
고통의 번갯불로, 당신 가슴에 불을 붙여라.
그리고 홀로 타게 내버려두라.

후주

프롤로그

1 김근태, 『김근태 씨의 고문 및 옥중기록 남영동』, 중원문화, 1988, 277쪽(이하 『남영동』).

1부 '투사'의 탄생, 1947-1982

1 김근태, 『희망의 근거』, 당대, 1995, 415쪽.

2 같은 책, 같은 곳.

3 이재화, 「김근태의 삶과 사상」, 《민족지평》 제3호(1991 봄여름), 153쪽.

4 같은 책, 153~154쪽.

5 같은 책, 153쪽.

6 같은 책, 154쪽.

7 같은 책, 155쪽.

8 김근태, 『희망의 근거』, 416쪽.

9 같은 책, 412~416쪽.

10 같은 책, 417쪽.

11 이재화, 앞의 책, 156~157쪽.

12 김근태, 『희망의 근거』, 417쪽.

13 이재화, 앞의 책, 157쪽.

14 같은 책, 157~158쪽.

15 같은 책, 158쪽.

16 이경재, 『유신쿠데타』, 일월서각, 1986, 167~168쪽,.

17 서울대학교 교수 민주화운동 50년사 편찬위원회, 『서울대학교 교수 민주화운동 50년사』, 서울대학교 출판부, 1997, 66쪽.

18 같은 책, 76쪽.

19 민주화운동기념사업회 연구소 편, 『한국민주화운동사 연표』, 2006, 226쪽.

20 이재화, 앞의 책, 159쪽.

21 같은 책, 159쪽.

22 같은 책, 같은 곳.

23 같은 책, 같은 곳.

24 같은 책, 159~160쪽.

25 같은 책, 160쪽.

26 김근태, 『희망의 근거』, 418쪽.

27 같은 책, 418~419쪽.

28 이재화, 앞의 책, 160쪽.

29 같은 책, 160~161쪽.

30 같은 책, 161쪽.

31 같은 책. 같은 곳.

32 김근태, 「겨울 속의 풀뿌리」, 《노동문학》 창간호(1989. 3), 실천문학사, 38~39쪽.

33 고은, 『만인보 12』, 창작과비평사, 1996, 150~151쪽.

34 《민주화의 길》 창간호, 표지, 민주화운동청년연합, 1984년 3월.

35 민주화운동기념사업회 등, 『6월항쟁을 기록하다(1)』, 2007, 207쪽.

36 같은 책, 199쪽.

37 같은 책, 같은 곳.

38 같은 책, 200쪽.

39 같은 책, 201~202쪽.

40 같은 책, 202쪽.

41 같은 책, 203쪽.

42 같은 책, 208~209쪽.

43 김재희 엮음, 『심장에 새기는 이야기』, 녹두, 1991, 182~183쪽.

44 '김두식의 고백', 《한겨레》, 2012년 6월 9일자.

45 《민주화의 길》 창간호, 17쪽.

46 『6월항쟁을 기록하다(1)』, 211쪽.

47 《민주화의 길》, 창간호, 3쪽.

48 《민주화의 길》, 제2호, 3쪽.

49 《민주화의 길》, 제3호, 2~3쪽.

50 《민주화의 길》, 제4호, 2~3쪽.

51 『6월항쟁을 기록하다(1)』, 229쪽.

2부 고문과 인간의 존엄, 1982-1992

1 『6월항쟁을 기록하다(1)』, 219쪽.

2 《민주화의 길》 제1~12호 정리.

3 《민주화의 길》 제11호, 2~3쪽(발췌).

4 이재화, 앞의 책, 164쪽.

5 『6월항쟁을 기록하다(1)』, 233쪽.

6 같은 책, 234쪽.

7 강준만, 『한국현대사 산책-1980년대편 2권』, 인물과 사상사, 2003, 313쪽.

8 김근태, 『남영동』, 29~30쪽.

9 같은 책, 30쪽.

10 같은 책, 88쪽.

11 같은 책, 40쪽.

12 같은 책, 40쪽.

13 같은 책, 38~39쪽.

14 같은 책, 42쪽.

15 한나 아렌트, 『예루살렘의 아이히만』, 김선욱 옮김, 한길사, 2006, 391쪽.

16 김근태, 『남영동』, 45~46쪽.

17 같은 책, 49~50쪽.

18 같은 책, 50~51쪽.

19 같은 책, 51쪽.

20 같은 책, 53쪽.

21 같은 책, 58~59쪽.

22 같은 책, 61쪽.

23 같은 책, 62쪽.

24 같은 책, 63쪽.

25 같은 책, 63쪽.

26 같은 책, 64쪽.

27 같은 책, 68쪽.

28 같은 책, 69쪽.

29 같은 책, 69쪽.

30 같은 책, 75쪽.

31 같은 책, 76쪽.

32 같은 책, 79쪽.

33 같은 책, 83쪽.

34 같은 책, 86~87쪽.

35 같은 책, 87~88쪽.

36 김근태, 『이제 다시 일어나』, 중원문화사, 1987, 105쪽.

37 같은 책, 108쪽.

38 같은 책.

39 같은 책, 106~107쪽.

40 같은 책, 107쪽.

41 대한변호사협회, 『1985년 인권보고서』, 60쪽.

42 민주화실천가족운동협의회·민족민주운동연구소편, 『80년대 민족민주운동 10대 조직사 건』, 아침, 1980, 84쪽.

43 「민주화운동청년연합의장 김근태 씨 제8차공판기록」(1986년 2월 17일), 문용식의 변호인 반대신문사항, 14쪽.

44 김근태, 『이제 다시 일어나』, 111~112쪽.

45 같은 책, 131쪽.

46 인재근 강연자료집, 『엄마가 뿔났다』, 한반도재단여성위원회, 2012, 62~63쪽.

47 김근태, 『이제 다시 일어나』, 143쪽.

48 같은 책, 163쪽.

49 같은 책, 164~171쪽(발췌).

50 같은 책, 103쪽.

51 『한국민주화운동사연표』, 461쪽.

52 김근태, 『이제 다시 일어나』, 175쪽.

53 같은 책, 176쪽.

54 《레이디경향》, 2005년 12월호.

55 김근태, 『이제 다시 일어나』, 177쪽.

56 같은 책, 179~180쪽.

57 같은 책, 180~181쪽.

58 같은 책, 181~182쪽.

59 같은 책, 183쪽.

60 같은 책, 184쪽.

61 같은 책, 6~7쪽.

62 제임스 에머슨, 『고난, 행복한 선택』, 김효경 옮김, 가치창조, 2002, 22쪽.

63 김근태, 『이제 다시 일어나』, 184~185쪽.

64 같은 책, 185쪽.

65 같은 책, 187쪽.

66 같은 책, 187~188쪽.

67 같은 책, 192~193쪽.

68 같은 책, 198~199쪽.

69 같은 책, 195쪽.

70 서중석, 『6월항쟁』, 돌베개, 2011, 272쪽.

71 유시춘, 『6월 민주항쟁』, 민주화운동기념사업회, 2004, 93쪽.

72 김근태 옥중서간집, 『열려진 세상으로 통하는 가냘픈 통로에서』, 한울, 1992, 202~203쪽.

73 같은 책, 203~204쪽.

74 같은 책, 206쪽.

75 이재화, 앞의 책, 165쪽.

76 인재근 강연자료집, 『엄마가 뿔났다』, 한반도재단 여성위원회, 2012, 54쪽.

77 같은 책.

78 『6월항쟁을 기록하다(1)』, 247쪽.

79 할프단 라스무센, 「나를 두렵게 하는 것은」, 박원순, 『야만시대의 기록 2』, 역사비평사, 2007, 21쪽.

80 김근태, 『이제 다시 일어나』, 4쪽.

81 정혜신, 「희망의 근거가 됨직한 사람」, 《신동아》, 2001년 9월호.

82 이무명, 『애국민주운동론』, 녹두, 1989, 270쪽.

83 이재화, 앞의 책, 166쪽.

84 『민주화운동사연표』, 518쪽.

85 이재화, 앞의 책, 166쪽.

86 《노동문학》, 1989년 4월호.

87 《노동문학》, 1989년 6월호.

88 《민족민주운동》 창간호, 아침, 1989, 28쪽.

89 《민족민주운동》, 6월호.

90 이재화, 앞의 책, 167쪽.

91 김근태, 「아직도 벗지 못한 공안의 굴레」, 『분단시대의 피고들-한승헌선생회갑기념 논집』, 범우사, 1994, 46~47쪽.

92 같은 책, 651쪽.

93 김근태, 『열려진 세상으로 통하는 가냘픈 통로에서』, 33쪽.

94 같은 책, 34쪽.

95 같은 책, 40쪽.

96 같은 책, 43~44쪽.

97 같은 책, 44~45쪽.

98 인재근, 『엄마가 뿔났다』, 40~41쪽.

99 같은 책, 53쪽.

100 김근태, 『열려진 세상으로 통하는 가냘픈 통로에서』, 50쪽.

101 같은 책, 52쪽.

102 인재근, 『엄마가 뿔났다』, 41쪽.

103 김근태, 『열려진 세상으로 통하는 가냘픈 통로에서』, 55쪽.

104 같은 책, 57쪽.

105 같은 책, 56~57쪽.

106 같은 책, 223쪽.

107 같은 책, 223쪽.

108 같은 책, 73쪽.

109 같은 책, 230쪽.

110 같은 책, 267쪽.

111 같은 책, 270쪽.

112 같은 책, 271쪽.

113 같은 책, 227쪽.

3부 정치와 영혼, 1992-2002

1 김근태, 『희망의 근거』, 당대, 1995, 106쪽.

2 같은 책, 107~114쪽, 발췌.

3 김택수, 「출소 인터뷰 김근태」, 《월간 말》, 1992년 9월호, 48쪽.

4 같은 책, 50~51쪽.

5 같은 책, 131쪽.

6 김근태, 「민족민주운동의 활로는 무엇인가」, 《월간 길》, 1993년 3월호, 66쪽.

7 같은 책, 67~68쪽.

8 《월간 말》, 1993년 6월호, 56쪽.

9 「김근태와 국민회의 사람들」, 《월간 말》, 1994년 6월호, 96쪽.

10 김근태, 『희망의 근거』, 23쪽.

11 같은 책, 23~24쪽.

12 같은 책, 25쪽.

13 같은 책, 28쪽.

14 조유식, 「길 떠나는 김근태의 화두」, 《월간 말》, 1995년 3월호, 113쪽.

15 같은 책, 114쪽.

16 김근태, 「기억에 관한 소고」, 『희망은 힘이 세다』, 다우, 2001, 19쪽.

17 같은 책, 115쪽.

18 전영기, 「국민회의 부총재 김근태」, 《월간중앙WIN》, 1999년 1월호, 83쪽.

19 김경환 기자, 「김근태 새정치국민회의 부총재」, 《월간 말》, 1996년 3월호, 52쪽.

20 같은 책, 52~53쪽.

21 같은 책, 54쪽.

22 같은 책, 53쪽.

23 전영기, 앞의 글, 《월간중앙 WIN》, 84쪽.

24 같은 글.

25 김근철 기자, 《뉴스메이커》, 1995년 5월 18일자.

26 강준만, 「국민회의 부총재 김근태의 딜레마」, 《인물과 사상》 제10권, 1999, 70쪽.

27 김경환 기자, 《월간 말》, 1997년 2월호.

28 엄상현 기자, 《일요서울》, 1999년 1월 24일자.

29 김근태, 『희망의 근거』, 420~421쪽.

30 같은 책, 422쪽.

31 김근태, 「부드러운 힘」, 『희망은 힘이 세다』, 22~23쪽.

32 김근태, 「시린 겨울을 보내며」, 『희망은 힘이 세다』, 53쪽.

33 새정치국민회의 기관지 《새 정치뉴스》, 1997년 4월 1~10일자.

34 《새 정치뉴스》, 1997년 7월 7~24일자.

35 전영기, 「DJ정권 1년을 평가한다」, 《월간중앙 WIN》, 1999년 2월호.

36 「국민회의 김근태 부총재」, 《월간중앙 WIN》, 1999년 1월호.

37 김근태, 《푸른 내일》 제17호, 1999년 11월.

38 김근태, 《푸른 내일》 제21호, 2001년 1월.

39 김근태, 「정치인과 신사」, 《국회보》, 2001년 1월호.

40 같은 책.

41 강준만, 앞의 글, 87~88쪽.

42 같은 책, 89쪽.

43 김근태, 「정치인과 신사」, 《국회보》, 2001년 1월호.

44 박영숙, 「주한 호주대사관 문화공보실장」, 《푸른내일》 21호, 2001년 1월.

45 김근태, 「희망과 절망 사이에서」, 《인물과 사상》 2002년 7월호.

46 김근태, 「김미연과 봉숭아꽃」, 《이코노미스트》, 1999년 11월 9일.

47 김근태, 「내가 좋아하는 것들」, 『희망은 힘이 세다』, 31쪽.

48 노무현, 「살다 보면 괜히 좋은 사람이 있다」, 《푸른내일》 14호, 1999년 5월.

49 같은 글.

50 같은 글.

51 같은 글.

52 김근태, 「내가 그에게 악수를 청한 까닭」, 『희망은 힘이 세다』, 32~33쪽.

53 같은 책, 33쪽.

54 김근태, 「용서와 화해는 신의 영역…」, 『일요일에 쓰는 편지』, 샛별D&P, 2007, 70쪽.

55 같은 책, 70~71쪽.

56 같은 책, 71쪽.

57 김근태, 「한반도재단을 창립하며」, 『희망은 힘이 세다』, 101~104쪽.

58 「대통령이 변해야 산다」, 《신동아》, 2001년 7월호, 92쪽.

59 같은 책.

60 같은 책, 94쪽.

61 《Weekly Hankook》, 2001년 9월 27일자.

62 《내외저널》, 2001년 10월호 79쪽.

63 《월간중앙》, 2001년 10월호, 146쪽.

64 같은 책, 148~149쪽.

65 《내일신문》, 2001년 7월 4일자.

66 《월간중앙》, 2001년 5월호, 136~148쪽, 발문.

67 《신동아》, 2001년 9월호, 361쪽.

68 《연합뉴스》, 2002년 1월 24일자.

69 《경향신문》, 2002년 3월 6일자.

70 《한겨레신문》, 2002년 3월 5일자.

71 《경향신문》, 2012년 7월 14일자.

72 《경향신문》, 2012년 1월 4일자.

73 김근태, 「희망과 체념사이에서」, 『희망의 근거』, 252쪽.

4부 민주주의자의 죽음, 2002-2011

1 당시 열린우리당 원내대표실 비서팀장 증언, 2012년 9월 25일.

2 같은 증언.

3 김현태, 『대중여론으로 읽는 한국정치-분노한 대중의 사회』, 후마니타스, 2009, 11쪽.

4 「보건복지부 보도자료」, 2005년 1월 1일.

5 김근태, 『일요일에 쓰는 편지』, 8쪽.

6 같은 책, 25~26쪽.

7 같은 책, 91쪽.

8 같은 책, 206쪽.

9 김삼웅 보관자료, 「김근태 당의장 출마선언」.

10 《인물과 사상》 2002년 7월호, 19~20쪽.

11 김근태, 『일요일에 쓰는 편지』, 195~197쪽.

12 《동아연감》, 2007년 판, 161쪽.

13 《오마이뉴스》, 2007년 3월 27일자.

14 《오마이뉴스》, 2007년 4월 2일자.

15 강준만, 「김근태 : '대중성'을 어떻게 할 것인가」, 《인물과 사상》, 2005년 6월호, 108쪽.

16 성한용, 「김근태의 소망」, 《한겨레》, 2007년 7월 2일자.

17 《연합뉴스》, 2008년 4월 17일자, 기자칼럼, 「'김근태' 버리고 '신지호' 택했던 18대 총선」.

18 《한겨레》, 2011년 4월 11일자, 인터뷰/성한용 선임기자, 정리 석진환 기자.

19 「청년들이여 미안하다, 그러나 분노하라」, 《프레시안》, 2011년 7월 5일자.

1947   2월 14일 부천 소사에서 6남매 중 막내로 태어났다.

1950   한국전쟁 발발, 민족운동을 하던 세 형들이 행방불명되다.

1959   2월 경기도 양평군 양주초등학교 졸업.

1960   4 · 19혁명이 일어나다.

1961   박정희의 주도로 5 · 16 쿠데타 발발.

1962   2월 서울 광신중학교 졸업.

1965   경기고등학교를 졸업하고 서울대 상대 경제학과에 입학하다.

1967   3월, 서울대 상대 대의원회 회장으로 선출되다.

        9월, 대통령 부정선거 규탄시위로 연행되다. 학교에서 제적당하고 강

        제로 군대에 끌려가다.

1970   육군병장으로 제대하고, 학교에 복학하다.

        11월 13일, 전태일 열사 분신 사망.

1971   교련반대데모, 대통령선거파동으로 수배생활을 시작하다. 서울대 내

        란음모 사건으로 수배당하다.

1972   수배 중에 대학을 졸업하다. 서울대 경제학 학사.

        박정희, 유신 선포로 독재체제를 강고히 하다.

1973   일신산업 수출부에 근무하다.

1974   긴급조치 9호로 연속 수배당하다.

김상진 서울대 농대생의 유신체제에 대한 항의자결을 계기로 긴급
조치가 발동되다. 이때 서울대 5·22 사건과 명동성당 장례식 사건의
배후로 연루되어 1979년 박정희 저격 사건 때까지 피신하다.

1976   공장에 취업하여 일하기로 하다. 이때 열관리기능사 등 여러 개의 자
격증을 따다.

1978   인재근 씨와 결혼하다. 수배 중에 가까운 가족만 모시고 간소하게 식
을 치르다. 이후 1980년에 정식으로 결혼식을 올리다.

1979   인천도시산업선교회에서 노동 상담역으로 일하다.

첫째 병준이 태어나다.

박정희 사망, 긴급조치 9호 해제로 자유의 몸이 되다.

전두환 신군부 일당이 12·12 반란을 일으키다.

1980   막내아들 김근태의 긴 수배와 피신 생활이 끝나자, 어머니가 돌아가
시다.

전두환 신군부 세력이 광주를 피로 물들이다(5·18 민주화운동).

1982   둘째 병민이 태어나다.

1983   민주화운동청년연합(민청련)을 결성하고 초대 의장으로 선출되다. 투
쟁성의 회복과 청년 역량의 체계화, 운동세력 간 연대, 대중운동 지원
등의 과제를 천명하고, 이듬해에 기관지《민주화의 길》을 창간하다.

1985   9월 4일, 서울대 민추위 사건의 배후로 지목되어 남영동 치안본부 대
공분실로 연행되다. 9월 26일까지 22일간 혹독한 고문을 당하다. 9
월 26일 오후 2시 30분, 검찰청에서 엘리베이터로 호송하는 순간, 기
다리고 있던 인재근 씨가 가까스로 남편과의 대면에 성공하다. 다음
날, 남영동 대공분실의 살인적인 고문 수사가 폭로되다.

10월 19일, 민주인사 60여 명이 '민주화운동에 대한 고문 수사 및 용공 조작 공동대책위원회'를 구성하고 성명을 발표하다.

11월 11일, 고문 및 용공 조작 공동대책위원회가 항의 농성에 돌입하다. 김대중, 김영삼 공동의장 등이 참석하다.

12월 19일, 김근태의 첫 공판에서 남영동 치안본부 대공분실에서의 고문 사실을 폭로하다. 이 공판에서 우리나라 법정 사상 최초로 모두 진술 제도를 활용하다.

12월, 감옥에 갇힌 지 석 달 반 만에 첫 면회를 하다.

12월 29일, 인재근과 대한변협(회장 김은호) 등이 정석모 내무, 박배근 치안본부장, 윤재호 대공분실장 외 7명의 수사관과 김원치 등 공안부 검사 4명을 불법 감금과 가혹행위, 직무유기 등의 혐의로 고소하다.

서울 미문화원 점거 농성 사건이 일어나다.

1986   7월, 국가보안법 및 집회 및 시위에 관한 법률 위반으로 5년형을 선고받다.

1987   수감 중에 로버트 케네디 인권상을 부인 인재근 씨와 공동으로 수상하다. 이듬해인 1988년에는 독일 함부르크 자유재단이 김근태를 '세계의 양심수'로 선정하다.

6월, 6월민주항쟁이 일어나다.

옥중에서 서신을 통해 민주대연합, 김대중 후보에 대한 비판적 지지를 주장하다.

1988   6월, 2년 10개월 만에 출소하다.

옥중수기 『남영동』 출간.

10월 22일, 서울대 민추위 위원장 문용식 사건이 고문에 의한 조작이었음을 알리는 기자회견을 하다.

12월 15일, 서울고법이 재정신청을 받아들여, 28일 만에 이근안 전
경감을 수배하다.

1989   1월 21일, 전국민족민주운동연합(전민련) 창설에 참여하여 정책실장
을 맡다. 3월에 집행위원장에 선임되다.

1990   5월, 5·9 민자당 반대 시위 및 전민련 결성과 관련하여 구속, 국가보
안법 위반으로 2년형을 선고받고 수감되다(~1992년까지 복역).

1991   5월, 미국 하원의원 17명이 김근태의 구속수감에 대하여 한국정부에
항의서한을 보내오다. 12월에 같은 일로 미국 하원의원 44명이 한국
정부에 항의서한을 보내오다.

1992   5월, 『우리 가는 이 길은』 출간.

6월, 『열려진 세상으로 통하는 가냘픈 통로에서』 출간.

8월, 출옥하다.

민주대개혁과 민주정부수립을 위한 국민회의 집행위원장이 되다.

1993   민주항쟁기념국민위원회 공동집행위원장이 되다.

1994   통일시대민주주의국민회의를 창립하여 공동대표가 되다.

1995   2월, 민주당에 입당하여 부총재로 선임되다.

9월, 새정치국민회의 부총재로 선임되다.

1995   사면복권되다.

『희망의 근거』 출간.

1996   서울 도봉(갑)에서 제15대 국회의원에 당선되다. 이후 16대, 17대까
지 3선을 유지하다.

1997   김대중 제15대 대통령 당선

1999	국민정치연구회를 창립하여 지도위원이 되다.
2000	8월 새천년민주당 최고위원으로 당선되다.
2001	한반도평화와 경제발전전략 연구재단(한반도재단)을 창립하여 이사장을 맡다. 10월, 『희망은 힘이 세다』 출간.
2002	노무현 제16대 대통령 당선
2003	10월 27일, 열린우리당 원내대표로 선출되다. 국회교섭단체대표연설에서 범국민정치개혁협의회 구성을 제안하고, 정치개혁입법을 이끌다. 이듬해 2004년 총선에서 선거대책위원장으로 전국을 누비다.
2004	3월, 『두껍아 두껍아 헌집 줄게 새집 다오』 출간. 6월 14일, 국민과의 약속을 지키기 위해서 공공주택 분양원가 공개에 관한 공약을 이행해야 한다고 주장하다. 7월 1일, 제43대 보건복지부장관에 취임하다.
2006	2월 18일, 열린우리당 최고위원에 당선되다. 6월 10일, 열린우리당 의장으로 취임하다. 10월 20일, 개성공단사업과 금강산 관광사업은 한 치의 흔들림도 없이 지속돼야 한다는 사실을 국제사회에 명확하게 알리기 위해 개성공단을 방문하다.
2007	3월 27일, 한미 FTA 협상 결과가 또 다른 저성장과 더욱 심각한 양극화를 가져올 수 있음을 국민 앞에 고백하고, 협상을 중단할 것을 촉구하며 단식농성을 시작하다. 이어서 30일에는 대통령에게 공개서한을 보내 재차 협상 중단을 촉구하다. 6월 12일, 평화개혁세력 대통합의 밀알이 되겠다는 성명과 함께 대

선 불출마를 선언하다.

6월, 『일요일에 쓰는 편지』 출간.

8월, 대통합민주신당의 창당 발기인이자 중앙위원으로 참여하다.

2008   2월, 통합민주당 상임고문에 선임되다.

9월, 한양대 행정자치대학원 초빙교수로 한국정치학을 강의하다. 2010년까지 한양대에서 강의하고, 2011년에는 우석대에서 석좌교수로 강의하다.

10월, 민주연대 발기인대회에서 이명박 정부를 향해 민간독재라고 외치다. 이해 겨울 미국산 쇠고기 수입 반대 촛불집회를 비롯하여, 2011년 타계하기 전까지 크고 작은 투쟁현장에 함께하다.

2009   8월, 신자유주의 극복과 대안 모색을 위해 공부모임을 만들어 2011년 10월까지 22차례의 세미나에 참석하다.

5월 23일, 노무현 제16대 대통령 서거.

8월 18일, 김대중 제15대 대통령 서거.

2011   12월, 민주통합당 상임고문에 선임되다.

12월 30일 서거.

망각에 맞서, 또렷한 기억을 위하여

『민주주의자 김근태 평전』 출간을 축하합니다. 그리고 김삼웅 선생님께 감사의 마음을 전합니다. 선거와 국회 일정으로 바빠 큰 도움이 되지 못했음에도 김삼웅 선생님은 오히려 우리를 격려하시면서 방대한 작업을 이루셨습니다. 이 평전은 하늘의 김근태는 물론 김근태를 기억하고 그리워하는 모든 분들에게 좋은 선물이 될 것입니다. 이 평전을 통해 민주주의자로서 김근태가 어떤 비전을 품었고 어떻게 살아왔는지, 어떤 고민을 했고 어떻게 실천했는지를 보다 총체적으로 이해할 수 있기를 기대합니다.

벌써 1년입니다. 2011년 12월 30일 김근태는 갑자기 떠났습니다. 국민 여러분들께서 김근태에게 민주주의자라는 이름을 지어주고 깊은 애도와 추모의 정을 보내주셨습니다. 김근태의 뜻을 잊지 않고 기억하겠다는 격려의 말씀들이 아직도 생생합니다. 다시 한 번 감사의 말씀을 드립니다.

많은 분들이 김근태에 대해서 말씀하십니다. 민주화의 대부, 양심의 정치인, 신사 정치인, 민주주의자, 고문의 상징, 따뜻한 경제·평화주의자, 반(反)신자유주의자…… 김근태가 다양하게 해석되고 있습니다. 김근태에게 다양한 모습들이 존재했기 때문입니다. 그는 모진 고문에도 굴복하지 않았고, 최고 권력자에게도 직언을 했으며, 민주주의·인권·평화라는 가치를 끝까지 추구한 불굴의 정치가였지만, 일상에서는 따뜻하고 부드러우며 속 깊고 친절한 사람이었습니다. 그래서 주변의 많은 분들이 그의 정치 노선이나 메시지 보다 해맑은 웃음이나 다감한 눈빛, 또는 포근한 손을 더 못 잊는지 모릅니다.

민주주의자 김근태를 기억해주셔서 고맙습니다. 이젠 역사가 된 김근태의 행적을 기억한다는 것만으로도 민주주의와 인권의 퇴행을 막는 데 큰 도움이 될 것입니다. 왜냐하면 작가 밀란 쿤데라의 말처럼 '망각에 대한 투쟁이 권력에 대한 투쟁'이기 때문입니다. 일본이든 한국이든 과거사에 대한 망언들은 과거의 권력을 합리화하기 위한 도발이고, 권력 투쟁의 일부입니다. 그들이 유독 미래를 강조하는 것은 기득권 유지를 위해 과거를 피하고 싶기 때문입니다. 화해와 망각은 다릅니다. 가장 또렷한 기억 위에서만 진정한 화해가 가능하다는 것을 꼭 기억해주십시오.

자꾸 욕심이 납니다. 독자 여러분께 김근태의 마지막 절규인 "참여하는 사람들만이 권력을 만든다"는 말을 기억하고, 권력을 바꾸는 데 동참하자고 애원하고 싶습니다. 우리 함께 2012년을 점령해서 상처받은 민주주의와 인권을 바로 세우자고 간청하고 싶습니다. 그렇지만 이쯤에서 김근태를 여러분께 넘겨야 할 것 같습니다. 피를 토하는 제 열변보다 독자 여러분의 가슴속 아주 작은 울림들이 더 강력한 힘이라는 것을 믿기 때문입니다.

저에게 김근태는 지독한 그리움이자 남은 일생을 두고 풀어야 하는 화두입니다. 저는 김근태를 화두로 삼아 '고난의 역사를 기억하고 가르치라'는 메시지와 '인권 정치인'이라는 방향을 얻었습니다. 이 평전을 통해 김근태가 독자 여러분의 삶에 좋은 화두가 되었으면 좋겠습니다. 늘 감사합니다.

2012년 11월

인재근

찾아보기